Christoph Posch

100 Jahre Tauernbahn

Das waghalsige Unterfangen eine Eisenbahnlinie über die Tauern in den Süden zu bauen.
Hundert Jahre imposante Ingenieurskunst die heute noch ihresgleichen sucht.

Die Tauernbahn kann auf eine hundertjährige, wechselvolle Geschichte zurückblicken und sie wird auch in Zukunft von zentraler Bedeutung für Österreich und Europa sein. Vor allem der Bau der Trasse, besonders des über acht Kilometer langen Tauerntunnels in einem topographisch und klimatisch so anspruchsvollen Gebiet ist als ingenieurstechnische Meisterleistung zu sehen, die es auch heute noch zu würdigen gilt. Das Ende der Habsburgermonarchie bedeutete auch eine Zäsur für die Tauernbahn und die ÖBB. Danach unterwarf der Zweite Weltkrieg auch die Tauernbahn militärischen Erwägungen und durch ihre Bedeutung war sie auch Ziel alliierten Bombardements mit erheblichen Schäden. Die Tauernbahn ist heutzutage von der Bahnlandkarte nicht mehr wegzudenken und stellt eine bedeutende europäische Achse dar, da sie durch ihre Nord-Süd-Verbindung für den alpenquerenden Transitverkehr eine essentielle Rolle einnimmt. Sie gehört zu den sechs wichtigsten Alpenübergängen Österreichs und ist eine von drei Verbindungen auf denen die „Rollende Landstraße" zum Einsatz kommt.

© www.peterrigaud.com

DORIS BURES
Bundesministerin für Verkehr, Innovation & Technologie

Bemerkenswert ist hierbei der Modal-Split, die Verteilung des Transportaufkommens auf verschiedene Verkehrsmittel. Er liegt für die Tauernbahn bei beachtlichen 31% für die Schiene. Die Alpen als ökologisch sensibles Gebiet mit hohem Wert für den österreichischen Fremdenverkehr einerseits und als Hindernis für den freien Warenverkehr andererseits machen eine ausgewogene und umweltverträgliche Verkehrsplanung umso wichtiger. Daher wird die Tauernbahn und im speziellen der Tauerntunnel laufend an die neuesten technischen Standards angepasst. Angefangen mit der Elektrifizierung der Strecke bis zum 2005 fertiggestellten Sicherheitsupgrading des Tauerntunnels, um nur einen Bruchteil zu erwähnen. All diese Bau-, wie sicherheitstechnischen Maßnahmen machen die Tauernbahn sicherer, schneller und vor allem zukunftssicher. Vor allem durch den zweigleisigen Ausbau und die Modernisierung der Brücken- und Gleisanlagen konnte die Zugfrequenz erheblich erhöht werden. Somit kann die Tauernbahn zu Recht als moderne Alpenbahn bezeichnet werden, die sämtliche Herausforderungen des Bahnverkehrs im 21. Jahrhundert meistern kann.

Schon kurz nach der Inbetriebnahme der Südbahn von Wien über Laibach nach Triest wurde der Ruf einer zweiten Nord-Süd-Verbindung auf dem Gebiete der k. u. k. Monarchie laut. Es sollte 34 Jahre lang dauern, bis die so genannten „Neuen Alpenbahnen“ in Angriff genommen werden konnten. Dabei schien es lange Zeit sogar so, dass diese Bahnachse gar keine Chance auf Realisierung habe. Ein Regierungsbeschluss im Jahre 1901 brachte schließlich den Durchbruch und noch im selben Jahr begannen die Bauarbeiten. Heute, über 100 Jahre nachdem der erste Zug die Tauernbahn befuhr, ist diese Nord-Süd-Verkehrsachse bedeutender denn je. Besonders auf der Achse in Richtung Südosten, also auf dem Korridor X, ist die Tauernbahn ein nicht wegzudenkender Faktor der internationalen Schieneninfrastruktur. Über 90% der gesamten Streckenlänge sind bereits zweigleisig befahrbar und bieten genügend Reserven auch für künftige Schienenverkehrsdienstleistungen. Dafür mussten viele Streckenstücke in unwegsamsten Gelände dem Berg regelrecht abgerungen werden. Aber nicht nur in die Infrastruktur wurde in den letzten Jahren investiert, sondern auch in moderne Züge und in die Autoschleuse Tauernbahn, die eine wichtige Verbindung vom Möll- in das Gasteinertal darstellt. Zwei moderne Schleusenzüge wurden in den letzten Jahren beschafft, die im Stundentakt zwischen Mallnitz und Böckstein pendeln. Im Zuge der Errichtung des Kaponig-Tunnels und der sicherheitstechnischen Aufrüstung des Tauerntunnels erfolgte eine weitere Offensive, diesmal für noch mehr Sicherheit für den Bahnverkehr. Drei Rettungs- und Löschzüge wurden auf der Tauernbahn stationiert und die örtlichen Feuerwehren mit modernsten Fahrzeugen ausgestattet. Ein wichtiger Mosaikstein für den sicheren Bahnbetrieb auf Österreichs modernster Alpenbahn. Die Tauernbahn zählt heute durch den Weitblick der Planer der Bahnbauzeit und durch den zweigleisigen Ausbau der letzten Jahrzehnte zu einer der wichtigsten Alpenbahnen.

DI PETER KLUGAR
ÖBB-Holding AG,
Sprecher des Vorstandes

Die Tauernbahn war schon vor 100 Jahren technisch ein herausragendes Bauwerk. Tiefe Schluchten mussten überbrückt und die Wasserscheide des Tauern Hauptkammes mit dem 8.551 m langen Tauerntunnel überwunden werden. Bis zu 40.000 Bauarbeiter waren gleichzeitig am Werk um in einer Rekordbauzeit von nur 8 Jahren die neue Verkehrsachse zu errichten. Schon damals wurden völlig neue Baumethoden angewandt, die später zum europäischen, ja sogar weltweiten Standard wurden. Die hochalpine Topographie erforderte damals wie heute den vollen Einsatz von Mensch und Maschine. Mussten vor über 100 Jahren die gewaltigen Erd- und Felsarbeiten oft per Hand durchgeführt werden, so stehen uns heute moderne Technologien und Baumaschinen zur Verfügung, die weitgehend aus den damaligen Erkenntnissen der Bautechnik mit dem technischen Fortschritt entwickelt wurden. Die Tauernbahn nimmt dabei vor allem im Brücken- und Tunnelbau und in der Materiallogistik eine ganz besondere Rolle ein. In Ermangelung geeigneter Transportfahrzeuge waren die Planer von damals bemüht, sämtliches abgetragenes Material wieder in Dämmen einzubauen. Eine Richtung weisende Planung, die auch heute noch angewandt wird und mit welcher enorme Kosten gespart werden können. Bereits Mitte des 20. Jahrhunderts war die Tauernbahn an der Kapazitätsgrenze angelangt – ein Ausbau sollte für Verbesserung sorgen. Ab 1967 bis heute entstand weitgehend in der Nähe der alten eingleisigen Trasse eine moderne Neubaustrecke die nicht nur um über 2 km kürzer ist sondern auch die vielen Bögen die zum Höhengewinn notwendig waren regelrecht umfährt. Es entstanden dabei die Wahrzeichen der modernen Tauernbahn, die großen Stahlbeton Bogenbrücken der Südrampe. Deren größte, die 377 m lange Pfaffenberg-Zwenberg-Brücke erzeugte weltweit Aufsehen mit der kühnen Bogenspannweite von 200 m. Eine Spannweite, die bis heute keine Eisenbahnbrücke der Welt erreicht. Die Tunnel der neuen Tauernbahn wurden in der so genannten Österreichischen Tunnelbaumethode errichtet, welche Weltruhm erlangte. Mit Recht kann man heute behaupten, dass die moderne Tauernbahn eine Alpenbahn der Superlativen ist. Vom Know-How profitiert nicht nur Österreich sondern auch der Bahnbau weltweit!

**ING. MAG. (FH)
ANDREAS MATTHÄ**
ÖBB-Infrastruktur AG,
Sprecher des Vorstandes

Wer kennt sie nicht, die Kinderträume von den Lieblingsberufen wie Lokführer oder Feuerwehrmann? Verständlich, denn die imposanten Fahrzeuge auf Straße oder Schiene strahlen seit eh und je ein ganz besonderes Flair aus. Auch mich faszinieren seit meiner frühesten Kindheit Feuerwehren und die Eisenbahn. Ich träumte davon, irgendwann einmal Lokführer zu werden und interessierte mich für alles, was auf Schienen fuhr. Vor über 20 Jahren feierte ich mein Debüt als Eisenbahnphotograph. Freilich entsprach die Qualität der Photos von damals nicht dem, was ich mir erhoffte und war mir Ansporn, meinen Blick weiter zu schärfen. Besonders die Tauernbahn mit den vielen kühnen Stahlbetonbogenbrücken übte auf mich als angehenden Tiefbauingenieur einen besonderen Reiz aus. Auch die alte Trasse der Tauernbahn, auf der heute längst keine Züge mehr fahren, war häufig im Fokus meiner Spiegelreflexkamera. Und so wuchs mein Tauernbahnarchiv im Laufe der Zeit zu einer beachtlichen Größe heran. Kurz nach Inbetriebnahme des Kaponig-Tunnels führte mich mein beruflicher Weg zu den ÖBB, wo mir Mitte 2008 die Ehre zuteil wurde, das Jubiläumsfest zum „Hundertsten Geburtstag" der Tauernbahn am 5.7.2009 zu organisieren. In der Schlussphase befand sich zur gleichen Zeit auch der zweigleisige Ausbau der Südrampe der Tauernbahn. Was lag also näher, eine noch nie da gewesene Parallelfahrt eines historischen Zuges mit der 1020.018, der ehemaligen E 94.001, und des modernsten ÖBB-Zuges, des ÖBB-Railjet, zu organisieren? Insgeheim „blutete mir aber das Herz" als passionierten Eisenbahnphotographen, dass ich dieses historische Ereignis nur aus dem Zug verfolgen und nicht bei der Falkensteinbrücke mit meinem Photoapparat ablichten konnte. Die Idee zum vorliegenden Buch entstand ungefähr zeitgleich mit der Fixierung des Jubiläumsfestes und ursprünglich sollte es auch zu diesem präsentiert werden. Vielen Dank allen Freunden und Photographenkollegen, die mich bei diesem Werk mit Informationen und Photos unterstützten! Abschließend wünsche ich Ihnen, geschätzte Leserinnen und Leser, eine spannende Lesereise durch die „Neuen Alpenbahnen von 1901".

ING. CHRISTOPH POSCH
ÖBB-Holding AG,
Pressesprecher Kärnten & Osttirol

Herausgeber: ÖBB-Infrastruktur AG

Projektleitung: Tauernbahn Süd, 9020 Klagenfurt

Idee & Konzept: Ing. Christoph Posch

Autor: Ing. Christoph Posch

Artdirektion: Loeffler art design

Grafisches Konzept/Layout: Detlef Löffler

Fotocredit: Siehe auf den Seiten oder im Anhang

Bildbearbeitung: Peter Skibar

Druck: Druckhaus Thalerhof, 8073 Feldkirchen bei Graz

Vertrieb: ART QUARTERLY
Publishing House Verlag GmbH.
Marc Aurel Straße 2
1010 Wien

ISBN: 978-3-9502841-0-2

Inhaltsverzeichnis

KAPITEL 1

Die Geschichte der Tauernbahn

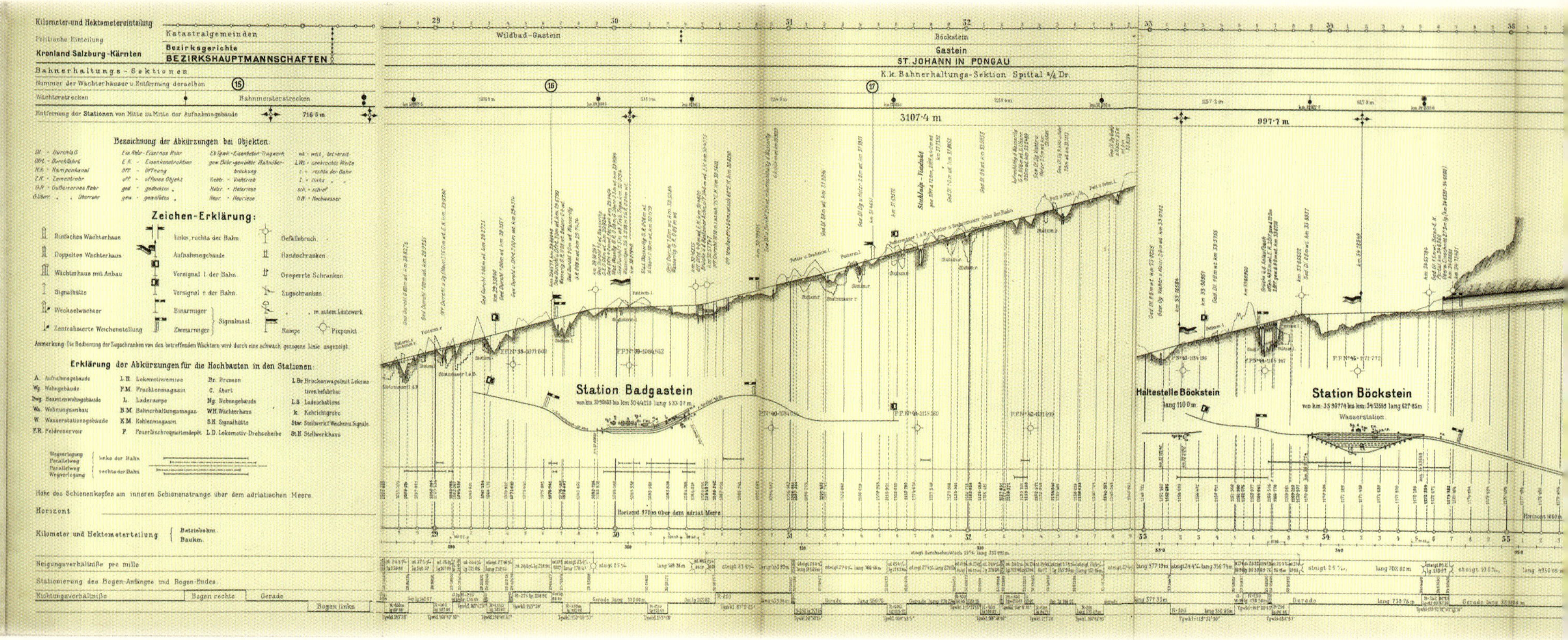

Kilometer-und Hektometereinteilung
Politische Einteilung
Katastralgemeinden
Kronland Salzburg-Kärnten
Bezirksgerichte
BEZIRKSHAUPTMANNSCHAFTEN
Bahnerhaltungs-Sektionen
Nummer der Wächterhäuser u. Entfernung derselben
Wächterstrecken
Bahnmeisterstrecken
Entfernung der Stationen von Mitte zu Mitte der Aufnahmsgebäude
716·5 m
Bezeichnung der Abkürzungen bei Objekten:
Dl. - Durchlaß
Dfrt. - Durchfahrt
R.K. - Rampenkanal
Z.R. - Zementrohr
G.R. - Gußeisernes Rohr
G.Überr. " " Überrohr
Eis.Rohr - Eisernes Rohr
E.K. - Eisenkonstruktion
Öff. - Öffnung
off. - offenes Objekt
ged. - gedecktes "
gew. - gewölbtes "
Eb.Tgwk. - Eisenbeton-Tragwerk
gew.Bübr. - gewölbte Bahnüberbrückung
Viehtr. - Viehtrieb
Holzr. - Holzriese
Heur. - Heuriese
wt. - weit, brt. - breit
L.W. - senkrechte Weite
r. - rechts der Bahn
l. - links " "
sch. - schief
H.W. - Hochwasser
Zeichen-Erklärung:
Einfaches Wächterhaus
Doppeltes Wächterhaus
Wächterhaus mit Anbau
Signalhütte
Wechselwächter
Zentralisierte Weichenstellung
links, rechts der Bahn
Aufnahmsgebäude
Vorsignal l. der Bahn
Vorsignal r. der Bahn
Einarmiger
Zweiarmiger
Signalmast
Gefällsbruch
Handschranken
Gesperrte Schranken
Zugschranken
" " m. autom. Läutewerk
Rampe
Fixpunkt
Anmerkung: Die Bedienung der Zugschranken von den betreffenden Wächtern wird durch eine schwach gezogene Linie angezeigt.
Erklärung der Abkürzungen für die Hochbauten in den Stationen:
A. Aufnahmsgebäude
Wg. Wohngebäude
Bwg. Beamtenwohngebäude
Wa. Wohnungsanbau
W. Wasserstationsgebäude
F.R. Feldreservoir
L.R. Lokomotivremise
P.M. Frachtenmagazin
L. Laderampe
B.M. Bahnerhaltungsmagazin
K.M. Kohlenmagazin
F. Feuerlöschrequisitendepôt
Br. Brunnen
C. Abort
Ng. Nebengebäude
W.H. Wächterhaus
S.H. Signalhütte
L.D. Lokomotiv-Drehscheibe
L.Br. Brückenwage mit Lokomotiven befahrbar
L.S. Ladeschablone
k. Kehrichtgrube
Stw. Stellwerk f. Weichen u. Signale
St.H. Stellwerkhaus
Wegverlegung
Parallelweg
links der Bahn
Parallelweg
Wegverlegung
rechts der Bahn
Höhe des Schienenkopfes am inneren Schienenstrange über dem adriatischen Meere
Horizont
Kilometer und Hektometerteilung
Betriebskm.
Baukm.
Neigungsverhältniße pro mille
Stationierung des Bogen-Anfanges und Bogen-Endes
Richtungsverhältniße
Bogen rechts
Gerade
Bogen links
Wildbad-Gastein
Böckstein
Gastein
ST. JOHANN IN PONGAU
K.k. Bahnerhaltungs-Sektion Spittal a/d. Dr.
3107·4 m
997·7 m
Station Badgastein
Haltestelle Böckstein
Station Böckstein
Wasserstation

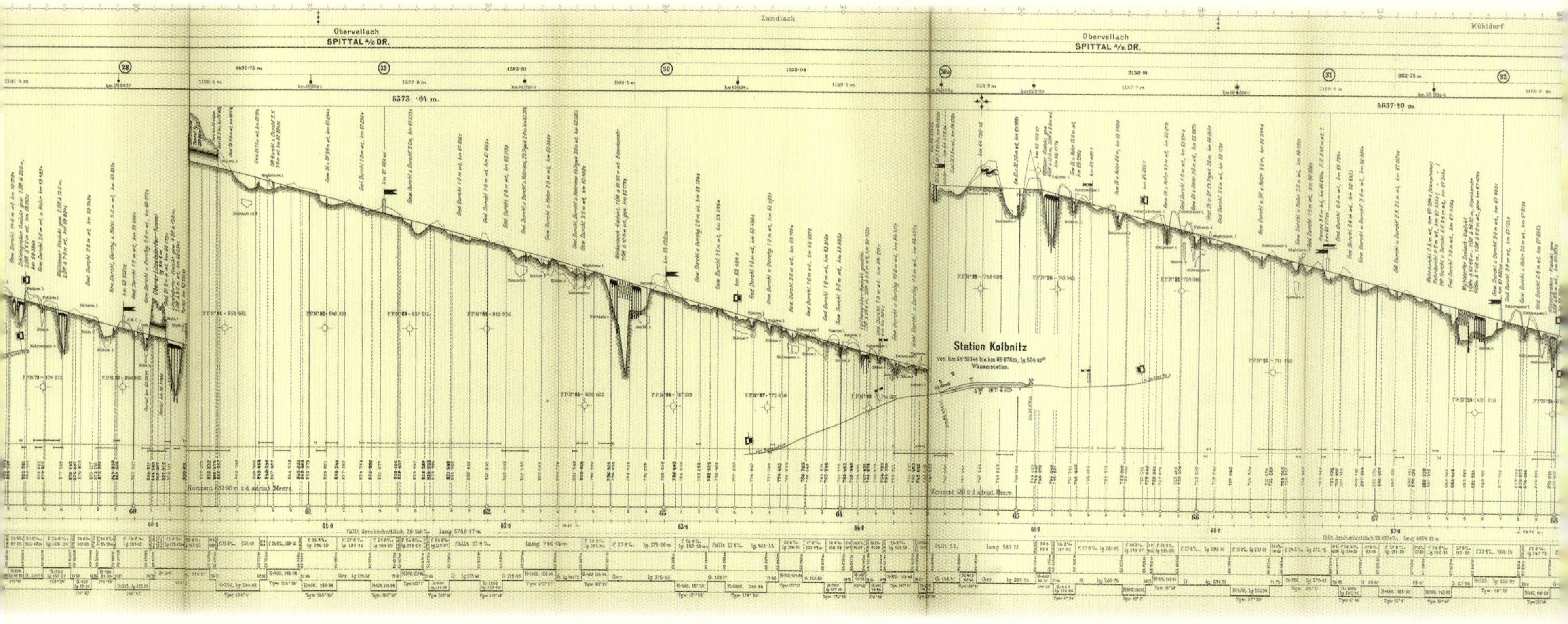

Obervellach
SPITTAL a/d. DR.
Zandlach
Mühldorf
6373·04 m.
4637·40 m.
Station Kolbnitz
Wasserstation.

Von Badgastein bis Spittal an der Drau

Das Längenprofil der Südrampe

Z. ex 190
K.K. ÖSTERREICHISCHE STAATSBAHNEN.
K. k. Eisenbahn-Bauleitung in Schwarzach i./P.
K. k. Eisenbahn-Bauleitung in Spittal a/D.

Eisenbahnlinie: Tauernbahn.

Spezial-Längenprofil

der Teilstrecke

Badgastein-Spittal-Millstättersee

Maßstab: 1:10000 f. d. Längen; 1:1000 f. d. Höhen

Jedes Bahnbauprojekt begann mit der Festlegung der Linienführung. Dabei wurde auf einer genauen, mit Höhenschichtenlinien versehenen, Übersichtskarte eine fiktive Linie, gewissermaßen als „Strich in der Landschaft" gezeichnet. Planungsfaktoren für diese Linie waren, um nur einige zu nennen, Fixpunkte wie Ortschaften, Höhenentwicklungen der Umgebung, regionale Besonderheiten, Trassierungsparameter wie Mindestradien und auch schon die Mobilitätsbedürfnisse, welche die Situierung der künftigen Bahnhöfe beeinflussten. Wurde dann die Linie der künftigen Bahn festgelegt, erfolgte die Erstellung eines Längenprofils der neuen Bahntrasse. So konnten die Planer erstmals sehen, wie sich die Bahntrasse im Bezug auf das Gelände verhält und welche Hindernisse durch Tunnels oder Brücken und Viadukte bewältigt werden müssen. Oberste Prämisse bei der Planung war und ist, den Anteil an Kunstbauten und Tunnels, und damit die Kosten, möglichst gering zu halten. Die Linienführung im direkten Zusammenspiel mit dem Längenschnitt waren Grundlagen für alle weiter führenden Detailplanungen und gaben präzisen Aufschluss darüber, welche Baumaßnahmen letztlich erforderlich wurden.

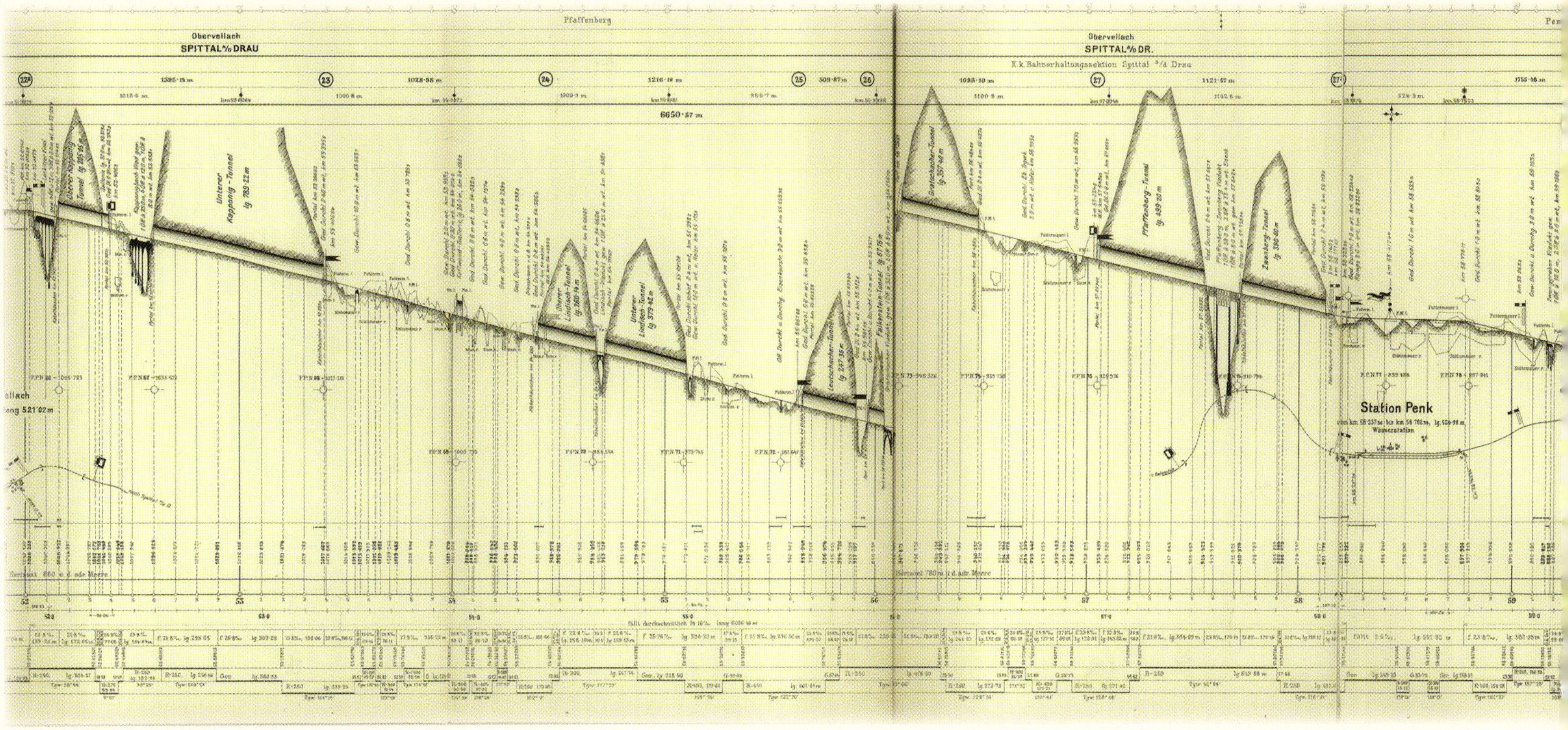

Die Tauernbahn

im Überblick

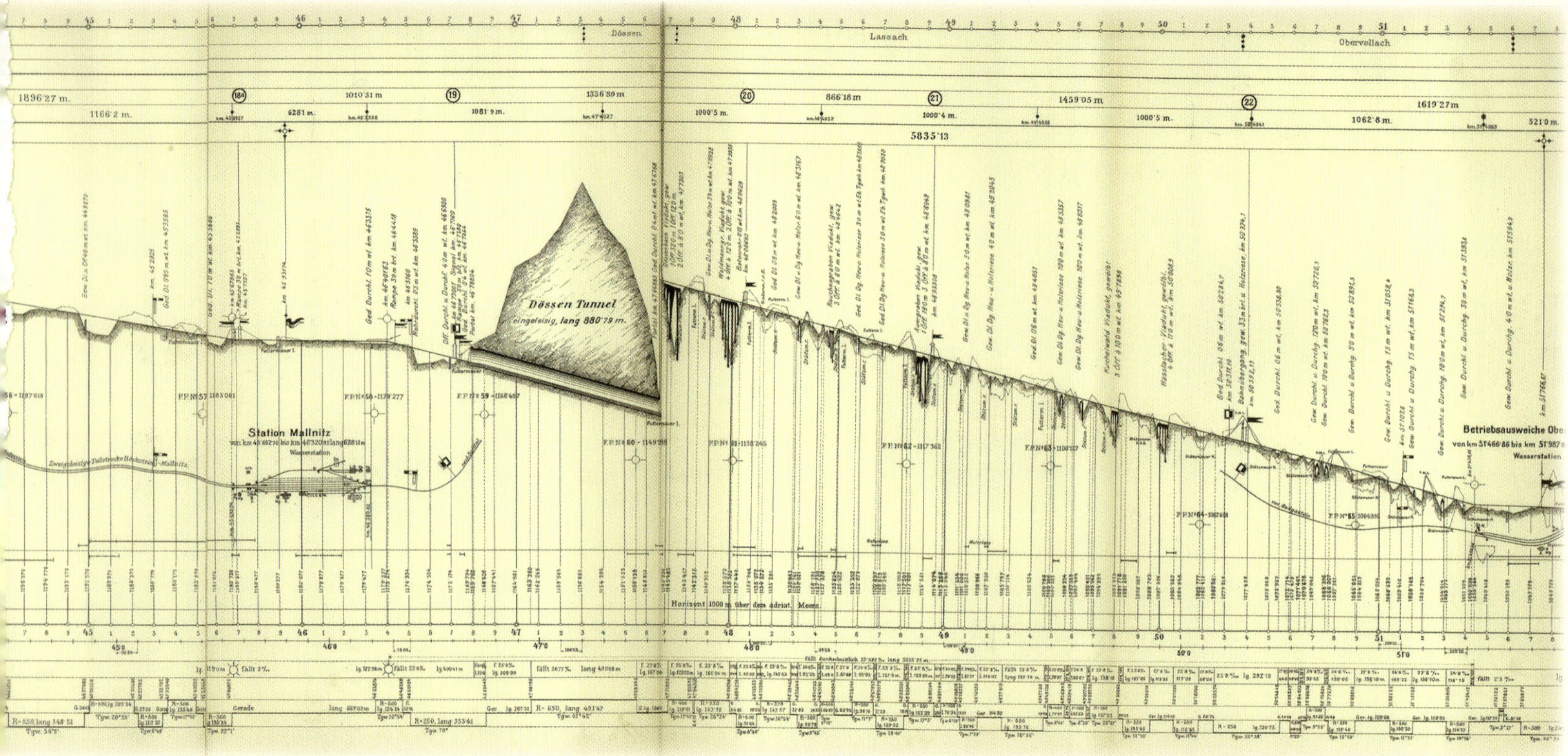

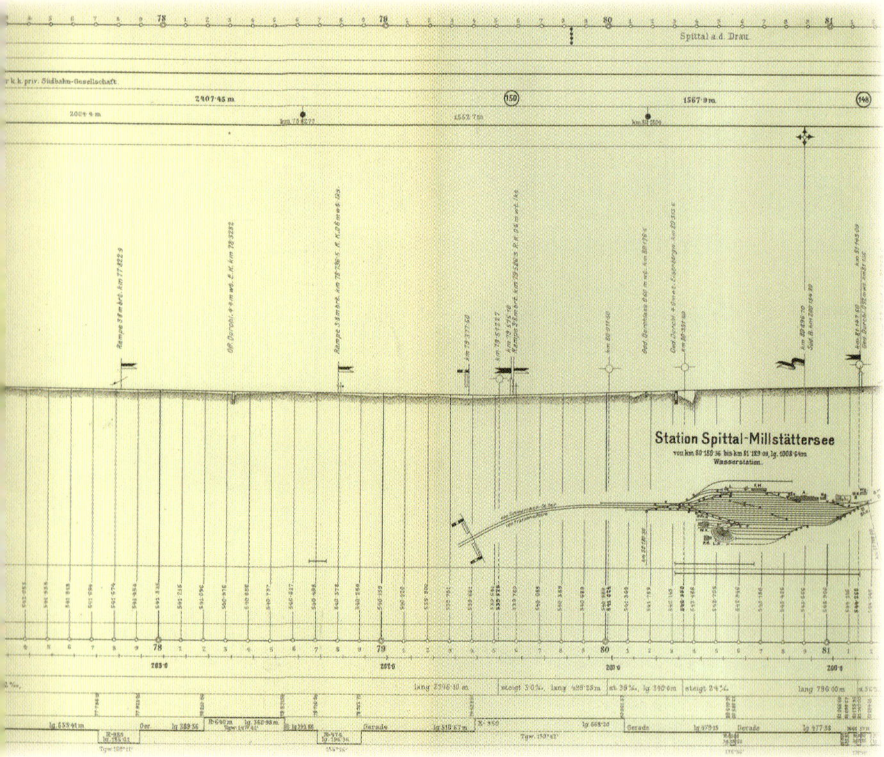

MASSENAUSGLEICH.

Ein weiterer Vorteil eines möglichst präzisen Längenschnitts war die Planung des Massenausgleichs. Das durch Tunnelausbrüche und Böschungseinschnitte anfallende Abtragsmaterial musste entweder deponiert oder als Dammschüttung wieder eingebaut werden. Mit geringfügigen Änderungen der Linienführungen und der Neigungsverhältnisse konnte so ein optimales Gleichgewicht zwischen Abtrag und Dammschüttung geschaffen werden. Außerdem konnten bereits am Reißbrett die Transportlängen und damit die Kosten bestimmt werden. Auch hier galt je kürzer die Entfernung desto billiger das Bauwerk. Die Planer der neuen Alpenbahnen waren Meister ihres Fachs. Nahezu das gesamte Abtragsmaterial wurde für Dammschüttungen wieder verwendet und das bei kürzesten Transportwegen. Lediglich in Böckstein und im Bereich der Tunnels der Südrampe mussten in Ermangelung größerer Dämme, Materialdeponien angelegt werden, deren größte sich bei der Anlaufbrücke in Böckstein befand.

Abschließend ist zu erwähnen, dass der Entwurf von Bahnstrecken in der heutigen Zeit weitgehend diese Stationen durchläuft, wenn auch mit modernen Hilfsmitteln, wie mit einer computerunterstützten Planung. Lediglich der Entwurf der Linienführung basiert nach wie vor auf den Ideen der Planer und wird wie vor 100 Jahren per Hand erstellt.

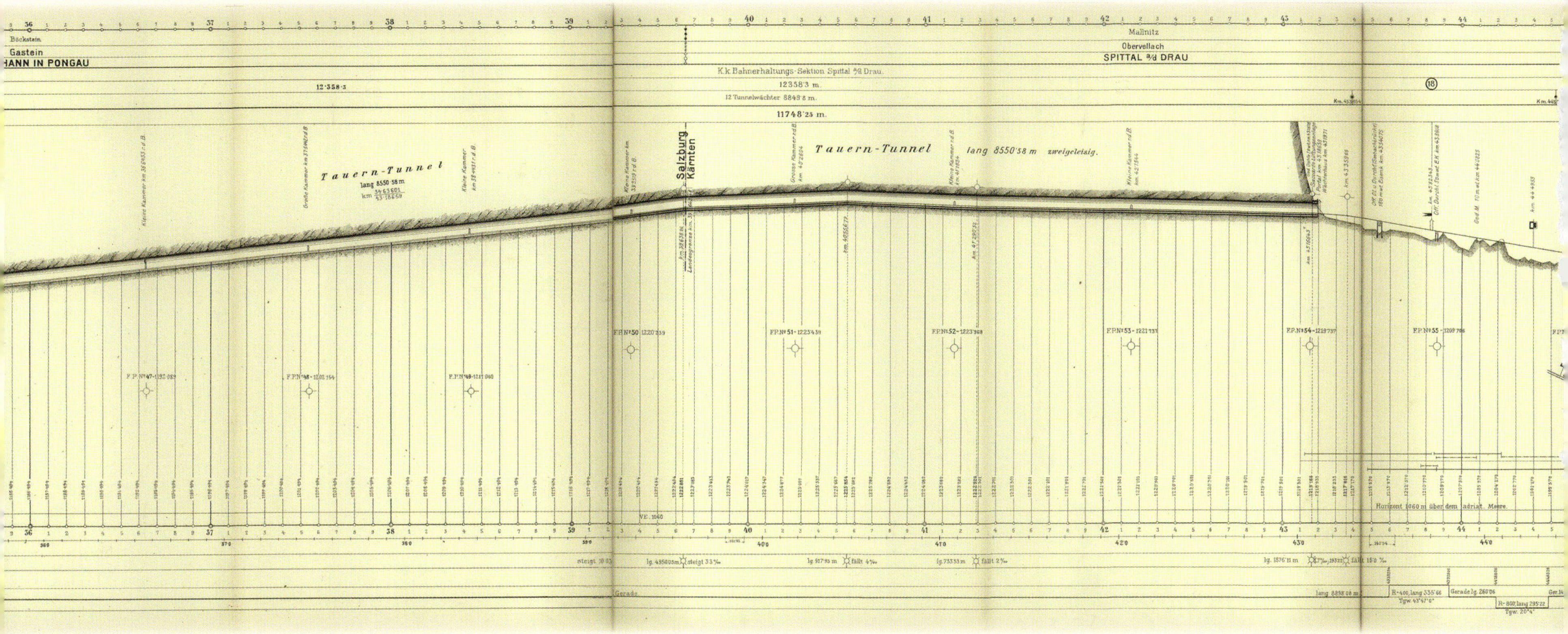
Böckstein
Gastein
HANN IN PONGAU
Mallnitz
Obervellach
SPITTAL a/d DRAU
K.k. Bahnerhaltungs-Sektion Spittal a/d Drau
12358·3 m.
11748·25 m.
Tauern-Tunnel
Salzburg
Kärnten
Tauern-Tunnel lang 8550·58 m zweigeleisig.
Horizont 1060 m über dem adriat. Meere

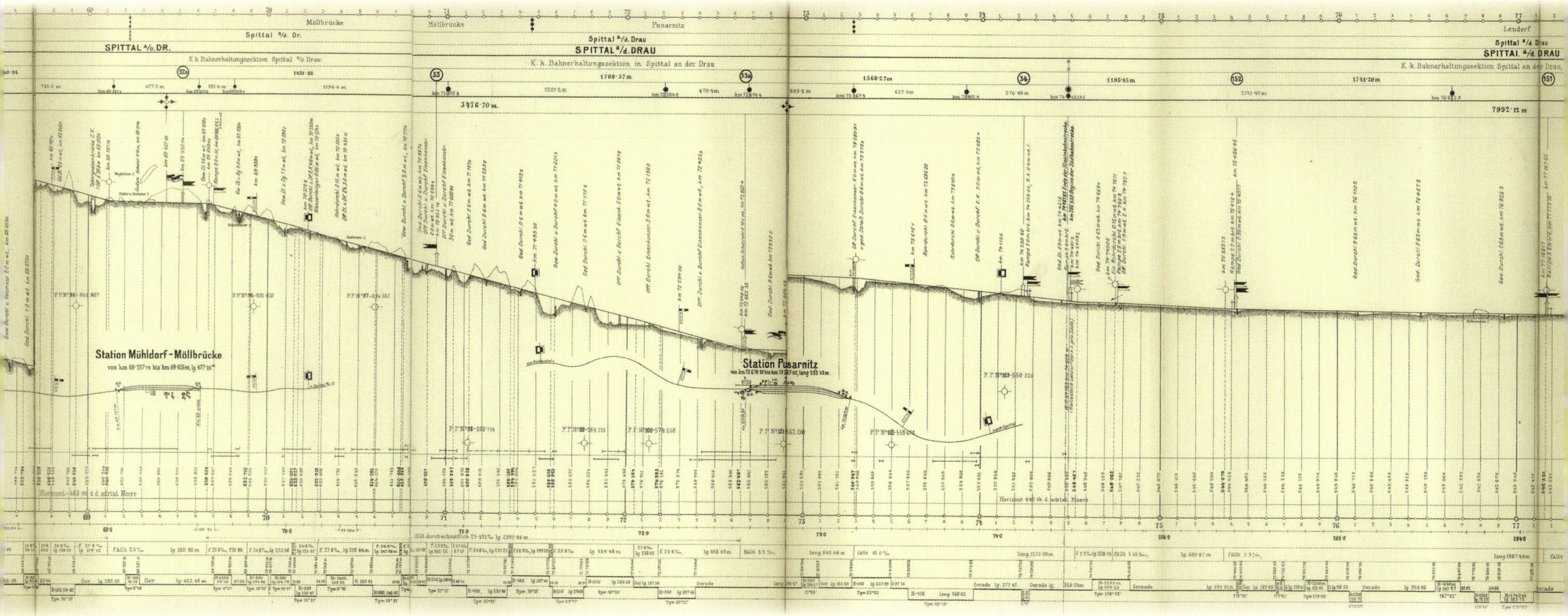
Möllbrücke
Spittal a/d. Dr.
SPITTAL a/d. DR.
Pusarnitz
Spittal a/d. Drau
SPITTAL a/d. DRAU
K.k. Bahnerhaltungssektion in Spittal an der Drau
3476·70 m.
7992·12 m
Station Mühldorf-Möllbrücke
Station Pusarnitz

Auf den Weg zu den

„Neuen Alpenbahnen“

ARLBERGBAHN.
Als 1884 die Arlbergbahn als Ost – West-Verbindung ihren Betrieb aufnahm wurde auch der Ruf nach einer zweiten Eisenbahnverbindung auf Österreichischem Gebiet nach Triest immer lauter.

Auf dem Weg zu den „Neuen Alpenbahnen“ – oder die zweite Verbindung nach Triest

BAHNZEITALTER. Am 23.11.1837 begann in Österreich das Bahnzeitalter. Die 1A Lokomotive Austria der Kaiser Ferdinand Nordbahn (*KFNB*) zog den ersten kommerziellen Reisezug in Österreich zwischen Floridsdorf und Deutsch Wagram. Ein Siegeszug des neuen Verkehrsmittels Bahn setzte ein und die Streckennetze wuchsen rasch. Eine Staatsbahn in heutigem Sinn gab es aber noch keine, denn die einzelnen Bahnen wurden größtenteils als private Aktiengesellschaften gebaut. Mit dem Erfolg, dass viele dieser oft kleinen Bahngesellschaften in die Insolvenz und weiter in die Verstaatlichung schlitterten. Eine dauerhafte Einstellung des Bahnbetriebes erfolgte nur in einzelnen Fällen und das auch nur auf Teilabschnitten. Denn die Bahn war damals das einzige Verkehrsmittel, das im Stande war, weite Entfernungen bei größter Beförderungskapazität zu überwinden.

Was mit wenigen Kilometern zwischen Floridsdorf und Deutsch Wagram begann, sollte innerhalb kurzer Zeit zu einer leistungsfähigen Bahnverbindung nach Triest führen.

Der Adriahafen Triest war Österreichs bedeutendste Hafenanlage an der Adria und wurde auch zu Recht als „Österreichs Tor zur Welt“ bezeichnet. Kaiser Karl VI erklärte 1719 Triest zum Freihafen und der Seehandel stieg gewaltig. So gewaltig, dass Maria Theresia die Hafenanlagen umfassend ausbauen ließ. Mit einem großen Problem hatte Triest aber lange zu kämpfen: die damals spärlich ausgebaute Verkehrsinfrastruktur ließ einen Handel mit Gütern aus dem Österreichischen Hinterland einfach nicht zu. Die damaligen Handelsbeziehungen beschränkten sich hauptsächlich auf Waren in Küstennähe. Nach den großzügigen Hafenausbauten in Triest wurden verschiedenste Handelsagenturen aktiv. 1836 startete der „Österreichisch-Ungarische Lloyd“ mit seiner Geschäftstätigkeit, mit dem Erfolg, dass sich die Hafentätigkeiten in Triest geradezu vervielfachten. Um 1850 zählte der Österreichisch-Ungarische Lloyd zu den weltweit größten Schifffahrtslinien – die Österreichische Flagge war in allen Weltmeeren anzutreffen. Im Mittelmeer selbst war der Lloyd die größte Schifffahrtsunternehmung überhaupt. Für das Österreichische Binnenland blieben aber die Probleme die gleichen: Ein umfassender, weltweiter Handel mit Waren aus dem Kernland der Monarchie war über Triest nicht oder nur unter schwierigsten Bedingungen möglich. Leistungsfähige Verkehrsverbindungen fehlten. Schon bald wurden erste Pläne geschmiedet, die Reichshauptstadt Wien per Bahn mit Triest zu verbinden. Doch bis dahin war noch ein langer, beschwerlicher Weg zu beschreiten.

Den Freigeistern jener Zeit stellte sich die Topographie Österreichs entgegen. Bahnen konnten nur unter schwierigsten Bedingungen über die Ausläufer der Ostalpen geplant und errichtet werden. Oft stellten sich auch Flüsse, Felswände und andere technische Herausforderungen den Bahnbauern von damals entgegen. Dennoch, die Signale für die erste Bahnanbindung Wiens an Triest standen auf grün und es wurden keine Mühen gescheut um diese Hindernisse zu überwinden. Zwei wichtige Meilensteine auf dem Weg in den Süden markierten die Badelwandgallerie bei Peggau/Deutschfeistritz und natürlich die Semmeringbahn. Beide Großbauwerke mussten unter schwierigsten Bedingungen, nahezu ohne technische Hilfsmittel per Hand dem Berg abgerungen werden. Hunderte Bahnbauarbeiter kehrten damals nicht mehr zu ihren Familien heim. Aber der Bau des Schienenweges nach Triest war nicht mehr aufzuhalten.

1854 wurde die weltweit erste Gebirgsbahn, die Semmeringbahn, eröffnet und dem Bahnbetrieb übergeben. Ein erstes Tor gegen den Süden ging auf! Karl Ritter von Ghega, Baudirektor der privaten Südbahn Gesellschaft, hatte die geniale Idee den Semmering mit einer bereits zweigleisig ausgeführten Bahn zu überqueren. Dabei konnte er durch Verlängerungen der Bahnstrecke in den Seitentälern größere Steigungen verhindern. Der damalige Lokomotivbau wäre auch nicht im Stande gewesen, eine für höhere Steigungen taugliche Lok überhaupt anzubieten. Mit einer maximalen Längsneigung von 25 Promille gilt die Semmeringbahn auch heute noch als technische Meisterleistung und wird nach wie vor als Hauptbahnverbindung von Wien nach Graz bzw. Klagenfurt und Villach intensiv genutzt.

Eine nicht geringere Herausforderung für Ghega stellte die Errichtung der Karstbahn von Triest bis nach Laibach dar. Tiefe Felseinschnitte und grandiose Viadukte prägen auch heute noch diesen Streckenabschnitt, der in weiten Teilen noch immer seiner ursprünglichen Trassierung entspricht. Lediglich der Franzdorfer-Viadukt wurde im Zweiten Weltkrieg zerstört und die Trassenführung leicht abgeändert.

Am 27.7.1857 war es schließlich so weit: Kaiser Franz Joseph I eröffnete persönlich die Bahn von Wien nach Triest, die spätere Stammstrecke der k.u.k. priveligierten Südbahn Gesellschaft. Die Südbahn Gesellschaft als solche selbst wurde am 23.9.1858 operativ und übernahm mehrer kleinere Privatbahnen unter anderem die k.k. Südlichen Staatsbahnen, die Nordtiroler Staatseisenbahn, die Kärntner Eisenbahn, die Kroatische Staatsbahn Steinbrück-Sissak und die Kaiser Franz Josef Orientbahn. Damit wurde eine leistungsfähige und vor allem konkurrenzfähige Bahngesellschaft geschaffen, die fortan den gesamten Personen- und Güterverkehr auf der für die k.u.k. Monarchie so wichtigen Bahnverbindung bewältigte. Allein die Tatsache, dass die Heerscharen von Bauarbeitern über so gut wie keine technischen Hilfsmittel für den Bahnbau verfügten, lässt erahnen wie zusätzlich zur enormen Arbeiteranzahl handwerkliches Geschick jeder einzelne mitbringen mußte. Als Transportmittel dienten lediglich Feldbahn-Kipploren oder Handkarren. Bauzuglokomotiven kannte man damals noch nicht. Gewürdigt wurde diese großartige Leistung von vor 154 Jahren erst vor kurzem, nämlich mit der Ernennung der Semmeringbahn zum UNESCO-Kulturerbe im Jahr 1998.

Die Inbetriebnahme der südlichen Staatseisenbahn, der späteren Stammstrecke der k.u.k. priv. Südbahn Gesellschaft, ermöglichte vielen Regionen im Kernland des Kaiserstaates den Zugang zum Hafen Triest und damit auch zum „Tor zur Welt". Große Vorteile taten sich dadurch für die Wirtschaft auf, wo nun ein leistungsfähiger Warenaustausch auf der Schiene bis in entlegene Gebiete der Monarchie ermöglicht wurde. Doch zu den vielen Vorteilen gesellten sich schon nach kurzer Zeit Nachteile, die nicht vom Tisch zu weisen waren. Vor allem profitierten die östlichen Kronländer des Kaiserreichs vom neuen Schienenweg nach Triest. Mangels tauglicher Verkehrsinfrastruktur

Triest wurde in der k.u.k. Monarchie gerne als „Tor zur Welt" bezeichnet. Viele Handelsrouten hatten im bedeutendsten Seehafen der Monarchie ihren Ausgang. Leistungsfähige Bahnverbindungen bedeuteten damals eine wichtige Einflussnahme in die Weltwirtschaft.

fühlten sich die westlichen Kronländer vernachlässigt. Aber auch die Wirtschaft selbst wurde mit einem sehr spezifischem Problem konfrontiert: Auf Grund der Kaiserlichen Weisung vom 19.10.1854 mussten alle Bahnen im Staatsbesitz an private Eisenbahngesellschaften verkauft, also privatisiert werden. Das bedeutete auch, dass die Fahrpläne und Tarife nach den Interessen der Privatbahnen ausgerichtet wurden. Trotz der Aufsicht durch das k.u.k. Eisenbahnministerium gelangten die gesamtstaatlichen Interessen immer mehr ins Hintertreffen. Die nunmehrige k.u.k. priv. Südbahngesellschaft nahm im Verkehr nach Triest eine de facto Monopolstellung ein. Um diese Situation nicht nur für den Handel zu entschärfen wurden die Rufe nach einer zweiten Eisenbahnverbindung nach Triest immer lauter.

Erst 1868 erhielten diese Rufe aus der Reichshauptstadt Wien ein erstes, vorsichtig positives Echo: In einer kaiserlichen Entschließung wurde am 7.2.1868 die Notwendigkeit einer zweiten Eisenbahnverbindung von Klagenfurt oder Villach nach Triest festgehalten. Bis 1875 wurden insgesamt vier Gesetzesentwürfe zur Verlängerung der Kronprinz Rudolf-Bahn von Tarvis über den Predil nach Görz und weiter nach Triest im Reichsrat eingebracht. Ein Erfolg blieb allen Gesetzen verwehrt, die politischen Verhältnisse verhinderten eine positive Erledigung. Die lokalen Regierungen der Stadt Triest und der Länder Görz und Gradiska resignierten. Niemand glaubte mehr an eine Einigung, die auch wesentliche Vorteile für die westlichen und nördlichen Landesteile gebracht hätte. Im Hintergrund nutze aber das k.u.k. Eisenbahnministerium die Zeit und stellte intensive Untersuchungen an, wo und unter welchen Rahmenbedingungen die zweite Eisenbahnverbindung mit Triest gebaut werden könnte. Detaillierte Pläne und Studien boten die Basis für einen Gesetzesentwurf, der zusätzlich zu anderen Bahnbauten im Kaiserreich auch die Errichtung der Pyhrn-, Karawanken-, Wocheiner- und Tauernbahn zum Inhalt hatte. Am 1.3.1900 scheiterte aber auch diese Initiative; der Gesetzesentwurf wurde dem Eisenbahnausschuss „zur weiteren Behandlung" zugewiesen. Aber auch schon damals lösten Wahlen viele schier unlösbare Probleme: Der Reichsrat wurde neu gewählt und der Gesetzesentwurf von Dr. Ritter von Wittek abermals eingebracht. Mit Erfolg! Beide Kammern des Reichsrates stimmten einhellig zu, das Gesetz wurde angenommen und erhielt mit dem Kaiserlichen Sanktus vom 6.6.1901 Rechtskraft. Nach über 30 Jahren zähen Ringens um die zweite Eisenbahn nach Triest waren die Betreiber endlich erfolgreich.

Die untersuchten Linienführungen

LINIENÜBERGREIFENDE FÜHRUNG. Europaweit wuchsen die Bahnnetze am stärksten in der zweiten Hälfte des 19. Jahrhunderts. Bahngesellschaften wurden gegründet, viele aufgelöst oder mit anderen fusioniert. Manche schlitterten in die Insolvenz. Die Kaiserliche Weisung vom 19.10.1854 verordnete die Privatisierung von im Staatsbesitz befindlichen Bahnen. Sämtliche Bahnen errichteten damals quasi IHRE eigenen Linien, um sich vor Konkurrenz zu schützen. Klar, das k.u.k. Eisenbahnministerium und das k.u.k. Kriegsministerium wachten über die Interessen des Staates, aber konnten das großteils isolierte Denken der einzelnen Bahnen nicht verhindern. Zusammenhängende, vernetzte Linien konnten nur von dementsprechend „großen" und finanzstarken Bahnen gebaut werden. Doch auch da war die Gefahr der Insolvenz allgegenwärtig. Erst mit der Verstaatlichungswelle um 1880, als die Kaiserliche und Königliche Staatsbahn (*kkStB*) viele einzelne Bahngesellschaften wieder zurück übernahm, war auch die linienübergreifende Führung von Zügen kein Thema mehr. Zumindest im Netz der kkStB. Bis dahin konnten große Privatbahnen wie die k.k. priv. Südbahngesellschaft oder auch die Staatseisenbahngesellschaft ihre Marktposition halten und ausbauen. Mit der kkStB trat nun der Kaiserstaat selbst in Konkurrenz zu den Privatunternehmen, was diese natürlich fürchteten. Aber auch die kkStB benötigte Anschluss zu den großen, wichtigen Handelsrouten und natürlich auch nach Triest, das damals für den Kaiserstaat das „Tor zur Welt" bedeutete. So war es nicht verwunderlich, dass vor allem die östliche Reichshälfte, die von der Südbahn enorm profitierte, sich gegen den Westen stellte, denn in den alpinen Gebieten gab es auch wegen der schwierigen Topographie nur geringe Entwicklungsmöglichkeiten und dementsprechend schlecht ausgebaute Verkehrsachsen. In einem war man sich einig, nämlich daß es eine leistungsfähige (*Staats-*)Bahn vom Norden in den Süden geben müsste. Mit der gesetzlichen Verordnung der „Neuen Alpenbahnen" schien das Problem gelöst. Stellte sich nur noch die Frage, wo die neuen Bahnen trassiert werden sollten. Die 34 Jahre lange Periode, von jenem

War zunächst noch kleingeistiges Denken der einzelenen Bahngesellschaften ohne Vernetzung angesagt, bedurfte es der Verstaatlichung bis linienübergreifende Bahnnetze entstanden.

Zeitpunkt an, wo die erste Diskussion um eine neue Bahnachse nach Triest entstand bis zur endgültigen Verordnung des Bahnbaus nutzte das k.u.k. Eisenbahnministerium zum gründlichen Studium über einzelne mögliche Trassenverläufe. Die Technikerteams untersuchten mögliche Linienführungen besonders auf ihren wirtschaftlichen Nutzen und nicht zuletzt auf ihre miltärstrategische Bedeutung. Das primäre Ziel Triest auf kürzestem Wege zu erreichen wurde durch mehrere Faktoren beeinflusst: Einerseits sollte die neue Bahn um den größten wirtschaftlichen Effekt zu erreichen so nahe und auch so weit wie möglich von der gut ausgebauten, zweigleisigen Südbahn entfernt sein und andererseits im Kriegsfalle gegen das Königreich Italien so weit wie möglich von dessen Territorium entfernt sein. Und zu guter Letzt sollten die Neubaustrecken auch noch finanzierbar sein, um den Staatshaushalt nicht extrem zu belasten. Das waren alles Kriterien, die in Ihrer Gesamtheit und Komplexität nur schwer unter einem Hut zu bekommen waren. Viel Spielraum dabei gab es dabei nicht.

Erste Planungsschritte setzten die damaligen verantwortlichen Techniker in einer Verlängerung der Kronprinz Rudolf Bahn von Tarvis über den Predil-Paß nach Tolmein im oberen Isonzo Tal. Die Bahn sollte dann dem Fluss bis nach Görz folgen um dann über den Karst in einer Neubaustrecke den Hafen Triest zu erreichen. Mehrere Schnittpunkte mit der Südbahnstrecke waren ebenfalls vorgesehen. Diese erste Linie hatte aber zwei entscheidende Nachteile: einerseits musste ein langer Scheiteltunnel unter dem Predil-Pass errichtet werden. Andererseits war die Nähe zu Italien ein gewaltiger Nachteil im Kriegsfalle. Die Bahn, die auch als Nachschubstrecke genutzt werden sollte, hätte wegen der Reichweite zu italienischen Geschützstellungen aufgegeben werden müssen. Bald war auch klar, dass die Bahn im Kronland Kärnten nicht hätte enden können. Den vollen volkswirtschaftlichen Effekt konnte nur eine viel großräumigere Verbindung erzielen. Denn Nutznießer sollten eben die nördlichen und westlichen Landesteile des Kaiserstaates sein. Als grobe Zielrichtung wurde die Achse Prag-Triest über die Obersteiermark und Kärnten ins Auge gefasst. Aus diesen Untersuchungen wurden viele verschiedene Linienführungen und Varianten definiert. Dabei wurden sämtliche untersuchten Varianten bis ins Detail auf die bereits genannten Kriterien untersucht (*siehe Seiten 9 – 11*).

Ausgewählte Linienführungen:
In den Gesetzesentwurf aufgenommen wurden schließlich für die Tauernbahn die Gasteiner Linie (Linie 5, Variante 2), die Karawanken-, Wocheiner- und Karstbahn (Linien 15, 16, 17 und 20) und die Pyhrnbahn (Line 22).

Just zu jener Zeit, als der Gesetzesentwurf im Parlament eingebracht wurde, wurde zur Überraschung aller Beteiligten ein Gegengutachten veröffentlicht. Und zwar von einer Seite mit der niemand wirklich gerechnet hatte: Ing. Anton Waldvogel veröffentlichte am 17.8.1900 in der Zeitschrift des Österreichischen Ingenieur- und Architektenvereins einen Aufsatz „Zur Lösung der Tauernbahnfrage", der nicht nur größte Verwunderung im Reichsrat auslöste, sondern auch mit dem abermaligen Stillstand in der Gesetzesbehandlung direkt in Verbindung gebracht wurde. Wie sich später herausstellte, bestand mit der Zuweisung des Gesetzesentwurfs zur zweiten Eisenbahnverbindung nach Triest an den Eisenbahnausschuss zwar kein direkter Zusammenhang aber der Verdacht lag nahe, dass zumindest im Hintergrund dieser Aufsatz die Entscheidungen mit beeinflusste. Auf den ersten Blick barg Waldvogels Abhandlung zur Tauernbahnfrage sehr viel Zündstoff. Hauptkritikpunkt von ihm war, dass die geplante Tauernachse an der engsten Stelle im westlichen Teil des Kaiserreichs errichtet werden sollte. Er hielt unter anderem fest, dass die Tauernbahn durchs Gasteinertal keinerlei wirtschaftliche Vorteile für Österreich bringen würde, sondern vielmehr Transitvorteile für das benachbarte Bayern, das einen höchst attraktiven Bahnanschluss nach Triest erhalte. Gerade in der Situation, wo der Gesetzesentwurf an den Eisenbahnausschuss zur weiteren Bearbeitung übertragen wurde, war es durchaus möglich, dass das Gesamtprojekt neuerlich zurückgestellt werden könnte.

Neben technischen und wirtschaftlichen Aspekten betrat er auch ein in unseren Tagen allgegenwärtiges Terrain: Er emotionalisierte das Thema des Bahnbaus und kritisierte lautstark, dass „Dampfloks den Kurbetrieb im Gasteinertal massiv stören, ja sogar behindern."

Waldvogels Kritikpunkte:

Die im Gesetzesentwurf angeführten Linien brächten Österreich/ Ungarn keine Vorteile.

Die Industriegebiete in Oberösterreich und Böhmen profitierten nicht von der neuen Verkehrsachse. Profiteure wären demnach die Königreiche Bayern und Italien sowie der Hafen von Venedig.

Bemängelt wurde auch die Grenznähe zu den Nachbarländern. Im Falle einer kriegerischen Auseinandersetzung mit Bayern müsste die Salzachtalbahn als Zulaufstrecke zur Gasteiner Linie vom Netz genommen werden und die neue Verkehrsachse wäre unterbrochen. Aus selbiger Begründung lehnte er auch die Wocheiner- oder Predillinie ab.

Der hauptsächlich aus Bayern stammende, mit Dampfloks geführte Transitverkehr nach Italien, würde den Weltkurort Badgastein nachhaltig schädigen.

Das Risiko war demnach sehr groß, dass tschechische Abgeordnete im Reichsrat eine neue Opposition gegen das Projekt der neuen Alpenbahnen bildeten. Verstärkt wurde dies durch Waldvogels Gegenvorschlag, die bestehende Salzkammergutbahn als Zulaufstrecke für eine neue Gosauer Bahn zu nutzen. Die Gosauer Bahn sollte in Bad Goisern von der Salzkammergutbahn abzweigen und bei Eben im Pongau in eine leicht modifizierte Zederhauslinie einmünden, welche selbst nach der Alpenquerung durch einen Tauern- und einen Katschbergtunnel Spittal an der Drau erreicht. In Reitdorf bei Eben im Pongau sollte auch ein Güterbahnhof entstehen, welcher mit mehreren Schleifengleisen an die Ennstalbahn angebunden werden sollte. Aus dem Salzachtal sollte eine Schleife kurz nach Pfarrwerfen eine direkte Zufahrt zu Waldvogels Tauernbahn ermöglichen. Badgastein selbst wollte er in der Folge mit einer schmalspurigen, elektrisch betriebenen Zahnradbahn erschließen. Zweifellos wären für die Böhmischen Industriegebiete Vorteile in der direkteren Linie entstanden. Jedoch die technischen Spezifikationen der neuen Bahnachse waren mit insgesamt 4 Scheiteltunnels mit einer Gesamtlänge von rund 18.500 m äußerst ungünstig. Im Gegensatz dazu wäre damals bei der Gasteiner Linie nur ein Scheiteltunnel mit einer Länge von 8.470 m projektiert gewesen. Auch die zu überwindenden Höhen waren nicht unbedeutend: Waren bei Waldvogels Variante insgesamt 909 Höhenmeter zu überwinden, so wurden in der Gasteiner Linie nur 633 m geplant. Letztlich setzte sich daher die Gasteiner Linie durch. Das Gesetz zur Errichtung der „Neuen Alpenbahnen" war nicht mehr aufzuhalten!

Insgesamt drei Trassenvarianten wurden im Gasteinertal untersucht. Die Linien versprachen im Vergleich zu den anderen den größten volkswirtschaftlichen Nutzen bei vergleichsweise geringen Errichtungskosten.

Die wichtigsten untersuchten Linienführungen

LINIE 1 Rottenmanner Linie

Ausgangspunkt	Rottenmann
Endpunkt	St. Georgen
Länge	57 km
Geschätzte Baukosten	Ca: 40 Mio. Kronen
Höchster Punkt	1.141 m

Ein Wasserscheidentunnel mit einer Länge von 6.550 Meter.

LINIE 2 Radstätter Linie

Ausgangspunkt	Radstadt
Endpunkt	Spittal an der Drau
Länge	102 km
Höchster Punkt	1.350 m
Geschätzte Baukosten	Ca: 77,4 Mio. Kronen

Zwei Wasserscheidentunnel mit einer Länge von 6.360 Meter (*Tauerntunnel*) und 5.100 Meter (*Katschbergtunnel*), ein Kehrtunnel mit 1.350 Meter Länge im Norden und zwei Kehrtunnels im Liesertal mit einer Gesamtlänge von 3.030 Meter Länge.

LINIE 3 Zederhaus Linie

Ausgangspunkt	Eben im Pongau
Endpunkt	Spittal an der Drau
Länge	85 km
Höchster Punkt	1.350 m
Geschätzte Baukosten	Ca: 81 Mio. Kronen

Zwei Wasserscheidentunnel mit einer Länge von 10.240 Meter (*Tauerntunnel*) und 4.000 Meter (*Katschbergtunnel*), ein Kehrtunnel mit 1.350 Meter Länge im Norden und zwei Kehrtunnels im Liesertal mit einer Gesamtlänge von 1.237 Meter Länge.

LINIE 4 Großarl Linie

Ausgangspunkt	St. Johann im Pongau
Endpunkt	Spittal an der Drau
Länge	82 km
Höchster Punkt	1.215 m
Geschätzte Baukosten	Ca: 81 Mio. Kronen

LINIE 5 Gasteiner Linie

Variante 1

Ausgangspunkt	Schwarzach/St. Veit
Endpunkt	Mühldorf/Möllbrücke an der Südbahnlinie Spittal – Lienz – Innichen
Länge	82 km
Höchster Punkt	1.225 m
Geschätzte Baukosten	Ca: 56 Mio. Kronen

Ein Wasserscheidentunnel mit einer Länge von 8.470 Meter.
Die Trasse liegt bei Obervellach in einer Höhe von 230 Meter über dem Talboden.

Variante 2

Ausgangspunkt	Schwarzach/St. Veit
Endpunkt	Spittal an der Drau
Länge	82 km
Höchster Punkt	1.225 m
Geschätzte Baukosten	Ca: 56 Mio. Kronen

Ein Wasserscheidentunnel mit einer Länge von 8.470 Meter.
Die Trasse liegt bei Obervellach in einer Höhe von 380 Meter über dem Talboden.

LINIE 6 Flattacher Linie	
Ausgangspunkt	Schwarzach/St. Veit
Endpunkt	Mühldorf/Möllbrücke an der Südbahnlinie Spittal – Lienz – Innichen
Länge	91 km (*ab Mallnitz erreicht die Bahn nach einer künstlichen Längenentwicklung von 19 km den Talboden bei Obervellach*)
Geschätzte Baukosten	Ca: 68 Mio. Kronen
Ein Wasserscheidentunnel mit einer Länge von 8.470 Meter.	

LINIE 7 Fraganter Linie	
Ausgangspunkt	Schwarzach / St. Veit
Endpunkt	Mühldorf/Möllbrücke an der Südbahnlinie Spittal – Lienz – Innichen
Länge	82 km
Höchster Punkt	1.205 m
Geschätzte Baukosten	Ca: 82 Mio. Kronen
Ein Wasserscheidentunnel mit einer Länge von 12.300 Meter vom Nassfeld in das Fraganter Tal. Die Trasse liegt bei Obervellach in einer Höhe von 230 Meter über dem Talboden.	

LINIE 8 Rauriser Linie	
Ausgangspunkt	Taxenbach/Rauris
Endpunkt	Mühldorf/Möllbrücke an der Südbahnlinie Spittal – Lienz – Innichen
Länge	79 km
Höchster Punkt	1.238 m
Geschätzte Baukosten	Ca: 97,3 Mio. Kronen
Ein Wasserscheidentunnel mit einer Länge von 14.300 Meter. Im Norden ist eine künstlich verlängerte Linienführung notwendig.	

© Archiv Posch

Ursprünglich war der Tauerntunnel in einer Länge von 8.470 m geplant. Ausgeführt wurder der Wasserscheidentunnel schließlich in einer Länge von 8.551 m.

LINIE 9 Fuscher Linie	
Ausgangspunkt	Bruck-Fusch
Endpunkt	Nickolsdorf
Länge	73 km
Höchster Punkt	1.310 m
Geschätzte Baukosten	Ca: 88 Mio. Kronen
Zwei Wasserscheidentunnels mit einer Länge von 9.300 und 5.700 Meter. Im Norden sind zwei Kehrtunnels mit einer Gesamtlänge von 1.700 Meter notwendig.	

LINIE 10 Felbertauern Linie	
Ausgangspunkt	Kitzbühel
Endpunkt	Lienz
Länge	106 km
Höchster Punkt	1.216 m
Geschätzte Baukosten	Ca: 114 Mio. Kronen
Zwei Wasserscheidentunnels mit einer Länge von 4.000 und 17.000 Meter. Die Linie unterfährt den Pass Thurn und den Felbertauern.	

Von Villach – Triest

LINIE 11 & 12 Loibl - Lacker Linie	
Ausgangspunkt	Klagenfurt
Endpunkt	Divaca
Länge	165 km
Höchster Punkt	813 m
Geschätzte Baukosten	Ca: 80 Mio. Kronen

Ein Wasserscheidentunnel mit einer Länge von 4.680 Meter. Fortgesetzt würde diese Linie durch die Staatsbahnlinie Divaca-Herpelje-Triest.

LINIE 15, 16, 17 & 20 Bärengraben - Wochein - Optschina Linie	
Ausgangspunkt	Villach bzw. Klagenfurt
Endpunkt	Triest
Länge	187 km
Höchster Punkt	636 m
Geschätzte Baukosten	Ca: 122 Mio. Kronen

Zwei Wasserscheidentunnels mit einer Länge von 8.016 Meter (*Karawankentunnel*) und 6.365 Meter (*Wocheinertunnel*).

LINIE 19 & 20 Mangart - Optschina Linie	
Ausgangspunkt	Tarvis
Endpunkt	Triest
Länge	138 km
Höchster Punkt	748 m
Geschätzte Baukosten	Ca: 87 Mio. Kronen

Ein Wasserscheidentunnel mit einer Länge von 9.225 Meter.

Die Pyhrnbahn

LINIE 22 Pyhrnbahn	Variante 1
Ausgangspunkt	Klaus
Endpunkt	Selzthal
Länge	43 km
Höchster Punkt	733 m
Geschätzte Baukosten	Ca: 12 Mio. Kronen

Ein Wasserscheidentunnel mit einer Länge von 4.340 Meter.

	Variante 2
Ausgangspunkt	Klaus
Endpunkt	Liezen
Länge	50 km
Höchster Punkt	837 m
Geschätzte Baukosten	Ca: 14 Mio. Kronen

Ein Wasserscheidentunnel mit einer Länge von 3.080 Meter.

LINIEN 13, 14, 18 & 21 sind Varianten zu den Linien 17, 19 & 20.

Erwähnenswert ist vor allem die Genauigkeit der Analyse der möglichen Linienführungen. Natürlich hatte jede einzelne dieser Linien ihre Befürworter und Gegner. Besonders ins Auge sticht aber die Tatsache, dass die verbesserte Variante zur ursprünglich favorisierten Predil-Linie (*Linien 19 und 20*) trotz der vergleichsweise geringen Kosten von vornherein ausschieden. Die örtliche Nähe zu Italien war dazu ausschlaggebend. Andere Linien und deren Varianten waren aus damaliger Sicht entweder zu teuer oder im späteren Betriebsdienst zu aufwändig und dadurch mit zu hohen Betriebskosten bewertet.

© Archiv Posch (7)

Das meiste Abtragsmaterial aus Einschnitten oder des Tunnels wurde für Dammschüttungen weiter verwendet. Lediglich bei Böckstein musste eine größere Deponie für das beim Tauerntunnel anfallende Abtragsmaterial angelegt werden, welche sogar von der Rollbahn erschlossen wurde. Auf dem Bild ist am rechten Bildrand diese Deponie im Anlauftal zu sehen.

Am nördlichen Ende des Gasteinertales überquert die Tauernbahn vom Salzachtal kommend die Gasteiner Ache mit einer Stahlfachwerkbrücke. Hier beginnt die Talstrecke im Gasteinertal nach Bad Hofgastein.

© Archiv ÖBB-Infrastruktur Bau AG (2)

Eine dreiteilige Panoramapostkarte zeigt den Kärntner Ausgangspunkt der Tauernbahn um 1900. Die Bahn ist weit ab von Siedlungen erkennbar. Heute, über 100 Jahre später, ist nahezu das gesamte freie Feld verbaut und der Bahnhof mitten in der Stadt.

Der 74 m lange Dössenbach-Viadukt wurde wie so viele Bauwerke der Tauernbahn aus Bruchsteinen gemauert. Heute fährt über diesen Viadukt schon längst kein Zug mehr. Am 14.11.1999 ging die neue Trasse bei Kaponig mit dem 5.096 m langen Kaponig-Tunnel in Betrieb.

Das markanteste Bauwerk der Tauernbahn Südrampe stellt der Pfaffenberg-Zwenberg Viadukt dar. Die dreiteilige Stahlfachwerkbrücke mit gemauerten Vorlandviadukten wurde im Zuge des Zweigleisigen Ausbaus bereits 1971 durch Europas größte Stahlbetonbogenbrücke ersetzt.

KOLBNITZ.
Die letztlich ausgeführte Trasse der Tauernbahn erreichte das Mölltal rund 400 m über der Talsohle. Die Gemeinde Obervellach stellte daher schon fünf Jahre vor Eröffnung der Tauernbahn den Antrag auf einen Anschluss an eine Lokalbahn, die von Kolbnitz über den Danielsberg nach Obervellach und weiter bis nach Winklern führen sollte. Statt einer Lokalbahn wurde eine Seilbahn von Obervellach zum Bahnhof errichtet.

In den letzten Wochen des Zweiten Weltkrieges flogen die alliierten Bomber zahlreiche Angriffe auf die Tauernbahn. Dabei wurden auch der alte Seebach-Viadukt und ein Teil der Bahntrasse zerstört. Der Wiederaufbau erfolgte in einer leicht geänderten Linienführung, erkennbar an der Lage des Wächterhauses neben dem Bahngleis.

An einem strahlenden Sommertag im Jahr 1993 verlässt die 1044.218 mit dem IC 590 „Paracelsus“ den Bahnhof Mallnitz.

Der Bahnhof Kaponig (*früher Obervellach*) war während des eingleisigen Betriebs ein wichtiger Kreuzungsbahnhof. Seit 14.11.1999 fährt hier kein Zug mehr. Sämtliche Gleise sind abgebaut und die alte Bahntrasse dient als Güterweg.

Am 5.7.2009 wurde anlässlich der Jubiläumsfeiern zum 100. Geburtstag Tauernbahn auch das modernste Fahrzeug der ÖBB eingesetzt: der ÖBB-Railjet. Zu sehen ist der von der 1116.212 geschobene, siebenteilige Zug auf der Brücke über die Angerschlucht.

Die 1116.232 ist eine der 18 Taurus-Hochleistungsloks, die im Rahmen der Fußballeuropameisterschaft 2008 ein Länderdesign einer Teilnehmernation, in diesem Fall jenes des letztlichen Europameisters Spanien, erhielt. Zu sehen ist der ÖBB-EC 115 auf der Talstrecke zwischen Dorfgastein und Bad Hofgastein am 19.8.2008.

Die 1163.001 leistete am 15.3.2008 der modernen ÖBB-Mehrsystemlok 1216.008 zwischen Schwarzach – St. Veit und Böckstein Vorspannhilfe vor dem Güterzug 45809. Im Hintergrund der bekannte Kurort Bad Hofgastein.

Die Karawankenbahn als Fortsetzung der neuen Alpenbahnen von 1901 in Richtung Triest besteht aus zwei Teilstrecken (*Villach-Rosenbach-Jesenice, Klagenfurt Rosenbach*). Die 1020.026 leistet bei Finkenstein einer 1043 Vorspannhilfe bei der Beförderung eines schweren Güterzugs.

Der Klagenfurter Ast der Karawankenbahn wird heute gern als Rosentalbahn bezeichnet und dient nur mehr dem Regionalverkehr. Bei Sperren des Villacher-Astes dient die Rosentalbahn als wichtige Umleitungsstrecke. Zu sehen ist der Feistritzbach Viadukt mit einem umgeleiteten EuroCity-Zug.

Im Baca-Tal bis nach Most na Soci sind wegen des schwierigen Geländes viele Kunstbauten notwendig. Am 15.6.2006 überquert die slowenische dieselelektrische Lok 664-119 den Bukovo-Viadukt mit einem kurzen Güterzug.

KAPITEL 2

Die Geschichte vom

Bau der Tauernbahn

Der Erbauer der Tauernbahn

Dr. Ing. Carl Wurmb

CHRONIK. Cral Wurmb wurde am 18.9.1850 in Neumarkt bei Wels geboren. Er absolvierte das Polytechnikum in Zürich und trat anschließend als Ingenieurkonsulent bei der k.k. priv. Südbahngesellschaft ein. Zuerst war er bei der Rekonstruktion der Brennerbahn und später beim Bau der Pustertalbahn tätig. Sein weiterer beruflicher Werdegang führte ihn zur Kronprinz Rudolf-Bahn, wo er am Bau im Abschnitt Villach – Tarvis und an der Planung der Predil-Linie tätig war. Schliesslich „landete" er nach einem Gastspiel beim Bau der Salzkammergutbahn beim Bau des Arlbergtunnels, wo er die Funktion des Bauführers der Westseite wahrnahm. Bevor ihn sein weiterer beruflicher Weg nach Wien führte, war er noch bei der Steirischen Landesbahn tätig, zuletzt sogar in der Funktion des Direktors.

1894 erhielt er seine Berufung in das Handelsministerium in Wien, wo er als Hofrat und Generalinspektor das Lokalbahnamt leitete. Zwei Jahre später übernahm er als Ministerialrat im Eisenbahnministerium die Leitung des technischen Lokalbahnamtes. 1901 stieg er als Eisenbahnbaudirektor zum Sektionschef im Eisenbahnministerium auf. Damit wurde Wurmb zum „Erbauer" der neuen Alpenbahnen. Aus diesem Anlass wurde Wurmb am 17.11.1906 vom Professorenkollegium der Technischen Hochschule in Wien das Ehrendoktorat verliehen. Carl Wurmb war zu dieser Zeit bereits als Baudirektor zurückgetreten. Da während des Baus der neuen Alpenbahnen unvorhergesehene Schwierigkeiten auftraten, die ihn zu Änderungen in der Baudurchführung veranlassten, stiegen auch die Baukosten. Sämtliche Änderungen waren übrigens mit dem Ministerium abgestimmt. Der Reichsrat war mit seiner Kritik an den neuen Alpenbahnen noch immer nicht müde und kritisierte Wurmb aufs Heftigste. Daraufhin zog sich Wurmb aus allen seinen Funktionen ins Privatleben zurück. Niemand vermochte den sensiblen, aber bestimmten Charakter doch noch umzustimmen.

Nach kurzer schwerer Krankheit verstarb Dr. Ing. Carl Wurmb am 30.1.1907, zweieinhalb Jahre bevor die Tauernahn als letzte der großen Alpenbahnen eröffnet wurde.

Die Ingenieure Österreichs errichteten ihm zu Ehren ein würdiges Denkmal in Salzburg. Sein Tod selbst löste aber eine Vielzahl von Gerüchten und Legenden aus, deren bekannteste von einer Kärntner Wochenzeitung im Jahre 1979 anlässlich des 70. Geburtstages der Tauernbahn publiziert wurde. So hätte Wurmb im Frühjahr 1907 eine „furchtbare Tragik" erfasst, weil sich beim errechneten Durchschlag noch keine Anzeichen auftaten. Doch plötzlich vernahm er Geräusche im harten Gestein, aus einer Richtung die andeuten ließ, dass die beiden Sohlstollen aneinander vorbei getrieben wurden. Nur wenige Tage vor dem Durchschlag am 21.7.1907 soll er zur Pistole gegriffen und sich selbst gerichtet haben. Zu diesem Zeitpunkt war Wurmb bereits seit einem halben Jahr tot.

BAHNBAUER AUS LEIDENSCHAFT.
Dem Erbauer der Tauernbahn, Dr. Ing. Carl Wurmb, widmeten Österreichs Ingenieure ein würdiges Denkmal in der Salzburger Schwarzstraße. In vielen Orten und Städten entlang der Tauernbahn erinnern auch noch viele Straßennamen an den genialen Bahnbautechniker.

Der Bau der Tauernbahn

HERZSTÜCK. Die 80,9 km lange Tauernbahn ist das eigentliche Herzstück der zweiten Bahnverbindung nach Triest auf österreichischem Gebiet. Unter schwierigsten Bedingungen wurde die Trasse in eine noch unberührte Hochgebiergslandschaft eingebettet. Ihr Scheitelpunkt liegt auf 1.226 m Seehöhe im letztlich 8.551 m langen Tauerntunnel. Während die Nordrampe 635 Höhenmeter überwindet, sind dies 683 Höhenmeter im Süden. Die Höchstneigungen betragen 25,5 Promille auf der Nordrampe, bzw. 27,8 Promille auf der Südrampe. Grundsätzlich wurden die neuen Alpenbahnen als eingleisige Hauptbahnen projektiert. Insgesamt drei Scheitelstrecken, einschließlich der Tunnel, wurden zweigleisig ausgeführt. Lediglich der vierte Scheiteltunnel, der Bosrucktunnel der Pyhrn-Bahn, wurde eingleisig angelegt. Die Bahnhöfe und Betriebsausweichen selbst wurden alle auf die 80-achsigen Züge der damaligen Zeit ausgelegt. Zugförderungsanlagen wurden in verschiedenen Bahnhöfen untergebracht. Drehscheiben bestanden in Böckstein und Mallnitz. In Böckstein existiert sogar heute noch der alte Lokschuppen aus der Gründerzeit und Reste der Drehscheibengrube sind ebenfalls noch erkennbar. Grundsätzlich lässt sich die Tauernbahn in eine Nordrampe, Südrampe und Scheitelstrecke aufteilen.

Die Bauarbeiten an der Tauernbahn verlangten höchsten geistigen und körperlichen Einsatz, die im Tauerntunnel als absolute Meisterleistung gipfelte.

Ursprünglich war die gesamte Tauernbahn als eingleisige Hauptbahn erster Ordnung mit einer Höchstneigung von maximal 25,5 Promille geplant. Der minimale Bogenradius betrug übrigens 250 m, sowohl im Norden als auch im Süden.

Insgesamt wurden zehn Bahnhöfe, zwei Betriebsausweichen und drei Haltestellen geplant. Sämtliche damals behördlich vorgesehene Verfahren (*Trassenrevision, Stationskommission, Grundeinlösekommission und politische Begehungen*) entlang der Nordrampe wurden vorgezogen und bereits 1900 abgeschlossen. Auf der Südrampe fanden die Behördenverfahren erst 1905 ihren Abschluss. Besonders die Lehnenstrecken im Gasteiner- und Mölltal benötigten verschiedenste Hilfsmittel zum Lastentransport. So wurden viele Materialseilbahnen und kilometerlange Feldbahnnetze errichtet. Diese schmalspurigen Bahnen wurden mit Loks aller damals gebräuchlichen Traktionsarten betreiben. Zusätzlich zur Dampftraktion waren Diesel-, Benzin- und Benzollokomotiven sowie bei den großen Tunnelstrecken Elektrolokomotiven im Einsatz. In explosionsgefährdeten Bereichen waren auch Druckluftlokomotiven im Einsatz, wenn auch nur mit bescheidener Leistung. Doch in den unzugänglichen Lehnenbereichen, besonders in den ersten Tagen des Bahnbaus, war ein Einsatz dieser Feldbahnen unmöglich. Notdürftig wurden Gleise verlegt und Handkarren oder mit Pferden bespannte Loren waren oftmals die einzigen Hilfsmittel in der Materialförderung. Zuletzt blieb eigentlich nur mehr die Muskelkraft der zu tausenden eingesetzten Arbeiter.

Mangels geeigneter Transportmöglichkeiten im Vergleich zu heute und verschiedenster Materialdeponien legten die Ingenieure größten Wert auf den so genannten Massenausgleich. Eine Technik, die bis in unsere Tage größten Stellenwert bei Neubauvorhaben aufweist. Dabei sollte das abgetragene Erdreich der Einschnitte und Tunnels jenen entsprechen, das für die Errichtung von Dämmen im Baulos notwendig gewesen wären. Je besser der Massenausgleich im Verhältnis Einschnitt/Tunnel zu Damm funktionierte, desto weniger Material musste auf Deponien verbracht werden. Kosten für den Materialabtransport und die Deponierung konnten so gespart werden. Die Techniker, die die neuen Alpenbahnen errichteten, beherrschten diesen Grundsatz bis in kleinste Detail. Eigene Materialdeponien wurden kaum angelegt. Nahezu sämtliche Abtragsmassen fanden in diversen Dämmen wieder ihren Einbau. Hilfreich war dabei natürlich die schwierige Topographie im unwegsamen Gelände.

Eine weitere Besonderheit bei der Schüttung von Dämmen, also bei der Deponierung vom Aushub, waren spezielle Gerüste, auf denen Schienen von Feldbahnen verlegt wurden. Zumeist mit Muskelkraft wurden Kipploren mit Erdreich auf diesen Gerüsten entleert. Die Gerüste verblieben im Damm selbst und nach erreichen der Schienenoberkante der Baugleise wurden diese abgebaut. Anschließend erfolgte die Herstellung des Oberbaus, also des Gleisschotters mit dem Gleisgestänge (*Schwellen und Schienen*). Mit Hilfe dieser ausgefeilten Methode der Deponierung von Aushubmaterialien konnten lange Transportwege und dementsprechende zusätzliche Kosten vermieden werden. In den Grundzügen wird diese Technik des Massenausgleichs auch heute noch bei nahezu allen Tiefbau – Großbauvorhaben angewendet.

Beeinflusst wurden die Bauarbeiten an der Tauernbahn auch durch die jeweilige Witterung im hochalpinen Bereich. Die Frostperiode war lang und dementsprechend wenig Zeit verblieb, qualitativ hochwertige Mauerwerke bei den zahlreichen Viadukten herzustellen. Auch die Dammschüttungen konnten in der Frostperiode nur zum Teil fertig gestellt werden. Verdichtungsmöglichkeiten, wie das Walzen von Erdreich, fehlten mangels der technischen Möglichkeiten nahezu komplett.

Das Herzstück der Tauernbahn, der 8.551 m lange Tauerntunnel, war eigentlich die ingenieurtechnische Meisterleistung des Gesamtprojekts. Weite Teile des Tunnels mussten in kristallinem Gestein ausgebrochen, ja dem Berg abgerungen werden. Die Techniker erkannten sofort, dass wenn der Tunnel nicht 1901 begonnen würde, die Tauernbahn nicht wie geplant eröffnet werden konnte. In der Euphorie über den Gesetzesbeschluss von 1901 begannen die Baumannschaften in Eigenregie bereits am 6.7.1901 mit dem Ausbruch des Sohlstollens. Der Tauerntunnel selbst wurde übrigens nach der Österreichischen Tunnelbaumethode errichtet, die weltweit größten Anklang fand, welche später von der „Neuen Österreichischen Tunnelbaumethode“ abgelöst wurde. Weiters mussten schon während der Bauzeit umfangreiche Lawinenschutzmaßnahmen errichtet werden. Dies betraf vor allem die Scheitelstrecke im Bahnhofsbereich von Böckstein, hoch oben am Feuersang und auf Mallnitzer Seite im Ankogel Gebiet. Verschiedenste Ausführungen von Steinkeilen sollten den Abgang von Schneelawinen verhindern.

Leider waren Lawinenabgänge in diesen Gefilden keine Seltenheit. 1909, also noch vor der Eröffnung der Gesamtstrecke, ging in Böckstein vom Thomaseck eine gravierende Lawine ab, die noch lange Zeit ihre Spuren hinterließ und 27 Bauarbeiter das Leben kostete. Geldknappheit zwang damals zur späten Vergabe der Baulose 6 – 14. Die Zuweisungen mussten zu Gunsten der anderen „Neuen Alpenbahnen", also zum Vorteil der Karawanken- und Wocheinerbahn, neu verteilt werden. Die Finanzierung erfolgte zu einem wesentlich späteren Zeitpunkt..

Im Jahre 1901 wurden für die Errichtung der Tauernbahn 60 Mio. Kronen budgetiert. Als erste Rate wurden 19,5 Mio Kronen den Bauteams zugeteilt. 1905 erfolgte die Überweisung einer zweiten Rate von 55,5 Mio. Kronen. Abgerechnet wurde die Tauernbahn hingegen mit 90,5 Mio. Kronen, also um rund 30 Mio. Kronen über den geplanten Baukosten. Die sich abzeichnende Überschreitung der Baukosten der neuen Alpenbahnen forderte allerdings ein Opfer. Ein Opfer, das wesentlich zum Gelingen der zweiten Bahnverbindung nach Triest beitrug.

Der Erbauer der neuen Alpenbahnen, der Baudirektor der kkStB Ing. Carl Wurmb trat 1905 nach langen politischen Grabenkämpfen zurück und stellte alle seine Funktionen unwiderruflich zur Verfügung. Die Kostenüberschreitungen bei der Errichtung der Wocheiner-

Hauptmassen in Zuge der Errichtung der Tauernbahn

Erd- und Felsarbeiten (*ohne Tauerntunnel*)	2,3Mio. m³
Länge der Dammschüttungen	2,8 km
Länge der Einschnitte	24,3 km
Größte Dammhöhe	26 m
Größte Einschnitttiefe	21,8 m
Mörtelmauerwerk	354.000 m³
Trockenmauerwerk	111.000 m³
Betonmauerwerk	19.000 m³
Anzahl der Durchlässe unter 20 m lichte Weite	309 Stk.
Anzahl der gwewölbten Brücken	3 Stk.
Anzahl der eisernen Brücken	12 Stk.
Anzahl der Viadukte	29
Anzahl der Viaduktöffnungen	133
Anzahl der eingleisigen Tunnels	18
Länge der eingleisigen Tunnels	6.151 m
Länge des zweigleisigen Tauerntunnels	8.551 m
Gesamtlänge aller Tunnels	14.702 m

Folgende Bauzeiten wurden festgelegt

Ende 1904	Schwarzach / St. Veit – Badgastein tats. Fertigstellung 20.9.1905
Ende 1908	Badgastein – Spittal / Millstättersee tats. Fertigstellung 5.6.1909

Die Bauarbeiten wurden in insgesamt 14 verschiedene Baulose eingeteilt

Baulose 1 - 5	Schwarzach / St. Veit – Badgastein Union Baugesellschaft, Wien; Vergabe am 14.12.1902
Baulose 6 - 10	Badgastein – Tauerntunnel – Kaponigbach Brüder Redlich & Berger, Wien; Zuschlag am 22.12.1905
Baulose 11 - 14	Kaponigbach – Spittal / Millstättersee W. v. Doderer, Wien; Zuschlag am 28.6.1906

bahn und den für die nächsten Baukostenzuweisungen folgenden Verhandlungen im Reichsrat in Wien zwangen den Errichter der neuen Alpenbahnen ins Privatleben zurück. Die Fertigstellung seines Lebenswerkes sollte Wurmb, dem 1906 das Ehrendoktorat verliehen wurde, nicht mehr erleben. Am 30.1.1907 verstarb Dr. Ing. Carl Wurmb nach kurzer Zeit an einer schweren Krankheit.

Die Nordrampe

Die Nordrampe beginnt im Sinne der Kilometrierung in Schwarzach-St. Veit und ist 34,2 km lang. Eigentlich ist die Nordrampe unterteilt in zwei Gefälleabschnitte (*Schwarzach-St. Veit – Klammstein; Bad Hofgastein - Böckstein*) und einen Talbereich (*Klammstein – Bad Hofgastein*). Kurz nach dem Ausgangspunkt zweigt die Tauernbahn nach Süden von der alten Westbahn (*Kaiserin Elisabeth Bah*n), ab und ein langer Steigungsbereich beginnt. Die Trasse musste in steilem, zur Salzach hin abfallendem Gelände errichtet werden. Zwei Tunnels und mehrere Kunstbauten waren notwendig, um den ersten Bahnhof, Loifarn, zu erreichen. Eine besondere Herausforderung war schließlich der Bereich um die Klamm der Gasteiner Ache bei Klammstein. Zwei längere Tunnels und ein gemauerter Steinbogen-Viadukt mit nur einer Öffnung mussten gebaut werden, dass die Bahn vom Salzachtal im Norden das südlichere Gasteinertal erreicht.

Hier beginnt dann auch die Talstrecke, die im Bahnhof Bad Hofgastein endet. Unmittelbar nach dem Bahnhof beginnt eine lange Steilrampe mit Höchstneigungen bis zu 25,5 Promille im großteils unwegsamen Gelände. Zahlreiche Brücken und Viadukte sind notwendig, um die Bahn über Gräben und Geländeunebenheiten zu führen. Kurz vor dem Bahnhof Angertal befindet sich das herausragendste Bauwerk der Tauernbahn Nordrampe, die 133 m lange Stahlfachwerkbogenbrücke über die Angerschlucht. Das auch als „Angerschluchtbrücke" bekannte Bauwerk ist eines der bekanntesten Motive der Tauernbahn. Dementsprechend viele Postkarten und historische Photographien gibt es auch von ihr.

© Archiv Posch

Um die vielen Gräben zu überbrücken war eine Vielzahl an gemauerten Viadukten und Brücken notwendig. Bevor aber die Viaduktbögen hoch gezogen werden konnten, mussten aufwändige Hilfskonstruktionen aus Holz errichtet werden, welche selbst auf eigenen Konsolen auf den bereits fertig gestellten Pfeilern auflagen.

Eingleisige Tunnels der Nordrampe	
Untersbergtunnel	179 m
Kennlach-Tunnel	99 m
Unterer Klamm-Tunnel	739 m
Oberer Klamm-Tunnel	744 m

Viadukte der Nordrampe	
Thommersbach-Viadukt	95 m
Pummgraben-Viadukt	49 m
Klamm- Viadukt	49 m
Pyrker-Viadukt	77 m
Weitmoser-Viadukt	92 m
Hundsdorfer-Viadukt	101 m
Schlossbach-Viadukt	53 m
Schmalzgraben-Viadukt	39 m
Pichlerwand-Viadukt	32 m
Kralbach-Viadukt	16 m
Stuhlalpe-Viadukt	28 m

Brücken der Nordrampe	
Mursangergraben-Brücke	27 m
Kennlachgraben-Brücke	94 m
Brücke über die Gasteiner Ache I	42 m
Maierhofner-Brücke	68 m
Luggauer-Brücke	19 m
Wiednerbach-Brücke	18 m
Laidalp-Brücke	20 m
Steinbach-Brücke	100 m
Angertal-Brücke	133 m
Meixner-Brücke	21 m
Brücke über die Gasteiner Ache II	35 m
Anlaufbachbrücke	96 m

Nach 103 Jahren Betrieb, steht die Ablöse schon „ante Portas“: die neue zweigleisige Stahlbeton Bogenbrücke über die Angerschlucht ist fertig und wartet auf ihre Inbetriebnahme, die 2010 erfolgen soll. Der Bahnhof Angertal schließt unmittelbar an die Angeschluchtbrücke an und diente mehr als Betriebsausweiche denn dem Personenverkehr. Letzterer war ob der Trassenführung hoch über der Talsohle bis zuletzt eigentlich sehr schwach. Nach weiteren fünf Kilometer Fahrt ist Badgastein erreicht. Der Kurort war nicht nur bei der Bevölkerung beliebt. Auch Kaiser Franz Joseph pflegte sich hier regelmäßig zu erholen. Nahezu alle Gebäude der neuen Alpenbahnen von 1901 wurden nach Regelplänen gebaut. So kann man heute viele Bahnhofsgebäude gleich mehrmals auf verschiedenen Bahnen in verschiedenen Ländern bewundern. Nur wenige Bahnhofsgebäude erhielten eine eigene, sich von allen anderen Gebäuden abhebende Architektur. So wurde wegen der ständigen Präsenz des Hochadels und auch des Kaisers in Badgastein ein ganz besonderes, architektonisch aufwändiges Bahnhofsgebäude im Jugendstil errichtet. Im Bahnhof Böckstein endet die Nordrampe und ist zugleich der Ausgangspunkt für die 11,8 km lange Scheitelstrecke.

Die Scheitelstrecke

Unmittelbar nach dem Bahnhof Böckstein beginnt der 8.551 Meter lange Tauerntunnel, das Herzstück der Tauernbahn. Ursprünglich sollte er „nur“ 8.470 m lang sein. Die Scheitelstrecke selbst wurde bereits von Beginn an zweigleisig geplant und ausgeführt. Eine Tatsache, die dem großen Weitblick der damaligen Ingenieure zugeschrieben werden kann. Beide Rampen – sowohl im Süden als auch im Norden – mussten in den letzten 40 Jahren in weiten Teilen nahezu neu trassiert und zweigleisig ausgebaut werden. Die Scheitelstrecke aber blieb weitgehend im Urzustand und in der ursprünglichen Trassierung bestehen! Die Scheitelstrecke weist Höchstneigungen von bis zu 16 Promille im Freilandbereich zwischen Mallnitz und dem Südportal auf, der Tauerntunnel selbst hat eine Höchstneigung von 10 Promille im nördlichen Abschnitt. Kurz nach dem Südportal bestand noch die Haltestelle Tauerntunnel. In Mallnitz selbst wurden weitläufige Bahnanlagen errichtet. Auch eine Drehscheibe zur Manipulation der Dampflokomotiven bestand hier, ebenso umfangreiche notwendige Abstellanlagen. Der Bahnhof Mallnitz war und ist sozusagen der Betriebsmittelpunkt der Tauernbahn.

Die Südrampe

Die Südrampe ist 34,9 km lang und beginnt am südlichen Ende des Bahnhofes Mallnitz gleich mit dem Dössentunnel. Ursprünglich war geplant, die Tauernbahn am westlichen Berghang des Tauerntales bei Groppenstein zu führen. Es galt eine mächtige Talstufe zu überwinden, die nur mit einer künstlichen Längenentwicklung und einer Kehrschleife oberhalb der Ortschaft Obervellach zu bewältigen gewesen wäre. Auch ein neuer Bahnhof in Groppenstein hätte geplant werden sollen. Diese Variante hätte auch ermöglicht, daß der Talboden des Mölltales früher erreicht worden wäre. Ausgeführt wurde aber die Trassierung an der westlichen Seite des Tauerntales mit einer Linienführung hoch oberhalb der Talsohle. Diese verkürzte Linienführung erforderte auch die Anpassung der Neigungsverhältnisse auf maximal 27,8 Promille auf weiten Teilen der Südrampe.

Nach Querung des Dössentales und des Waldmanngrabens lehnt sich die Trasse der Tauernbahn an die östlichen Berghänge des Tauerntales. Dabei mussten etliche kleinere Kunstbauten errichtet werden. Nach sechs km wird der Bahnhof Obervellach (*später Kaponig*) erreicht. Von hier aus bestand eine Verbindung mit einer Seilbahn direkt ins Ortszentrum von Obervellach. Die Seilbahn selbst wurde einst als Materialförderbahn errichtet und diente nach der Eröffnung der Tauernbahn dem Personenverkehr. Die Ortschaft Kaponig besteht nur aus wenigen Häusern in steilem Gelände.

Von jetzt an wird durchwegs nahezu unzugängliches Gelände durchfahren. Das war eine besondere Herausforderung an die Baumannschaften. Die einzigen Hilfsmittel in diesem schwierigen

Brücken der Südrampe	
Seebach-Brücke	24 m
Lindischgraben-Brücke	30 m
Taborgraben-Brücke	27 m

Viadukte der Südrampe	
Dössenbach-Viadukt	74 m
Waldmanngraben-Viadukt	88 m
Auergraben-Viadukt	58 m
Kuchelwand-Viadukt	79 m
Hasslacher-Viadukt	55 m
Laskitzer-Viadukt	94 m
Kaponigbach-Viadukt	105 m
Gratschacher-Viadukt	52 m
Pfaffenberg-Zwenberg-Viadukt	149 m
Zweniggraben-Viadukt	31 m
Schlossgraben-Viadukt	41 m
Mölltheuer-Viadukt	57 m
Litzeldorfer-Viadukt	82 m
Rückenbach-Viadukt	179 m
Rotthauer-Viadukt	83 m
Mühldorfer Seebach-Viadukt	141 m
Klinzergraben-Viadukt	33 m

© Archiv Posch

Die Tauernbahn musste mühsam der Natur abgerungen werden. In großteils unwegsamem Gelände führte die Trasse. Um die Baumaterialien so weit wie möglich heranzuführen mussten Straßen angelegt und bestehende verbreitert werden. Befestigt waren diese nicht und bei schlechten Witterungsverhältnissen steckten die Fuhrwerke schon mal im Schlamm fest. Die einzelnen Bauteile der großen Brücken wurden übrigens so weit wie möglich mit der Bahn angeliefert und dann auf Fuhrwerke verladen, welche sich mit bis zu 16 Pferden bespannt die Straßen hinauf quälten.

Gelände waren einzelne wenige Feldbahnen, deren Waggons anfangs nur mit Muskel- oder Pferdekraft bewegt werden konnten. Die Südrampe selbst ist durch die besonders schwierige Topographie gekennzeichnet.

Dementsprechend umfangreiche Kunstbauten waren hier notwendig. Tunnels und Viadukte wechselten sich permanent ab. Bei Penk wurde das herausragendste Bauwerk der Südrampe errichtet, der Pfaffenberg-Zwenberg-Viadukt. Eigentlich handelte es sich um eine dreifeldrige Stahlfachwerkbrücke mit Vorlandbrücken aus gemauerten Viaduktbögen. Dieses insgesamt 377 m lange, komplett im Bogen errichtete Bauwerk überspannte den Zwenberggraben nahe den steilen Felswänden. Die Brückentragwerke mussten in Einzelteilen herangeschafft und über eine steile Feldbahn entlang der Talsohle zur Baustelle gebracht werden. Mit Flaschenzügen wurden schließlich die einzelnen Stahlteile Schritt für Schritt in ihre vorgesehene Position gehoben. Die Gerüste, auf denen die noch unfertigen Brückenteile ruhten, waren selbst schon reine Kunstwerke. Diese Bautechnik wurde übrigens bei allen großen Brückenbauten der neuen Alpenbahnen angewandt.

Eingleisige Tunnels der Südrampe	
Dössen-Tunnel	881 m
Oberer Kaponig-Tunnel	236 m
Unterer Kaponig-Tunnel	789 m
Oberer Lindisch-Tunnel	260 m
Unterer Lindisch-Tunnel	379 m
Leutschacher-Tunnel	247 m
Falkenstein-Tunnel	67 m
Gratschacher-Tunnel	357 m
Pfaffenberg-Tunnel	499 m
Zwenberg-Tunnel	391 m
Oberer Litzeldorfer-Tunnel	84 m
Unterer Litzeldorfer-Tunnel	200 m

© Archiv für historische Ansichtskarten Atzwanger/Völkermarkt

DER BAU DER TAUERNBAHN

BELASTUNGSPROBE. Bevor ein Viadukt- oder Brückenbauwerk dem Bahnbetrieb übergeben wurde, musste noch eine so genannte Belastungsprobe durchgeführt werden. Gleich drei kkStB Loks der Reihe 73 führten diese auf der Kenlachgraben-Brücke aus.

Bevor Stahlbrücken errichtet wurden, erfolgte der Bau von Hilfskonstruktionen, so genannter Lehrgerüste. Auf diesen wurden die Stahlteile puzzleartig aufgebaut und die Brückentragwerke zusammen genietet. Hier das Lehrgerüst für das Tragwerk des Anlaufbach Viadukts.

Besonders gefährlich waren die Bauarbeiten in der Klamm der Gasteiner Ache. Zwischen dem oberen und dem unteren Klammtunnel wurde nach deren Rohbaufertigstellung eine Hilfsbrücke errichtet, damit die Rollbahnen auch auf längeren Strecken genutzt werden konnten.

Die Materialförderung wurde händisch oder mit Pferdefuhrwerken durchgeführt. Dort wo es die Platzverhältnisse erlaubten, kamen auch schmalspurige, mit Lokomotiven betriebene Rollbahnen zum Einsatz. Besonders umfangreiche Netze gab es bei den Tunnelbaustellen wie hier der Baubetriebsplatz in Mallnitz.

Mangels großer Baumaschinen waren damals die Bauarbeiter auch auf die Hilfe von Dampfmaschinen angewiesen. Diese Dampfaggregate wurden zu vielerlei Arbeiten eingesetzt, wie zum Beispiel diese hier als Wasserpumpe.

Für die Errichtung der Angerschluchtbrücke war ein besonderes kühnes Lehrgerüst notwendig, das eindrucksvoll aus der Schlucht empor gebaut wurde.

Der Bau der Tauernbahn war nicht nur eine Herausforderung an die Planer sondern eine technische Meisterleistung aller Beteiligten.

Bevor Rollbahnen im unwegsamen Gelände errichtet werden konnten, musste die schmale Trasse mit Muskelkraft der Natur abgerungen werden. Rollbahnen dienten hauptsächlich der Materiallogistik im Zuge der Abtrags- und Dammschüttungsarbeiten.

KUNSTVOLLES LEHRGERÜST. Auch die Belastungsprobe der Angerschlucht-Brücke war ein eindrucksvolles Ereignis. Insgesamt vier kkStB Loks der Reihe 73 simulierten die Belastungen aus dem Bahnbetrieb. Die Einzelteile der Angerschlucht-Brücke wurden per Bahn nach Lend im Salzachtal angeliefert. Nicht weniger als 76 Eisenbahnwaggons transportierten die Stahlteile für das imposante Bauwerk. Über 600 Pferdefuhrwerk – Fuhren waren notwendig, diese zur Baustelle nach Angertal zu befördern. Die Pferdefuhrwerke waren mit bis zu 16 Pferden bespannt.

BRUCHSTEINMAUERWERK. Welche Heerscharen an Bauarbeitern auf den einzelnen Baustellen tätig waren zeigt diese Photo-Ansichtskarte. Unzählige Bauarbeiter versammelten sich auf diesem werdenden Steinbogenviadukt. Nicht schwer erkennt man den leitenden Bautechniker, der gleich Frau und Tochter mit zu diesem Phototermin nahm und stolz am ersten Steinbogen posierte.

Auch der Hundsdorfer-Viadukt auf der Tauernbahn Nordrampe wurde mit einer Rollbahn (*auf dem Gerüst liegend*) erschlossen. Die Bruchsteine wurden dann mit einer kranähnlichen Konstruktion auf die Pfeiler herab gelassen.

Der Bahnhof Böckstein verfügte sogar über einen Lokschuppen und eine Drehscheibe. Letztere diente zum Wenden der Dampflokomotiven welche Züge vorspannten. Der Lokschuppen existiert in seiner Bausubstanz noch heute, von der Drehscheibe findet man noch Reste der Drehscheibengrube.

Gemauerte Wegdurchlässe wurden hauptsächlich in noch zu schüttenden Dämmen errichtet. Der Durchlass wurde aufgemauert und anschließend der Damm aufgeschüttet. Dabei kamen ebenfalls Rollbahnen zur Anwendung, deren Gleise auf einem Gerüst hoch oberhalb des Bodens geführt wurden. Nach fertiger Dammschüttung wurden die Gleise entfernt, das Gerüst (*wieder eine Hilfskonstruktion*) verblieb im Damm.

Ein weitläufiges, sogar elektrisch betriebenes Rollbahnnetz gab es auf beiden Tauerntunnel-Baustellen. Damit wurde die Materiallogistik im Tunnel erheblich erleichtert. Das Tunnelausbruchsmaterial wurde aus dem Tunnel gefahren und Bruchsteine wurden von nahen Steinbrüchen angeliefert.

ERSTE LOKOMOTIVE. Mit dem Einsatz der ersten Dampflok auf der Tauernbahn waren die Mühen des Bahnbaus vergessen. In einer Rekordbauzeit von nur acht Jahren war die letzte der neuen Alpenbahnen fertig und der Verkehrsweg frei für die lang ersehnte Mobilität. Das Foto zeigt einen der ersten Züge, wahrscheinlich noch ein Bauzug, da man links neben dem Zug noch Rollbahngleise erkennen kann, im Bahnhof Obervellach, dem späteren Kaponig.

Unsichere Finanzierung

Bauarbeiterstreik am 23.7.1907

© Archiv für historische Ansichtskarten Atzwanger/Völkermarkt (2)

Der Bau der Tauernbahn stand budgetär unter keinem guten Stern. Der Gesetzesbeschluss zum Bau wurde sehrt wohl gefasst aber gerade das Herzstück der Tauernbahn war lange Zeit finanziell nicht abgesichert. Obwohl noch 1901 die Bauarbeiten begannen gab es eine finanzielle Absicherung der Baustelle erst nach einem öffentlichen Ausschreibungsverfahren mit anschließender Vergabe an die bereits tätige Baufirma im Jahre 1905. Zuvor wurden die ausgeführten Arbeiten in Akkordverträgen geregelt, die jederzeit unter Einhaltung einer vierzehntägigen Frist kündbar waren. Als Resultat riefen die Belegschaftsvertreter häufig Streiks aus, die oft durch nicht erfolgte Auszahlung der Löhne ausgelöst wurden. Wie zum Beispiel auch am 23.7.1907 in Mallnitz. Die Baustellen wurden sowohl von bewaffneter Polizei als auch vom Militär auf ihre öffentliche Ordnung überwacht. Nach mehr oder weniger erfüllten Forderungen gingen die Bauarbeiten wieder weiter.

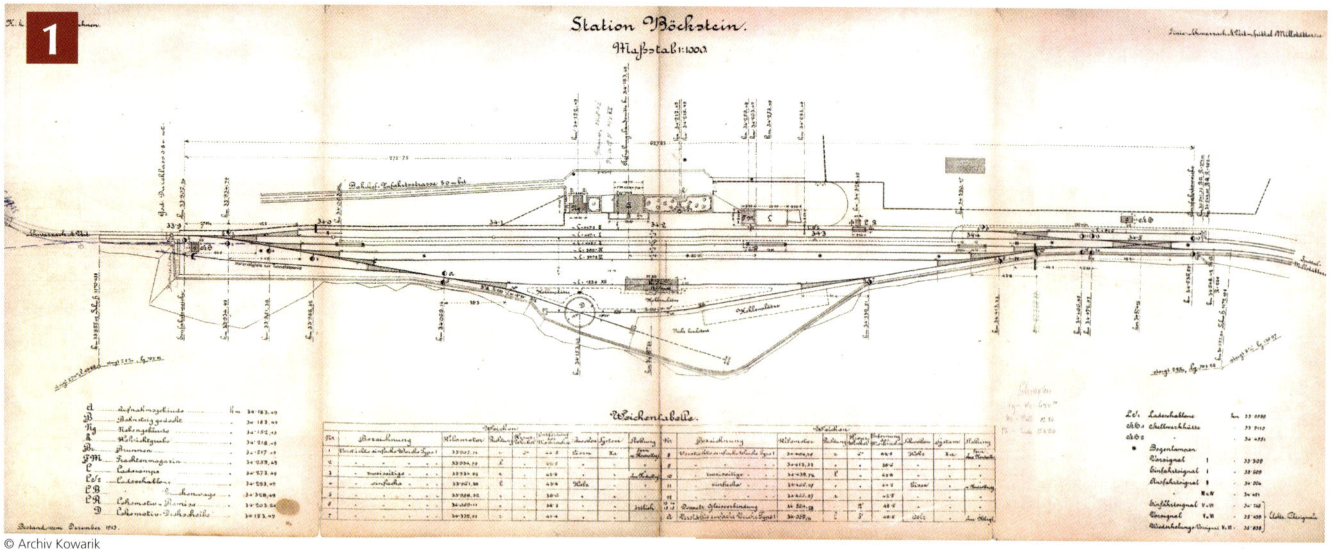

© Archiv Kowarik

❶ BÖCKSTEIN. Bevor der Bahnhof fertig gestellt werden konnte, mussten die umfangreichen Anlagen des Baubetriebsplatzes entfernt werden. Sämtliche Hochbauten wurden noch während den Vortriebsarbeiten für den Tauerntunnel errichtet, die Gleise hingegen kamen erst nach Beendigung der Hauptarbeiten im Tunnel zur Verlegung. Grundlage dafür waren präzise gezeichnete Ausführungspläne.

Herausragende Ingenieurskunst auf dem Reißbrett

Skizzen & Pläne von den architektonischen Kunstwerken

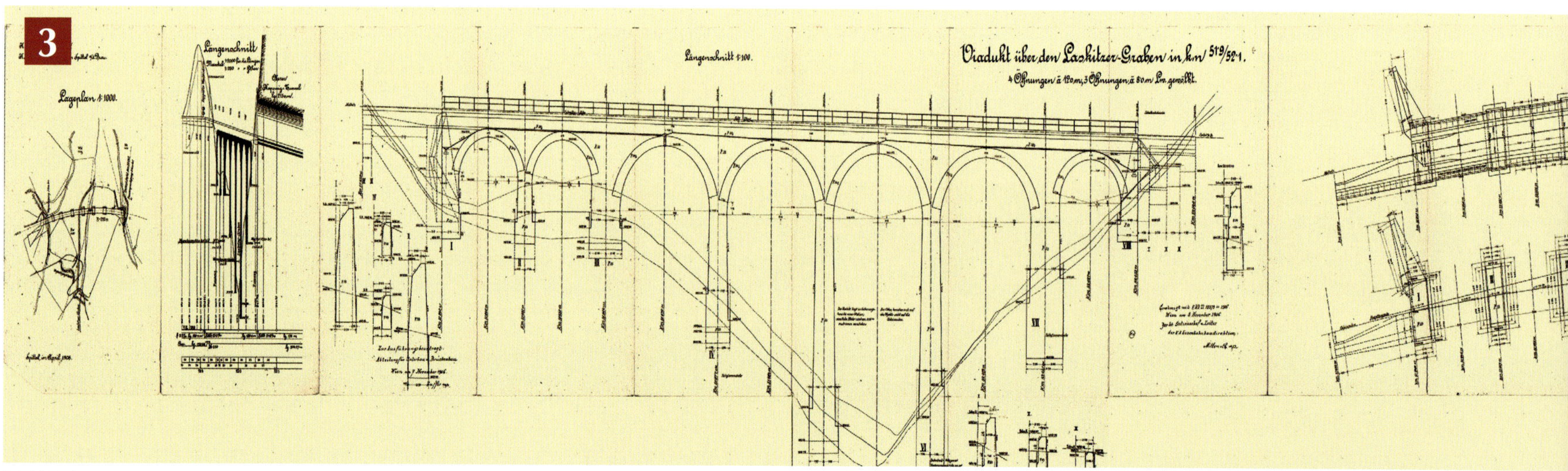

© Archiv Posch

Für die Errichtung der Tauernbahn waren eine Vielzahl an Plänen notwendig. Im Wesentlichen erfolgten die Planungsschritte in mehreren Stufen: Zuerst musste ein Variantenstudium erarbeitet und in Übersichts- und wenigen Detailplänen festgehalten werden. Anhand dieser Pläne konnten grobe Schätzungen der notwendigen Baumaßnahmen angestellt und daraus die möglichen Errichtungskosten abgeleitet werden. Nach der Auswahl der möglichen Linienführung begannen die Detail- und Ausschreibungsplanungen in bereits größeren Maßstäben mit bereits genauen Angaben zu den auszuführenden Leistungen. Diese Pläne waren Grundlage für die Bauwerber, die letztlich am Ausschreibungsverfahren teilnahmen. Hand in Hand mit der Ausschreibungsplanung begannen die Ausführungs- und Detailplanungen, nach der letztlich die Bauwerke millimetergenau hergestellt wurden. Zur Vereinfachung der Bauarbeiten wurde sehr oft mit so genannten Regelplänen gearbeitet. Deren Resultat, weitgehend ähnliche Hoch- und Tiefbauten, waren überall entlang der neuen Alpenbahnen zu sehen. Die Grundstruktur der Bahnhofsgebäude zum Beispiel erkennt man heute nicht nur entlang der Tauernbahn sondern auch an der Pyhrn-, Karawanken und vor allem an der Wocheinerbahn. Der Bahnhof von Bled Jezero (*ehemals Veldes See*) entspricht in seiner Architektur weitgehend dem Bahnhof Mallnitz und ist heute in seiner ursprünglichen Form noch erhalten. Von diesen Regelplänen wichen lediglich die großen Brückenbauwerke ab, deren Tragwerke auf die jeweilige Situation genau geplant wurden. Sämtliche Pläne wurden in eigenen „Zeichenstuben" kunstvoll händisch erstellt.

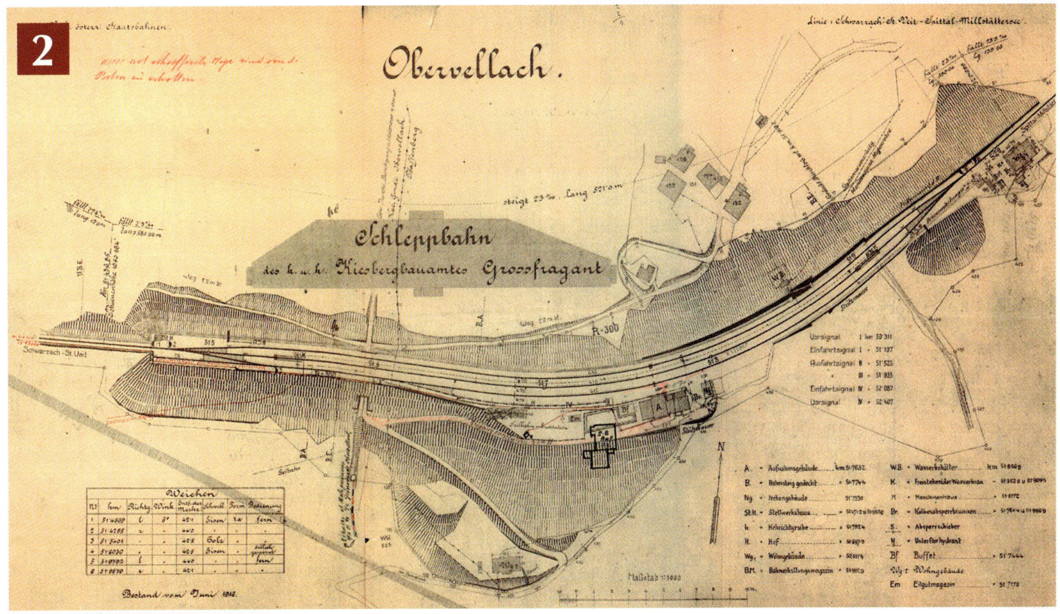

❷ **OBERVELLACH.** Kurz vor dem Bahnhof Obervellach erreichte die Tauernbahn von Norden kommend das Mölltal. Um teure Kunstbauten auf das Mindestmaß beschränkt zu halten, wurden soweit möglich, sämtliche Geländeunebenheiten ausgenutzt. So musste der Bahnhof Obervellach komplett um einen Berghang angelegt werden. Das Aufnahmegebäude beherbergte lange Zeit sogar eine eigene Bahnhofsrestauration. Rund um die Bahnhöfe selbst wurden eigene Personalwohnhäuser angelegt, so auch in Obervellach. Je bedeutender und arbeitsintensiver der Bahnhof, desto mehr solcher Personalwohnhäuser wurden notwendig.

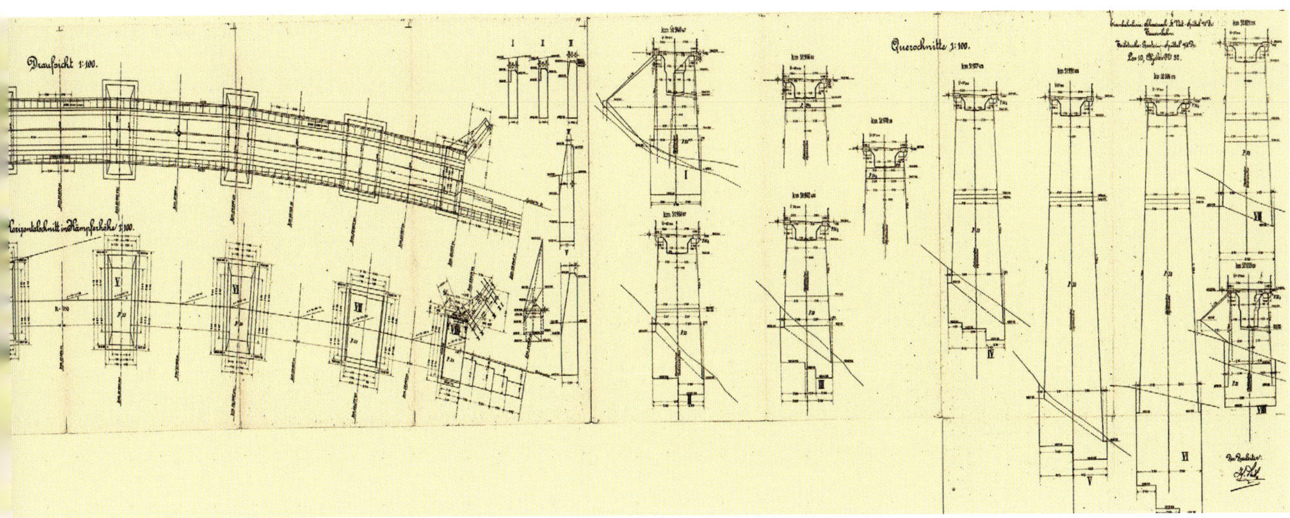

❸ **LASKITZER-VIADUKT.** Der Bauplan des Laskitzer-Viaduktes, nahe dem Bahnhof Obervellach, ist Beispiel gebend für die Architektur der Steinbogenviadukte der Neuen Alpenbahnen. Die Bruchsteine wurden jeweils aus örtlichen Steinbrüchen gewonnen. Im Bauplan vereint sind sämtliche Schnitte und Ansichten und boten so einen guten Überblick über das zu errichtende Bauwerk.

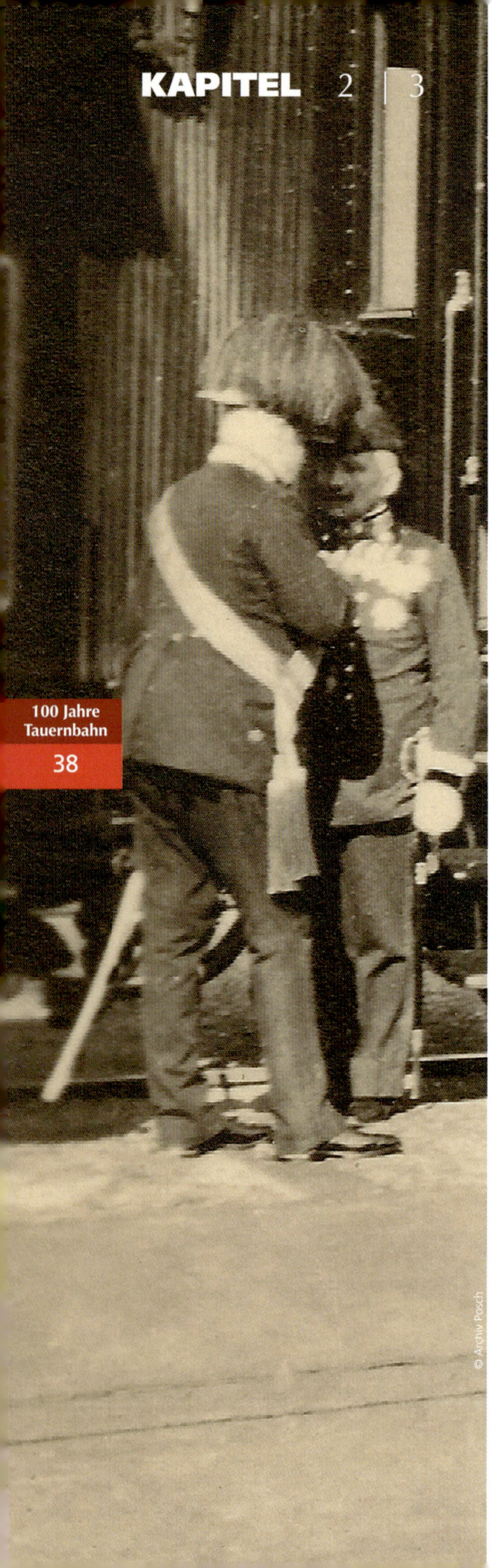

© Archiv Posch

Die Eröffnung der „Neuen Alpenbahnen"

ERÖFFNUNGSFEIERN. Nach erfolgreichem Abschluss der Bauarbeiten erfolgten eine ganze Reihe von Festivitäten, die am 5.7.1909 mit der feierlichen Eröffnung der Tauernbahn Südrampe und des Tauerntunnels durch seine Majestät Kaiser Franz Joseph ihren Abschluss nahmen.

Die Feierlichkeiten anläßlich der Eröffnung der Tauernbahn wurden zu einem minutiös geplanten Ereignis, bei dem die Monarchie ihren ganzen Glanz aufbot.

Die beiden letzteren wurden jeweils durch den k.k. Eisenbahnminister Dr. Julius Derschatta Edler von Standhalt durchgeführt. Mitglieder des Kaiserhauses nahmen nicht daran teil. Kaiser Franz Joseph selbst war es ein ganz besonderes Annliegen, die Tauernbahn höchstpersönlich zu eröffnen. Nicht nur einmal verbrachte er seine Erholungsurlaube in Badgastein im Gasteinertal. Auch Staatsbesuche fremder Herrscher oder auch die hohe Geistlichkeit empfing der Monarch im beliebten Luftkurort. Mit der Eröffnung der Tauernbahn zog ab sofort die moderne Mobilität ein. Lange Kutschenfahrten über staubige Straßen und Wege gehörten nun der Vergangenheit an.

▲ ERÖFFNUNG.
Die besondere Bedeutung der Tauernbahn als wichtigste der neuen Alpenbahnen unterstrich auch die Tatsache, dass seine Majestät Kaiser Franz Joseph I persönlich die Eröffnung zelebrierte. Ansonsten wurden Bahnlinien von Mitgliedern des Kaiserhauses oder von der politischen Vertretung, wie zum Beispiel dem Eisenbahnminister, vorgenommen. Die Tauernbahn hatte die Ehre, gleich zwei Mal durch den Kaiser eröffnet zu werden, einmal 1905 auf der Nordrampe und schließlich am 5.7.1909 bei der Gesamteröffnung. Der Kaiser reiste zu diesen Anlässen mit seinem Hofzug an. Bei der Eröffnung 1909 ereignete sich im Vorfeld ein kleines Missgeschick, der Hofzug wurde bei der Anreise im Bahnhof Feldkirchen in Kärnten beschädigt. Eilends musste eine Ersatzgarnitur herbeigeschafft werden. All diese Unbillen taten dem freudigen Ereignis der Tauernbahn keinen Abbruch und streng nach einem Hofprotokoll erfolgte minutiös geplant der Festakt.

Die Eröffnungsfeiern selbst wurden nach einem genauen Protokoll durchgeführt. Dabei wurden nicht nur die im Hofzug mitfahrenden Fahrgäste penibel angeführt, sondern auch jedes Prozedere an den einzelnen Unterwegsbahnhöfen minutiös festgehalten. Auch der Hofzug seiner Majestät verkehrte nach einem genauen Protokoll. Landschaftliche Besonderheiten wurden ebenso aufgezählt, wie die Geschwindigkeit, die beim Passieren dieser verwendet werden durfte. Selbstredend ist auch, dass der Anhaltepunkt des Hofzuges genauestens vorgegeben wurde. Nichts wurde dem Zufall überlassen.

Dem späteren Dichter Karl Heinrich Waggerl wurde am 20.9.1905 bei der Eröffnung der Tauernbahn Nordrampe die Ehre zu Teil, im zarten Alter von 8 Jahren dem Kaiser ein Gedicht vortragen zu dürfen. Der kleine Karli, der noch am Morgen zur Festigung seiner Stimme ein rohes Ei schlucken musste, stand vor dem berühmten roten Teppich, vor dem der Zug zentimetergenau unter heulenden Pfiffen der beiden Lokomotiven anhielt. Seine Majestät Kaiser Franz Joseph betrat den Teppich und auch der kleine Karl Heinrich Waggerl nahm seine vorgesehene Position vor dem Kaiser ein.

Sein mühsam eingelerntes Gedicht trug er mit fester Stimme dem Monarchen vor, der ihm anerkennend auf die Schulter klopfte. Es war eine hohe Auszeichnung für den späteren Dichter, die er sein ganzes Leben lang nicht vergessen konnte. Die Gedichte, Festreden und die Ansprachen allerhöchster Vertreter wurden bis ins kleinste Detail festgehalten und geregelt. So empfing den Kaiser bei der Eröffnung der Tauernbahn unter anderem der damalige Bürgermeister von Mallnitz Herr Alois Glantschnig, der schon acht Jahre zuvor zum Spatenstich nach Mallnitz lud. Der zweiminütige kurze Festakrt in Mallnitz lief streng nach einem kaiserlichen Protokoll ab. Glantschnig erhielt später vom Kaiser als besonderes Geschenk einige seiner Zigarren, als Zeichen höchster Wertschätzung. Bürgermeister Glantschnig und seine Nachfahren bewahrten diese bis in unsere Tage als Andenken an diesen großen Moment auf. Der eigentliche Festakt fand dann in Böckstein am Bahnhof statt. Mallnitz, eine vor dem Bahnbau nur 500 Einwohner zählende Gemeinde, erlebte durch den Bahnbau einen ganz besonderen Aufschwung.

In Böckstein wurde dem Kaiser ein großer Empfang bereitet. Der k. k. Hofzug traf um 11.15 Uhr in Böckstein ein, wo nach dem Protokoll „seine Majestät den Eröffnungszug zu verlassen geruhten". Nach nur 18 Minuten, um 11:33 Uhr und allerlei militärischer und kirchlicher Ehrenbezeugungen war die Abfahrt in Böckstein nach Badgastein vorgesehen, wo der Kaiser selbst um 11:41 eintraf und nur neun Minuten später in Richtung Salzburg wieder abreiste.

Großer Bahnhof. Die Eröffnungsfahrt am 5.7.1909 nahm im Bahnhof Spittal/Millstättersee ihren Ausgang. Pünktlich um 8:45 Uhr setzten sich die beiden Loks des Eröffnungszuges, je eine kkStB 180 und 110 in Bewegung. Die anwesenden Schulkinder stimmten dabei die Volkshymne an. Die Fahrt bis Mallnitz dauerte letztlich über zwei Stunden. Planmäßig um 10:52 Uhr traf der Eröffnungszug dort ein.

Die Eröffnungsfahrt Kaiser Franz Joseph's am 5.7.1909 begann pünkltich um 8:45 Uhr im Bahnhof Spittal/Millstättersee. Der Hofzug wurde von je einer kkStB Dampflok der Reihen 180 und 110 bespannt. In den Bahnhöfen Pusarnitz, Mühldorf/Möllbrücke, Kolbnitz, Penk, Obervellach und Mallnitz waren jeweils zweiminütige Aufenthalte vorgesehen. Die eigentliche Eröffnung der Tauernbahn erfolgte laut Protokoll in Böckstein.

MENU.

HÜHNERPÜREE-SUPPE.
RHEINLACHS, SAUCE RÉMOULADE.
ENGLISCHES FILET, GARNIERT.
PASTETCHEN À LA SALZBURG.
STEIRISCHE POULARDE MIT SALAT.
GEFRORENES.
KÄSE.
OBST.
BÄCKEREI.
KAFFEE.

SALZBURG, 5. JULI 1909.

Am Abend des 5.7.1909 fand in der Bahnhofsrestauration im Salzburger Hauptbahnhof das Festbankett zur Eröffnung der Tauernbahn statt.

Fast über Nacht wurde Mallnitz zum Zentrum und Lebensmittelpunkt von vielen Tausend Arbeitern, die aus allen Teilen der Monarchie stammten; vornehmlich jedoch vom Balkan. Einige von ihnen waren sogar mit ihrer ganzen Familie angereist. Jetzt, nach Fertigstellung der Tauernbahn, zog es viele weiter zu neuen Arbeitsstellen. Andere wurden aber in Mallnitz sesshaft. Standen früher im Ortszentrum von Mallnitz nur wenige Häuser, so veränderten die 8 Jahre Bauzeit das Aussehen des kleinen Ortes nachhaltig. Viele Gasthäuser und Hotelbetriebe siedelten sich an. Der Tourismus setzte ein. Ein Bebauungsplan aus dieser Zeit sah sogar die Errichtung kleinstädtischer Strukturen vor. Selbst die neue Wasserleitung wurde auf 11.000 Einwohner hin konzipiert. Doch die Geschichte wurde anders geschrieben. Mit dem 1. Weltkrieg wurden alle diese Pläne zunichte gemacht. Den Abschluss der Eröffnungsfeierlichkeiten bildete übrigens ein Galadiner im Marmorsaal der Bahnhofsrestauration am Salzburger Hauptbahnhof. Die Tauernbahn und die neuen Alpenbahnen von 1901 waren eröffnet.

Weitere Eröffnungsdaten	
20.9.1905	Tauernbahn Nordrampe durch Kaiser Franz Joseph
19.7.1906	Wocheinerbahn durch Erzherzog Franz Ferdinand
20.8.1906	Pyhrnbahn
30.9.1906	Karawankenwankenbahn

© Archiv Schuschnig

Die ersten
Betriebsjahre

ZEITALTER DER MOBILITÄT. Bis zur Inbetriebnahme der Tauernbahn mussten die Fahrgäste auf die Postkutschen ausweichen. Die Fahrt zu den jeweiligen Reisezielen war mühsam, zeitraubend und auch kostenintensiv. Mit der Eröffnung der Tauernbahn begann ein neues Zeitalter der Mobilität. Einer Mobilität, die auch für die Masse leistbar wurde und mit wenig Anstrengung und Mühe verbunden war. So ist es nicht verwunderlich, dass die kkStB sofort nach der Eröffnung mit dem Bahnverkehr begannen. Die vier Lokalzugspaare stellten die Mobilität aller Orte entlang der Tauernbahn sicher, während die zwei Schnellzugspaare hauptsächlich das internationale Klientel ansprachen. Die Fernzüge selbst waren aus verschiedenen Kurswagen gebildete Formationen, die allesamt den kurzen Weg über den Tauernhauptkamm nach Triest nutzten. Anders als die Luxusverbindungen auf anderen Hauptstrecken der Monarchie, waren die Tauern-Schnell-

Die Tauernbahn ermöglichte rasches Fortkommen mit Kurswagenverbindungen zu fernen Zielen bis der erste Weltkrieg alles wieder zunichte machte.

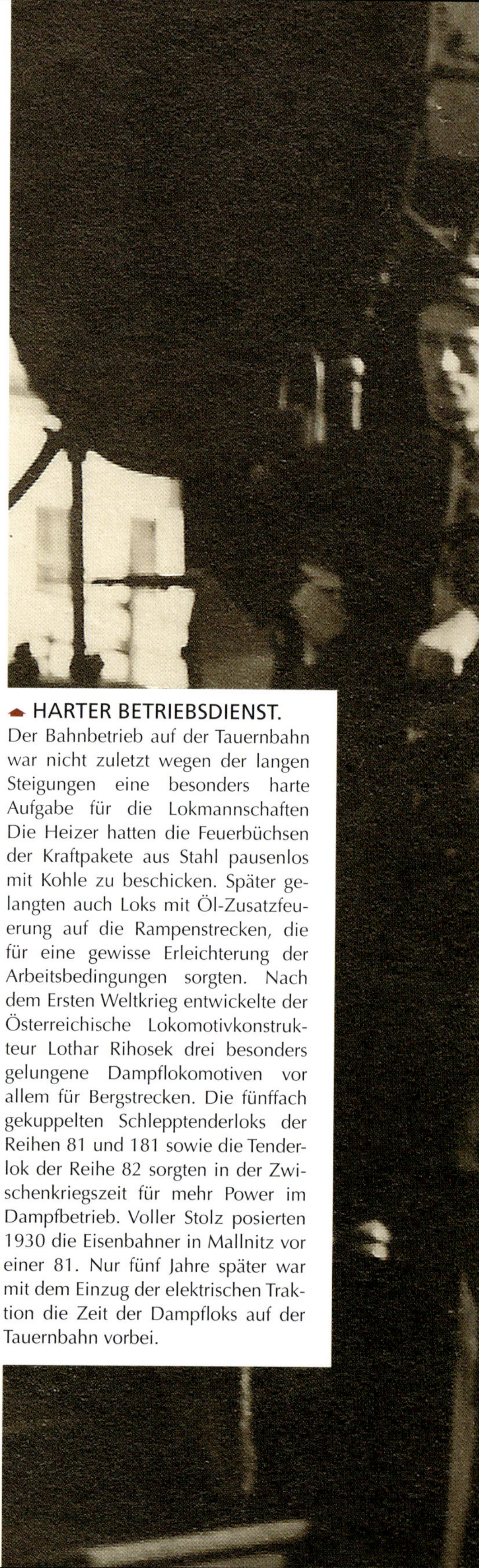

HARTER BETRIEBSDIENST. Der Bahnbetrieb auf der Tauernbahn war nicht zuletzt wegen der langen Steigungen eine besonders harte Aufgabe für die Lokmannschaften Die Heizer hatten die Feuerbüchsen der Kraftpakete aus Stahl pausenlos mit Kohle zu beschicken. Später gelangten auch Loks mit Öl-Zusatzfeuerung auf die Rampenstrecken, die für eine gewisse Erleichterung der Arbeitsbedingungen sorgten. Nach dem Ersten Weltkrieg entwickelte der Österreichische Lokomotivkonstrukteur Lothar Rihosek drei besonders gelungene Dampflokomotiven vor allem für Bergstrecken. Die fünffach gekuppelten Schlepptenderloks der Reihen 81 und 181 sowie die Tenderlok der Reihe 82 sorgten in der Zwischenkriegszeit für mehr Power im Dampfbetrieb. Voller Stolz posierten 1930 die Eisenbahner in Mallnitz vor einer 81. Nur fünf Jahre später war mit dem Einzug der elektrischen Traktion die Zeit der Dampfloks auf der Tauernbahn vorbei.

züge bunt zusammengestellte Zugsgarnituren. Auch der Güterverkehr profitierte sehr bald von der neuen, kürzeren und leistungsfähigeren Verbindung zum „Tor der Welt" nach Triest. Insgesamt kann heute fest gestellt werden, dass sich die Frachtströme zu jeder Zeit in der Monarchie grundsätzlich neu orientierten. Die Tauernbahn und alle weiteren neuen Alpenbahnen legten die Basis dazu.

Seit den ersten Betriebstagen wurden über die Tauernbahn Kurzwagenverbindungen zu fernen Zielen in Europa angeboten. Paris, Berlin, Köln, Hamburg, Stuttgart, Deutsch-Avricourt, Prag, Budapest und natürlich Triest und Fiume waren die Ziele. Bereits 1911/1912 verkehrte der erste „Namenszug", der „Tauern-Expreß", der in Triest Anschluss zu den Fährverbindungen des Österreichischen Lloyd und nach Ägypten hatte. Wenige Jahre später wurde diese Verbindung zu Gunsten der Stärkung der bestehenden Schnellzugsverbindungen wieder aufgegeben. Aber der Aufwärtstrend im Reisezugsverkehr konnte nicht mehr gebremst werden. Fast nicht, der Erste Weltkrieg machte diesen Trend zunichte. Vorerst. Im Ersten Weltkrieg brachen im gesamten Gebiet der Monarchie die Reisezugsverbindungen, besonders im Fernverkehr ein. Es dominierte der Militärverkehr. Dadurch, dass die Bahnhöfe auf maximal 80-achsige Züge, wie sie im Militärverkehr gebräuchlich waren, kam der Tauernbahn eine besondere Aufgabe zu: Speziell die Tauern- und Karawankenbahn stellten die logistische Basis für die militärische Versorgung im Gebiet südlich der Karawanken und Karnischen Alpen dar. Eine besondere Rolle kam dieser Bahnachse für den Aufmarsch der Truppen für die 12. Isonzoschlacht zu. Oft wurden die Militärzüge auf Sicht, also in dichtester Zugfolge geführt.

Nach dem Ende des Ersten Weltkrieges und der Ziehung der neuen Staatsgrenzen herrschte in Österreich eine völlig neue Situation im Bahnverkehr. Die großen Bahnlinien, allen voran jene der Südbahngesellschaft waren durch die neuen Grenzen völlig unterbrochen. Den Betrieb führten neu die Deutschösterreichischen Staatsbahnen, die später zur BBÖ, den Österreichischen Bundesbahnen, umbenannt wurden. Auch die traditionellen Kurswagenverbindungen wurden wieder aufgenommen. Doch immer mehr entwickelte sich der Personenfernverkehr in Richtung Nord-Südost, also in Richtung Balkanländer.

Die neuen Grenzen erwiesen sich aber als hinderlich. Waren früher die neuen Alpenbahnen komplett auf Österreichischem Gebiet gelegen, so war die Karawankenbahn im Karawankentunnel zwischen SHS-Staat und Österreich und die Wocheinerbahn im Wocheinertunnel zwischen Italien (*Piedicolle – Podbrdo*) und SHS-Staat, dem Staat der Serben, Kroaten und Slowenen (*Bohinjska Bistrica – Wochein*) geteilt. Die Hafen von Triest und Fiume (*später Rijeka*) gehörten ebenfalls nicht mehr zu Österreich. Dementsprechend kompliziert und langwierig waren die jeweiligen Grenzübertritte. Benötige der Kurswagen von Prag nach Triest im Jahre 1914 rund 16 ½ Stunden, so mussten die Fahrgäste 1931 5 ½ Stunden mehr Zeit für diese Bahnfahrt investieren. Eine wesentliche Verbesserung trat später mit der Neuordnung des Balkanverkehrs ein. Die Reisendenzahlen und auch die Anzahl der Fern- und Kurswagenverbindungen stiegen kontinuierlich bis zum Ausbruch des Zweiten Weltkrieges an. In den Kriegsjahren kam der zivile Reisezugsverkehr komplett zum Erliegen.

Der Lokomotivbetrieb in den ersten Jahren

Ähnlich wie für die Arlbergbahn waren auch für die Tauernbahn umfassende Lokomotivbeschaffungen schon im Gesetz von 1901 vorgesehen. Aufgrund der Preisüberschreitungen beim Bau der neuen Alpenbahnen, vornehmlich auf der Wocheinerbahn im Baca- und Isonzotal, unterblieb dieses Vorhaben jedoch weitgehend. Für die Betriebsaufnahme stationierten die kkStB Lokomotiven von anderen Bahnen um. Wie sich wenig später heraus stellte waren die Loks für die langen Rampenstrecken der Tauernbahn nur bedingt geeignet. Auch der dadurch entstandene „Typensalat" war mehr als hinderlich, nicht nur für die Lokmannschaften. Zugeteilt wurden für den (*Personen*) Zugsverkehr die Lokreihen 73 und 79 für den Güterverkehr sowie die Reihen 178 und 30 für den Personenverkehr. Letztere, eine Gölsdorf'sche 1`C1` n2vt von der Wiener Stadtbahn. Schnellzüge wurden meistens durchgehend traktioniert,

FAHRDIENSTLEITUNG.
In Mallnitz war die Fahrdienstleitung - für damalige Begriffe - topmodern ausgestattet. Fernsprecher, Morseapparat und Befehlsstellwerk der Type 5007 waren die Arbeitswerkzeuge der Fahrdienstleiter. Ein erster Umbau der Fahrdienstleitungen erfolgte 1941 und 1942 beim kriegsbedingten Ausbau der Bahnhöfe. Erst 1967, bei der Inbetriebnahme eines Gleisbildstellwerks, wurde der Arbeitsplatz völlig neu gestaltet. Heute sorgt ein elektronisches Stellwerk mit zwei Arbeitsplätzen für noch mehr Sicherheit im Bahnbetrieb. Im Gegensatz dazu entsprechen die Fahrdienstleistungen auf der Wocheinerbahn (*mit Ausnahme des Morseapparates und moderneren Fernsprechern*) noch heute dem Eröffnungszustand.

© Archiv Posch

Schnellzüge konnten die langen Rampenstrecken nur mit sehr bescheidener Geschwindigkeit erklimmen. Die Fahrgäste hatten viel Zeit die herrliche Landschaft zu genießen. Brücken und Tunnels wechselten sich ab, wie hier der 69 m lange Gratschacher-Viadukt mit dem 67 m langen Falkenstein Tunnel.

vornehmlich von der ebenfalls von Karl Gölsdorf konstruierten Reihe 110, 1`C1` n2v. Aber die schweren Schnellzüge benötigten auf den langen Steilrampen Vorspannhilfe, die von verschiedensten Loktypen gestellt wurde. Die 110 hatte große Treibräder und konnte ihre Zugkraft von 200 t auf den Rampenstrecken einfach nicht auf die Schienen bringen; ihre Räder fingen bei schweren Anhängelasten an zu gleiten.

Die „Lokomotiv-Erstausstattung" der Tauernbahn war also alles andere als praktikabel. Eine wesentliche Verbesserung trat erst dadurch ein, als die kkStB modernere und leistungsfähigere Lokomotiven auf die Tauernbahn umstationierte. Aber auch ältere hervorragende Gebirgslokomotiven traten ihren Dienst am Tauern an. So dominierten bald die kkStB Reihen 180 (*E n2v*), 280 (*1`E n4v*) und 380 (*1`E h4v*). Letztere beiden Typen vermochten sogar 300 t schwere Züge mit einer Geschwindigkeit von 38 km/h in den Rampenstrecken zu ziehen (*230 t mit 52 km/h*). Damit waren sie für den Schnellzugsverkehr auf allen neuen Alpenbahnen bestens geeignet. Daher war auch der Großteil der 380er in den Heizhäusern Villach (*9*) und Görz (*14*) beheimatet. Nicht unerwähnt soll die größte und stärkste jemals auf der Tauernbahn planmäßig eingesetzte Dampflok sein, die kkStB 100.01. Gebaut wurde das Einzelstück im Jahre 1911, ebenfalls von Karl Gölsdorf, Österreichs genialstem Lokomotivkonstrukteur. Die 100.01 war eine sechsfach gekuppelte Heißdampf-Vierzylinder-Verbund-Lokomotive und war zur Zeit ihrer Ablieferung dem Heizhaus Görz der Staatsbahndirektion Triest zugeteilt. Sie kam aber auf der gesamten Tauernachse bis nach Salzburg zum Einsatz.

Nach dem Ersten Weltkrieg verblieb der Lokomotivgigant in Österreich und wurde noch bis in die 1930er Jahre eingesetzt. Erwähnenswert ist noch die Tatsache, dass viele Schlepptenderdampfloks der Tauernbahn mit einer Ölfeuerung ausgestattet waren. Damit konnten die Abgasemissionen geringer gehalten werden und die Lokomotivheizer wurden körperlich entlastet. Auch die 100.01 verfügte über eine Ölfeuerung. Von der 100.01 sollten nach mehrjähriger Erprobung mehrere Exemplare beschafft werden. Doch der Ausbruch des Ersten Weltkrieges zerschlug diese Pläne. Nach dem Ersten Weltkrieg wurden nicht nur die Streckennetze – sondern auch die Fuhrparks der Bahnen der Monarchie auf die Nachfolgebahnverwaltungen – aufgeteilt. Der in Österreich verbliebene Fuhrpark war großteils überaltert und bedurfte einer dringenden Erneuerung. Im Westen begann die Elektrifizierung und auch neue, moderne Dampfloks wurden gebaut. So erreichten die von Johann Rihosek konstruierten 1`E Zweizylinderloks der Reihen 81 in Heißdampfausführung und 181 in Nassdampfausführung die Tauernbahn. Es waren dies zwei außerordentlich gut gelungene und leistungsfähige Gebirgslokomotiven. Mit der Ablieferung der 2`D Schnellzuglok der Reihe 113 wurde schließlich in der letzten Dekade des durchgehenden Dampfbetriebes auf der Tauernbahn eine ganz besondere und starke Loktype eingesetzt. Die 113 war zwar vornehmlich für den Schnellzugsverkehr auf der Westbahn konzipiert, gelangte aber trotzdem im Schnellzugsverkehr auch auf die Tauernbahn.

KAPITEL | BILDTEIL

© Archiv Posch

DIE ERSTEN BETRIEBSJAHRE

GEBIRGSSCHNELLZUGLOK. Beim Laidalpbach zieht eine 1'E Gebirgsschnellzuglok, eine Vierzylinder-Verbund-Lok von Österreichs genialstem Lokkonstrukteur Karl Gölsdorf, den D 13 bergwärts in Richtung Badgastein. Der D 13 oder besser gesagt die Kurswagen verbanden München mit Triest, Zagreb, Susak und Belgrad.

© Archiv Tauernbahnmuseum Schwarzach/St. Veit

© Archiv Posch

Die Tauernbahn verlangte Mensch und Maschine einiges ab, wie man hier auf diesem Postkartenphoto sehen kann. Der Lokomotivheizer hat gerade Kohle nachgelegt und der Lokomotivführer den Regler geöffnet.

© Archiv Tauernbahnmuseum Schwarzach/St. Veit

Die kkStB 110.16 wartet am 14.9.1926 mit einem Schnellzug im Bahnhof Badgastein. Rechts ist eine Schiebelok eines Güterzuges in Richtung Kärnten zu sehen. Photographiert wurde diese schöne Bahnhofsszene von Josef Stögermayer, einem Eisenbahner, der in den Sommermonaten als Musiker in der Badgasteiner Kurkapelle musizierte.

◀ SCHLOSSGRABEN-VIADUKT. Auf der Südrampe der Tauernbahn, am Schlossgraben-Viadukt entstand in den 1920er Jahren dieses Photo einer 80er während der Bergfahrt in Richtung Mallnitz. Die 80er (*1. Baujahr 1909*) wurden aus der ersten brauchbaren, fünffach gekuppelten Dampflokomotive der Welt, der kkStB 180, konstruiert von Karl Gölsdorf, weiterentwickelt. Natürlich kamen diese Lokomotiven auch auf der Tauernbahn zum Einsatz.

ERSTE POSTBUSLINIE. ▶ Der Bahnhof Spittal/Millstättersee war nicht nur ein Verkehrsknotenpunkt zwischen der kkStB und der privaten Südbahn Gesellschaft, sondern auch Ausgangspunkt der ersten Kärntner Postbuslinie nach Seeboden und weiter nach Millstatt. Bevor die Buslinie 1913 eingeführt wurde, bestanden Pläne eine schmalspurige, elektrisch betriebene Lokalbahn von Pusarnitz nach Seeboden zu errichten. Pusarnitz war damals unter anderem ein bedeutender Umschlagplatz für landwirtschaftliche Produkte und Vieh. Nach der Einführung der ersten Kärntner Postbuslinie wurden die Bahnbaupläne für immer zu den Akten gelegt.

en. Bahnhof
Frank-Verlag
Graz
741-23

Die Bedeutung der Tauernbahn im 1. und 2. Weltkrieg

MILITÄRISCHE STRUKTUREN. Die Entwicklung des Verkehrsmittels Bahn erregte bald das Interesse der Militärs. So war es nicht verwunderlich, dass die Bahn schon bald in die militärstrategischen Überlegungen der einzelnen Länder einbezogen wurde. So wurden auch die neuen Alpenbahnen und damit auch die Tauernbahn für 70-achsige Militärzüge mit nutzbaren Gleislängen in den einzelnen Bahnhöfen von mindestens 315 m ausgelegt. Die militärischen Bedürfnisstrukturen der k.u.k. Armee schienen damit abgedeckt. Auch im Ersten Weltkrieg reichten diese Kapazitätsparameter völlig aus. Zur Verbesserung der Logistikabläufe wurden folgende Zugkategorien genormt, deren Länge die Ausbauparameter von Bahnen beeinflussen sollten:

Während des Zweiten Weltkriegs erhielt die Tauernbahn eine wichtige strategische Bedeutung, ehe die Zerstörung der Seebach Brücke die gesamte Bahnstrecke außer Gefecht setzte.

- *50-achsige Militärzüge mit 24 Waggons und 250 t Zuggewicht*
- *70-achsige Militärzüge mit 34 Waggons und 350 t Zuggewicht*
- *100-achsige Militärzüge mit 49 Waggons und 500 t Zuggewicht*

Im Zweiten Weltkrieg hingegen waren die nutzbaren Gleislängen der Tauernbahn völlig unterdimensioniert. Die Deutsche Reichsbahn kategorisierte so genannte Einheitsmilitärzüge mit maximal 120 Achsen, welche eine nutzbare Gleislänge von 540 m erforderten. Dafür waren sämtliche Bahnhöfe der Tauernbahn ungeeignet. Um den deutschen Truppen aber die uneingeschränkte Leistungsfähigkeit zur Verfügung zu stellen, wurden strategische Pläne angestellt, in allen 13 Tauernbahn-Bahnhöfen zumindest ein Gleis für diese Norm-Militärzüge nutzbar zu machen. Die Tauernbahn sollte strategisch die Logistikströme in Richtung Balkanländer unterstützen und damit für den Flankenschutz der Ostfront sorgen.

Ende Juni 1940 wurde schließlich der Auftrag zur Verlängerung der Gleise in den einzelnen Bahnhöfen erteilt. Die maximale Bauzeit durfte dafür nur ein halbes Jahr betragen. In Mallnitz richtete die Deutsche Reichsbahn am 1.7.1940 eine zentrale Bauleitung für die geplanten Baumaßnahmen ein. Dieses Neubauamt unternahm sämtliche Tätigkeiten wie die Projektierung, Ausschreibung, Vergabe und schließlich auch die Überwachung der Bauumsetzung. Die erste und wichtigste Entscheidung war außerdem, in welcher Richtung die Bahnhofsausweitungen in den einzelnen Stationen zu erfolgen hatte. Diese Entscheidung war natürlich sehr von der Topographie abhängig. Grundsätzlich konnten diese Aufweitungen nur so erfolgen, dass die Weichenköpfe der Unterwegsbahnhöfe in die anschließenden Steigungsbereiche verlegt werden sollten. Die Bahnhöfe waren ja völlig eben angelegt. Um dies zu erreichen mussten alte Stütz- und Futtermauern abgetragen und neue, wesentlich größere Objekte errichtet werden. Sämtliche neu errichteten Kunstbauten mussten mit einem Natur- oder Bruchsteinmauerwerk verkleidet werden. Ein Sichtmauerwerk aus Beton war aus technischen Gründen nicht zulässig.

Ende 1940 war in den 13 Tauernbahn Bahnhöfen jeweils ein Gleis mit der geforderten nutzbaren Länge verfügbar. Bereits im März 1941 rollten die ersten Militärzüge über den Tauern in Richtung Balkan in die Bereitstellungsräume in Kärnten und der südlichen Steiermark. Der Balkankrieg stand kurz bevor. Doch bevor die Fahrt in Richtung Südost weitergehen konnte musste zuerst der Karawankentunnel und weitere durch Sprengung unterbrochene Streckenteile instandgesetzt werden. Noch im Laufe des Jahres 1941 begannen die Arbeiten um die Versetzung der gesamten Weichenköpfe, damit auch Zugskreuzungen in der geforderten Länge möglich wurden. 1942 wurden diese Arbeiten abgeschlossen. Zusätzlich mussten auch neue Stellwerksgebäude errichtet werden. Die Sicherungstechnik wurde nach den Normen der Deutschen Reichsbahn eingebaut.

Die Zerstörung der Seebach Brücke

Mit dem Vormarsch der Alliierten Streitkräfte wurden auch die Fliegerangriffe immer häufiger und heftiger. Die Tauernbahn war, ob ihrer Bedeutung für den Bahnverkehr, ein strategisch wichtiges Angriffsziel alliierter Bomber. Die wichtigsten Angriffsziele waren natürlich die vielen Brücken und Viadukte und auch die Chemischen Werke oberhalb von Mühldorf, die in der Nähe der Seebach Brücke kriegswichtige Stoffe herstellten. Am 21.3.1945 zerstörten alliierte Bomben die alte Seebach Brücke so nachhaltig, dass die Tauernbahn für mehrere Monate unterbrochen wurde. Auch die Fabriksanlagen in der Nähe der Brücke wurden weitgehend zerstört. Da an einen Wiederaufbau der Stahlfachwerkbrücke mit oben liegender Fahrbahn nicht mehr zu denken war, erfolgte die Errichtung eines gemauerten Viaduktes und eine leichte Abänderung der Linienführung. Im Bahnhof Mühldorf/Möllbrücke konnte man bis zum Umbau 2006 in einigen Oberleitungsmasten noch Spuren des Bordwaffenbeschusses der Alliierten Fliegerverbände sehen. Von den Widerlagern der alten Brücke ist heute nichts mehr zu sehen, jedoch erinnern die Reste der Chemischen Fabrik noch heute an die damaligen Wirren kurz vor Ende des Zweiten Weltkrieges.

Der Bombenanschlag in der britischen Besatzungszeit

Fast zweieinhalb Jahre nach dem Zweiten Weltkrieg erschütterte im August 1947 eine Explosion die Tauernbahn. Attentäter hatten es zwischen dem Dössenbach-Viadukt und dem Waldmanngraben-Viadukt auf den MEDLOC „C" Militärzug der britischen Besatzungsmacht, der kurz zuvor Mallnitz verlassen hatte, abgesehen. Der MEDLOC „C" war ein Schnellzug, der die britischen Besatzungsgebiete in Italien und Kärnten mit dem Hafen Calais verband. Die britische Zone endete übrigens im Tauerntunnel, Salzburg war Teil der amerikanischen Besatzungszone. Mehrere Waggons des Zuges entgleisten durch diesen Bombenanschlag. Die Attentäter wollten erreichen, dass die Waggons zwischen dem Dössenbach- und dem Waldmanngraben-Viadukt entgleisen und in der Folge in den Waldmanngraben stürzen. Durch einen Fehler beim Einbau der Bombe scheiterte glücklicherweise dieses Vorhaben und die Waggons neigten sich genau auf die gegenüberliegende Seite, an den Berghang. Lediglich ein Soldat verletzte sich in der Folge am Bein beim Aussteigen aus dem Zug. Die Attentäter entkamen im Schutz der Berge und der Vegetation und konnten Tage später in der amerikanischen Zone in Badgastein gefasst werden. Dieser Anschlag war übrigens der einzige während der mehr als 10-jährigen britischen Besatzungszeit.

BAUREIHE 1280.
s1927 rollten die ersten fünffach gekuppelten Elektroloks der Reihe 1280 auf das Österreichische Streckennetz. Die Loks verfügten über nur einen Kollektormotor und übertrugen die Kraft mit einem nach seinem Konstrukteur benannten Kandò Dreiecksrahmen und einer Kuppelstange die Kraft auf alle fünf Achsen. Schnell konnten die Loks dadurch nicht fahren und brachten maximal 50 km/h auf die Strecke. Aber zur Zeit der Elektrifizierung der Tauernbahn und auch für die Bedürfnisse bis in die 1960er Jahre reichten ihre Leistungsparameter völlig aus. Auf dem Foto ist die 1280.15 mit einem Sammelgüterzug im Bahnhof Penk zu sehen.

Die »Weiße Kohle« für die Tauernbahn

ELEKTRIFIZIERUNG. Die Mariazellerbahn wurde als erste Bahn Österreichs bereits am 7.10.1911 elektrisch betrieben. Ihr folgte als erste Vollbahn die Mittenwaldbahn, die Innsbruck mit Reutte über Bayern verband. Sie wurde in zwei Teilabschnitten bis 29.6.1913 in Betrieb genommen und war von Anfang an auf E-Betrieb ausgelegt. Auf dieser Strecke wurde übrigens auch das heute in Österreich, Deutschland und der Schweiz sowie in Schweden und Norwegen gebräuchliche Stromsystem von 15.000 Volt Wechselspannung mit einer Frequenz von 16 2/3 Hertz festgelegt. Die Frequenz ist übrigens abhängig von der Drehzahl der eingesetzten Turbinen. In der ersten und zweiten Dekade des 20. Jahrhunderts wurden übrigens viele Straßenbahn- und Lokalbahnbetriebe auf elektrische Traktion umgestellt. Der erste Weltkrieg oder vielmehr der Ausgang des Ersten Weltkrieges stellte die BBÖ (*Österreichischen Bundesbahnen*) als Nachfolgeorganisation der kkStB vor riesige Probleme. Einerseits wurde der Fuhrpark auf die Nachfolgestaaten des Kaiserreichs aufgeteilt und andererseits verloren die BBÖ durch die Ziehung der neuen Staatsgrenzen so ziemlich alle Gebiete, wo die qualitativ hochwertige Steinkohle für den Dampflokomotivbetrieb gefördert wurde.

Die Elektrifizierung der Tauernbahn in den 1930er Jahren erforderte auch den Neubau eines eigenen Wasserkraftwerks in Obervellach.

Natürlich konnte Österreich die so dringend benötigte Steinkohle bestellen, aber die Kosten dafür waren enorm. So entstanden schon bald nach Ende des Ersten Weltkrieges Pläne zur „Elektrifizierung des Österreichischen Streckennetzes". Schon am 1.3.1919 wurde ein so genanntes Elektrifizierungsamt der Österreichischen Bundesbahnen eingerichtet. Doch zwei Lobby's prallten dabei aufeinander: einerseits waren dies die Förderer der elektrischen Bahnen und andererseits war da die mächtige Dampflokomotivindustrie im Osten Österreichs. Mit wechselndem Erfolg. So entstanden in den 1920er und 1930er auch neue Schnellzug-Dampfloktypen für die Westbahn. Die Elektrifizierung selbst konnte damit nicht aufgehalten werden. Nach der Schaffung der gesetzlichen Grundlagen begannen die Elektrifizierungsarbeiten an der Arlbergachse.

Bereits am 22.7.1923 wurde die erste nach dem Ersten Weltkrieg elektrifizierte Bahn zwischen Innsbruck und Telfs-Pfaffenhofen in Betrieb genommen. In nur fünf Jahren wurde bis zum 3.4.1928 ganz Westösterreich mit dem Fahrdraht überspannt Auch die Tauern- und Brennerbahn waren in diesem Elektrifizierungsprogramm enthalten. Die Elektrifizierung in Westösterreich bot sich aber auch geradezu an. Der Wasserreichtum und die hohen Berge ermöglichten einfach und kostengünstig die Einrichtung von Speicherseen und Kraftwerken für die Stromerzeugung. Doch dazu waren Investitionen in die Infrastruktur notwendig, die im östlichen Österreich stets auf negative Resonanzen stießen. Die Dampflok-Lobby wollte weitere Elektrifizierung zu gunsten moderner, großer Lokomotiven verhindern, oder zumindest etwas bremsen. Selbst der sofortige Stopp der Elektrifizierungsarbeiten wurde gefordert. Der Kampf der beiden erwähnten Lobbies wurde heftiger und im Elektrifizierungsgesetz vom 16.7.1925 wurden die Tauernbahn und weitere Strecken zurückgestellt. Der Fahrdraht konnte trotzdem nicht mehr aufgehalten werden.

Als dieser schließlich das Bundesland Salzburg erreichte, kam sehr bald auch die Tauernbahn in die Diskussion. Der Plan sah vor, unmittelbar nach dem Salzachtal auch die Tauernbahn bis Spittal zu elektrifizieren. Die Vorteile lagen auf der Hand: die kostenintensive Dampftraktion sollte durch die elektrische Traktion abgelöst werden. Durch den relativ hohen Wirkungsgrad der damaligen Elektroloks könnten so die Zuggewichte und auch die Geschwindigkeiten angehoben werden. Zu Beginn der 1930er Jahre begannen schließlich die Elektrifizierungsarbeiten auch an der Tauernbahn. Am 1.12.1933 wurde der Abschnitt Schwarzach/St. Veit – Mallnitz und am 15.5.1935 die Südrampe bis Spittal/Millstättersee eröffnet. Seit diesem denkwürdigen Tag wurde die Tauernbahn planmäßig nur mehr mit Elektroloks befahren und der Dampfbetrieb gehörte der Vergangenheit an. Die Erwartungen in die neue Traktion wurden bei weitem übertroffen: Durch die höhere Leistung der Elektroloks konnten am Lokomotivsektor über 50 % der anfallenden Kosten eingespart werden. Die Lüftungsanlagen am Südportal des Tauerntunnels und am Nordportal des Dössentunnels wurden funktionslos und die bislang dort notwendige elektrische Energie konnte anderen, sinnvolleren Zwecken zugeführt werden. So versorgt auch heute noch das 50 Hz Kraftwerk Lassach das Ortsnetz von Mallnitz.

Auch für die Tauernbahn kam der Strom nicht einfach aus der Steckdose. Ein eigenes 75 MW leistendes Wasserkraftwerk wurde dafür in Obervellach im Mölltal errichtet. Das Wasser selbst wurde hoch oben auf den Bergen, genauer im Bereich des Dössenbaches bei der Einmündung in den Mallnitzbach, gefasst und in einem 3.600 m langen Freispiegelstollen zu einem Wasserschloss mit einem nutzbaren Speicherinhalt von 4.600 m³ geführt. Von dort aus strömt das Wasser über zwei Druckrohrleitungen zur Kraftwerkszentrale in Obervellach. Drei Maschinensätze mit Pelton-Turbinen erzeugen auch heute noch die Energie für die Tauernbahn und weite Teile Kärntens. Die Versorgungssicherheit wurde mit der späteren Einleitung von Teilen des Kaponigbachs wesentlich verbessert. Die elektrische Energie wurde über ein Unterwerk in Mallnitz in die Fahrleitungen eingespeist. Weite Teile der Nordrampe wurden über das bestehende Unterwerk in Schwarzach-St. Veit versorgt. 55 kV Übertragungsleitungen sorgen für eine reibungslose Versorgung. Noch während des zweiten Weltkrieges wurden die elektrischen Anlagen verstärkt und fahrbare Unterwerke in Dorfgastein und Pusarnitz errichtet, die im Laufe der Zeit zu ortsfesten Anlagen umgebaut wurden. Die 55 kV Übertragungsleitungen wurden durch 110 kV Leitungen nach und nach ersetzt. Unterwerke haben übrigens die Aufgabe, die angelieferte Energie mit 110.000 Volt auf 15.000 Volt herunter zu transformieren. Die Frequenz von 16 2/3 Hertz wird durch die Drehzahl der Turbinen und in weiterer Folge der Generatoren erzeugt. Große Teile der Fahrleistungsanlagen wurden nach über 50 jährigem Betrieb in den 1980er Jahren erneuert. Aktuell stellen die ÖBB heute Pläne an, um den Anteil an selbst produzierter elektrischer Energie zu erhöhen. Zusätzlich zu anderen Kraftwerken ist auch eine Modernisierung des Kraftwerkes Obervellach und der Ausbau des derzeitigen Potenzials vorgesehen. Noch 2009 soll mit den Behördenverfahren dazu gestartet werden.

KAPITEL | BILDTEIL

DIE »WEISSE KOHLE« FÜR DIE TAUERNBAHN

© Sammlung Daxbeck

KROKODIL.
Die Gebirgsschnellzugslokomotiven der Reihen 1100 und 1100.1 (*nach 1956 in 1089 und 1189 umgezeichnet*) trugen ob ihrer speziellen gelenkigen Konstruktion den Beinamen Krokodil und wurden ab 1923 für die Arlbergbahn gebaut. Mit der Elektrifizierung der Tauernbahn gelangten die Krokodile auch auf die Tauernbahn, wo sie bis in die 1960er Jahre im Personenzugsdienst auf der Nordrampe im Einsatz waren.

© Archiv Kowarik

Im Jahre 1940 – während des Zweiten Weltkrieges – machte dieses Krokodil mit einem Fernschnellzug in Mallnitz Station.

© Bernd Regatschnig

Für die Versorgung der Fahrleitungsanlagen mit der notwendigen elektrischen Energie wurde in Obervellach ein Kraftwerk errichtet. Der Bahnstrom mit einer Frequenz von 16 2/3 Hertz kann nur mit speziellen Generatoren erzeugt werden. Die Drehzahl ist dabei entscheidend. Das benötigte Wasser wurde vom Dössenbach und später vom Kaponigbach gesammelt und mit einer Druckrohrleitung ins Krafthaus am Talboden geführt.

© Sammlung Daxbeck

ELEKTRIFIZIERUNG.

Diese brachte vor allem für die Lokmannschaften eine große Erleichterung. Das stundenlange Kohlen schaufeln der Heizer gehörte der Vergangenheit an. Aber auch die Leistungsfähigkeit insgesamt wurde erhöht, denn die Elektroloks konnten schwerere Züge mit einer höheren Geschwindigkeit befördern. Am Bild verlässt gerade ein mit einer 1020 bespannter Schnellzug den Pfaffenberg-Tunnel und befährt gerade den alten, heute abgetragenen, 149 m langen Pfaffenberg-Zwenberg-Viadukt.

© Wolfgang Unterdünhofen, Rolf Wiemann, Archiv Posch

Zeitgleich zur Elektrifizierung der Tauernbahn bestellten die BBÖ moderne vierachsige Elektroloks der Reihe 1170.2, der späteren ÖBB Reihe 1245. Mit diesen damals modernen Drehgestellloks mit Einzelachsantrieb wurde der Lokomotivbau in Österreich revolutioniert. Sowohl die 1245 als auch die 1020 wurden bei den ÖBB 1995 ausgeschieden. Der Nachwelt erhalten blieben aber einige Exemplare zu musealen Zwecken. Am Bild ist die 1245.05 mit einem Sonderzug bei Klammstein zu sehen.

Für den Bahnhofsverschub wurde von 1926 bis 1940 wurden insgesamt fünf Loks der Reihe 1070 und 22 Loks der Reihe 1070.1 beschafft. Diese vierachsigen mit Treibstangen gekuppelten Maschinen waren äußerst robust und hielten sich in Österreich als ÖBB-Reihen 1061 und 1161 bis 1993. In Spittal/Millstättersee verschiebt im Sommer 1980 die 1161.07 einige Reisezugswagen.

1020.
Die 1020 wurden ursprünglich als E 94 an die Deutsche Reichsbahn abgeliefert. Die 119 t schweren und 3.200 kW starken sechsachsigen Lokomotiven waren vor allem für den Betrieb auf Steilstrecken bestimmt und gelangten ab 1940 auch auf die Tauernbahn. Hier beherrschten sie für viele Jahrzehnte das Bild vor schweren Zügen. Bis zu 550 t konnte eine Lok alleine über die langen Rampen bergwärts ziehen. Ein leichtes Spiel hatten die Kraftpakete vor den Zügen der Autoschleuse Tauernbahn zwischen Mallnitz und Böckstein.

TAURUS HOCHLEISTUNGSLOK. Die modernen Taurus-Hochleistungsloks, von denen die ÖBB nicht weniger als 382 Fahrzeuge in drei unterschiedlichen Versionen beschafften, prägen heute das Bild des modernen elektrischen Bahnbetriebes nicht nur auf der Tauernbahn. Eine Besonderheit der modernen Drehstromloks ist, dass die beim (*elektrischen*) Bremsen gewonnene Energie wieder in die Fahrleitung zurück gespeist wird. Die vier Fahrmotoren wirken dabei ähnlich einem Generator. Zu sehen ist der EC 114 auf der neuen, bereits dritten Brücke über den Seebachgraben.

Ab Mitte der 1990er Jahre beschafften die ÖBB eine große Anzahl an modernen zwei- und vierachsigen Motorturmwagen, die unter anderem auch mit einem weit ausladenden Ladekran mit Arbeitskorb sowie einer Werkstätte ausgerüstet sind.

Für die Instandhaltung der Fahrleitungen waren spezielle Gerüstfahrzeuge notwendig. Anfangs wurden ältere Waggons zu diesem Zweck entsprechend adaptiert. Später wurden so genannte „Turmwagen“ beschafft. Von 1953 bis 1966 gelangten insgesamt 26 Turmwagen der Reihe X 532 bei den ÖBB zum Einsatz, von denen einer auf der Brücke über die Gasteiner Ache bei Klammstein zu sehen ist.

KAPITEL 3

Der

Tauerntunnel

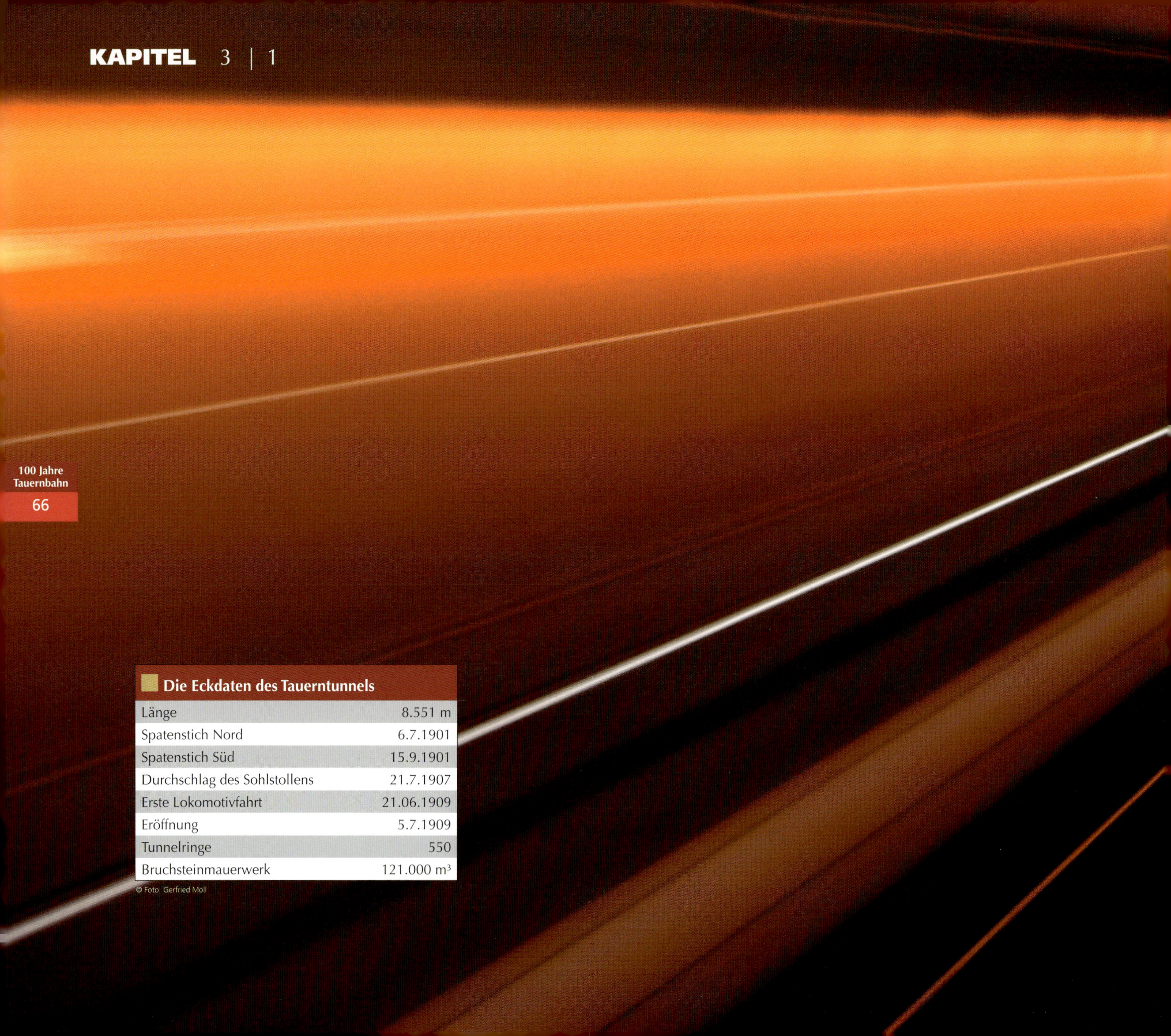

Die Eckdaten des Tauerntunnels

Länge	8.551 m
Spatenstich Nord	6.7.1901
Spatenstich Süd	15.9.1901
Durchschlag des Sohlstollens	21.7.1907
Erste Lokomotivfahrt	21.06.1909
Eröffnung	5.7.1909
Tunnelringe	550
Bruchsteinmauerwerk	121.000 m³

Der Bau des **Tauerntunnels**

KORRIDORE. Das Herzstück der Tauernbahn, eigentlich aller neuen Alpenbahnen von 1901, ist der ursprünglich 8.551 m lange Tauerntunnel. Ingesamt vier Scheiteltunnel mit einer Gesamtlänge von 27.632 m wurden zu jener Zeit erreichtet. Bis auf den 4.766 m langen Bosrucktunnel der Pyhrnbahn wurden alle anderen Scheiteltunnel bereits von Beginn an zweigleisig errichtet.

Beim Bau des Tauerntunnels kam die österreichische Tunnelbaumethode mit Präszisons-Vermessung zum Einsatz, entwickelt von hervorragenden Ingenieuren.

Nach der Fixierung des brauchbarsten Korridors für die Tauernbahn wurden wiederum in den Detailplanungen verschiedene Projekte untersucht. Das kühnste unter allen hätte einen 21 km langen Basistunnel vorgesehen. Dieser Tauerntunnel hätte von Badgastein bis Obervellach im Mölltal reichen sollen. Das Projekt kam aber letztlich nicht in Betracht, da man negative Einflüsse für die Heilquellen in Badgastein fürchtete. Auch die Errichtungskosten hätten den Rahmen gesprengt.

Der von 1901 bis 1909 ausgeführte, 8.551 m lange Tauerntunnel beginnt unter der Gamskarspitze, im Bahnhofsbereich von Böckstein, in einer Seehöhe von 1.173 m. Der Kulminationspunkt der Tauernbahn liegt auf 1.225 m, mitten im Tauerntunnel, während Mallnitz auf 1.190 m Seehöhe liegt. Die maximale Längsneigung beträgt im Tunnel ca. 10 Promille *(zwischen dem Südportal und dem Kulminationspunkt)*. Der Tauerntunnel ist nicht nur der längste Scheiteltunnel im Bauprogramm von 1901, sondern auch in geologischer Hinsicht einer der schwierigsten. Das Tauernmassiv besteht zum überwiegenden Teil aus hartem, kristallinem Gestein, so wurde überwiegend im Granitgneis gearbeitet. Der Granitgneis war nicht die einzige Herausforderung, die im Stollen auf die Arbeiter wartete. Im Norden war ein 350 m langes wasserdurchlässiges Bachgeschiebe vorgelagert. Vom Südportal aus mussten 550 m lang eine Glimmerschieferzone durchörtert werden. Besonders schwierig und gefährlich waren die so genannten „Knallzonen" im Vortriebsbereich. Sechs Stellen auf insgesamt 2.700 m Länge innerhalb der Granitgneiszone waren davon betroffen. In diesen Knallzonen lösten sich unvermutet 3 – 15 cm Gesteinsplatten mit einem lauten Knall.

Ausgelöst wurde dieses Phänomen durch unterschiedliche Gebirgsspannungen im Ausbruchsbereich. Erschwert wurde der Tunneldurchbruch durch insgesamt acht Wassereinbrüchen in der Granitgneiszone. Quellen mit einer Schüttung von 5 – 93 Sekundenliter stellten die Mineure vor erhebliche Probleme.

Vortrieb

Schon wenige Wochen nach dem Gesetzesbeschluss fanden am 6.7.1901 der Spatenstich zur Errichtung des Tauerntunnels in Böckstein und am 15.9.1901 jener in Mallnitz statt. Das letzte große zusammenhängende Bahnbauvorhaben der k.u.k. Österreichisch-Ungarischen Monarchie nahm seinen Lauf. Die Bauarbeiten selbst wurden von der Wiener Baufirma Redlich & Berger übernommen, die mit einem innerhalb einer zwei-Wochen Frist kündbaren Akkordvertrag arbeitete. Sowohl vom Norden als auch vom Süden ausgehend starteten die Vortriebsarbeiten zuerst am Sohlstollen. Besonders auf der Südseite verwendeten die Mineure vorwiegend Handbohrer zur Herstellung der Sprenglöcher. Die elektrisch betriebenen Brandt'schen Bohrgeräte kamen vorwiegend zur Ausweitung des Firststollens und zur Abteufung des Sohlkanals zur Anwendung. Die Vortriebsleistung im Sohlstollen auf der Südseite betrugen bis zum 7.3.1906, dem Tag an dem die Handbohrungen endeten lediglich 1.179 m, bei einer höchsten Tagesleistung von rund einem Meter!

Der Tauerntunnel, wie auch alle andern Tunnel der neuen Alpenbahnen, wurde übrigens nach der beim Bau des Arlbergtunnels entwickelten Österreichischen Tunnelbaumethode, also im Bohr- und Sprengvortrieb, errichtet. Der eigentliche Tunnelbau – Vollbetrieb begann nach der definitiven Vergabe der Bauarbeiten. Wiederum die Wiener Baufirma Redlich & Berger konnte den Bauauftrag nach einer öffentlichen Ausschreibung an Land ziehen. Von nun an wurde auch die maschinelle Herstellung der Bohrlöcher mit Brandt'schen Drehbohrmaschinen, vornehmlich auf der Nordseite, gestartet. Mit der Verwendung dieses Verfahrens stieg die Vortriebsleistung auf vier Meter pro Tag. Die einzelnen Bautermine wurden mit hohen Vertragsstrafen belegt und damit abgesichert.

Das Brandt'sche System

Beim Brandt'schen System saugen mit Drehstrom betriebene Pumpen Wasser aus einem Kanal und fördern es durch ein Rohrleistungssystem mit rund 100 Atmosphären Druck zur eigentlichen Bohranlage. Der Gesteinsbohrer wurde dadurch fest an die Ortsbrust angepresst und das Bohrgestänge in Bewegung gesetzt. Das Gestein wurde so regelrecht zermahlen. Die Bohrköpfe selbst waren innen hohl. Das verbrauchte Wasser wurde durch das Bohrgestänge und die Bohrkrone geleitet. Einerseits wurde dadurch die Bohrung gekühlt und andererseits das Bohrgut, also das gemahlene Gestein, ausgespült. Das Wasser selbst floss durch einen Sohlkanal wieder ab. Im Stollen selbst arbeiteten immer drei bis vier Maschinen gleichzeitig, die auf einer Spannsäule befestigt waren.

Nahezu die kompletten Bohrungen auf der Nordseite wurden im Gegensatz zur Südseite nach dem System Brandt hergestellt. Es mussten überwiegend harte Urgesteine wie Gneis und Glimmerschiefer durchörtert werden. Und genau dafür eignete sich dieses System zur Herstellung der Bohrlöcher für die Sprengungen ganz besonders. Durch den Schienengebundenen Unterbau wurde das Brandt'sche Bohrgerät quasi zu einem Bohrwagen und konnte kurz vor den Sprengungen einfach zurückgerollt werden. Ein System, das sich bis heute, freilich mit Luftbereifung, gehalten hat!

Der Durchschlag

Am 21.7.1907 war es schließlich soweit – um 4 Uhr 50 erfolgte im Tunnelkilometer 6.140 von der Südseite aus der Durchstich zum Sohlstollen der Nordseite, dessen Vortriebsarbeiten schon seit längerer Zeit ruhten. Gewaltig erscheint auch die Tatsache, dass die Abweichungen in der Höhe 56 mm und jene in der Richtung nur sagenhafte 55 mm betrugen.

Die tatsächliche Länge differierte von der ausgeführten lediglich um 293 cm. Eine Leistung der Österreichischen Ingenieurskunst, die auf das Präzissions-Triangulations-Vermessungsnetz der Monarchie zurückzuführen ist und internationale Anerkennung fand. Dieses einfach als „Dreiecksnetz" bezeichnete System bedeckte das gesamte Gebiet der Monarchie selbst und reicht bis in die Mariatheresianische Zeit zurück. In Triest am Molo Satorio wurde der Nullpunkt über Adria festgelegt, der dem absoluten Mittelwert zwischen den Gezeiten entspricht. Noch heute greifen die Vermessungstechniker auf diese präzisen Daten zurück, deren Grundlagen vom k.u.k. Heeresvermessungsdienst gelegt wurden.

Die Bohrung der Sprenglöcher

Für jede Sprengung waren elf Bohrlöcher mit einer Länge von je 1,3 m notwendig. Für jedes einzelne Bohrloch waren rund 70 Bohrköpfe notwendig. Jeder Bohrkopf hatte eine durchschnittliche Lebensdauer von nur 1,5 – 2 cm Bohrlochtiefe. In eigens eingerichteten Schmieden wurden täglich bis zu 28.000 Bohrköpfe bearbeitet und rund 1.000 neu hergestellt. Gehärtet wurden die frisch geschmiedeten Schneiden der Bohrer durch Eintauchen ins kalte Hochgebirgswasser von Bächen, die eigens unter den Werkstätten durchgeführt wurden. In diesen Schmieden arbeiteten 65 Mann rund um die Uhr!

Diese Schmiedebetriebe waren nur ein kleiner Teil der Bauplätze in Böckstein und Mallnitz. Hier wurden richtige kleine Städte mit einer großteils autarken Infrastruktur errichtet. Diese Installationsplätze bestanden aus einem 100 m langen Maschinenhaus, Bade-, Wasch- und Umkleide Baracken und viele einfache Holzbaracken für die schätzungsweise 4.000 eingesetzten Bauarbeiter. Diese zahllosen Holzbaracken wurden im Volksmund auch „Bretteldorf" genannt. Lediglich die Unterkünfte für das Aufsichtspersonal und das Kasino wurden aus Stein gemauert. Abseits dieser Bauplätze wurden auch eigene Krankenhäuser eingerichtet, in denen kleinere Krankheiten kuriert wurden, aber auch für operative Eingriffe ausgestattet waren. Eine besondere Problematik bestand darin, das ausgebrochene Material aus den Stollen und notwendiges Baumaterial zu den einzelnen Arbeitsstellen zu befördern, also in der gesamten Baustellenlogistik überhaupt. Anfangs wurden diese Tätigkeiten mit Feldbahnloren, die per Hand aus den Stollen geschoben wurden bewältigt. Später wurden umfangreiche schmalspurige Rollbahnnetze mit einer Spurweite von 760 mm errichtet. Eingesetzt wurden zur Beförderung der Züge Dampf-, Benzin- und Elektroloks (*Freilandbereich*). Die Fahrleitungen wurden mit 500 Volt Gleichstrom gespeist. Unter anderem standen acht benzinbetriebene, sechs elektrisch betriebene Lokomotiven sowie 430 größtenteils bremsbare Rollbahn Waggons zur Verfügung. Diese Rollbahnnetze wurden umfangreich angelegt und stellten das wichtigste Transportmittel während der Bauzeit dar. Im Tauerntunnel und auch im Karawanken- und Wocheinertunnel selbst gab es sogar eigene Tunnelfahrordnungen. Unter Tag wurden stets Benzinloks eingesetzt.

Bewetterung

Aber nicht nur der Abtransport des Abraummaterials bescherte den Ingenieuren Kopfzerbrechen sondern auch die Belüftung, die so genannte Bewetterung der Tunnelbaustelle selbst. Ohne diese wären Tunnelvortriebsarbeiten gar nicht möglich – ein Ausfall der Lüftungsanlage hätte eine sofortige Räumung der gesamten Baustelle umgehend erfordert. Zwei Windräder, die durch einen 180 PS starken Drehstrommotor angetrieben wurden, konnten 360 m³ Luft ansaugen und durch ein System an Stahlrohrleitungen zu den einzelnen Baustellenbereichen befördern. Die verbrauchte und verunreinigte Luft aus dem Sohl- und Firststollen sowie aus einzelnen Schächten wurde so regelrecht in Freie gedrückt.

Wasserhaltung

Dabei waren nach dem Ejektorprinzip arbeitende Strahl- und Turbinenpumpen im Einsatz, die ebenfalls an das Druckwassersystem der Bohrungen angeschlossen wurden. Die größte beim Südportal abfließende Wassermenge betrug 230 Sekundenliter. Das entspricht einer

© Archiv Kowarik

Die Inspektionen der Gleisanlagen wurden mit Motordraisinen durchgeführt. Dazu wurden mehrere derartiger Fahrzeuge im Bereich der einzelnen Bahnmeistereien vorgehalten. Hier ist eine Motordraisine bei der Einfahrt in den Tauerntunnel zu sehen.

Die Scheiteltunnel der neuen Alpenbahnen von 1901	
Tauerntunnel (*Heute: 8.381 m*)	8.551 m
Karawankentunnel	7.976 m
Wocheinertunnel (*Heute nur mehr eingleisig befahrbar*)	6.339 m
Bosrucktunnel	4.766 m

Wassermenge von 13,8 m³ pro Minute! Insgesamt acht Quellen wurden angefahren, die eine Schüttung von 5 – 65 Sekundenlitern aufwiesen. Spezielle Abdichtungs- und Ableitungsmaßnahmen waren bei der Herstellung der Tunnelausmauerung zusätzlich notwendig.

Stromversorgung

Bei den zuvor beschriebenen Anlagen wurden auch elektrisch betriebene Anlagenteile eingesetzt. Elektrische Energie bei den Tunnelportalen gab es nicht. Die südlichen Baustellenbereiche, der Baubetriebsplatz und die elektrisch betriebene Rollbahn mussten mit elektrischer Energie versorgt werden. Dazu wurde unterhalb von Mallnitz in Lassach ein eigenes Wasserkraftwerk errichtet. Es nutzt dabei eine rund 150 m hohe Gefällestufe des Mallnitzbaches für die Stromerzeugung. vier Stück 600 PS leistende Maschinensätze erzeugten Drehstrom mit einer Spannung von 5.500 Volt. Über eine 5 km lange Freileitung wurde der Baubetriebsplatz Süd und alle anderen Anlagenteile und die Fahrleitung der Rollbahn mit Strom versorgt. Im Norden wurde der Anlaufbach zur Stromerzeugung genutzt. Leider war die abgegebene elektrische Leistung nicht immer hoch genug und es mussten auch drei kleinere Dampfkraftwerke zur Energieerzeugung eingesetzt werden. Die Länge der Rollbahn im Süden betrug ober Tage rund 3 km bis zum Steinbruch am Stappitzsee. Sämtliche Betriebsanlagen, Baubetriebsplätze und die Rollbahnen wurden sozusagen auf „die grüne Wiese“ hingestellt. Alle diese Betriebsgebäude und Bahnnetze wurden nur für die Bauzeit errichtet. Alle dazu notwendigen Bauteile mussten zuerst mit Pferdefuhrwerken unter schwierigsten Bedingungen über schlechte, nicht befestigte Straßen und Wege herangeschafft werden. Eine solche gewaltige Herausforderung und Leistung der Bauarbeiter ist in der heutigen Zeit nur sehr schwer vorstellbar. Das Kraftwerk selbst ist heute noch in Betrieb und versorgt das 50 Hertz Ortsnetz in Mallnitz. Dieses Jahrhundertbauwerk forderte auch seine Opfer: 684 Arbeiter wurden verletzt, 280 davon schwer. 55 Arbeiter kehrten aber nie mehr zu ihren Familien zurück.

DER BAU DES TAUERNTUNNELS

Bei der Sprengungen wurden die Bohrlafetten auf den Rollbahngleisen zurückgezogen.

Wie eng es im Sohlstollen zuging, kann man auf diesem Foto erkennen. Daher wurden auch die Schutterungsfahrzeuge der Stollenbahn so schmal wie möglich gehalten. Nach erfolgter Ausweitung war sogar ein zweigleisiger Betrieb möglich.

HARTE ARBEITSBEDINGUNGEN. Welche Arbeitsbedingungen damals vorherrschten kann man heute nur mehr erahnen. Dieses Foto gibt einen kleinen Aufschluss darüber. Die Mineure posieren stolz mit ihrer elektrischen Kurbelstoß-Bohrmaschine vor dem Photographen. Schutzbekleidungen waren damals ein Fremdwort, ebenso die Sicherung vor herabfallenden Gesteinsbrocken. Sicherungsmaßnahmen im Tunnel mit Holzverbauten wurden erst weiter hinten im Tunnel ergriffen.

Die österreichische
Tunnelbaumethode

INTERNATIONALE ÖSTERREICHEICHISCHE INGENIEURSKUNST. Österreichs Ingenieure zählten schon seit jeher zur Weltspitze. Alleine die besondere Topographie des Alpenlandes erforderte auch besondere Bauweisen und natürlich auch viele Tunnels. Als weltweit ersten Tunnel errichteten bereits 1841 Österreichische Bahnbauer im Auftrag Kaiser Ferdinands I bei Gumpoldskirchen in Niederösterreich den 156 m langen, so genannten „Gumpoldskirchner Busserltunnel". Damals sah man das Reisen mit der Bahn gewissermaßen als „Abenteuer" an und so benötigte man eben auch einen Tunnel, der aber in offener Bauweise gebaut wurde. Freilich hatte die Fahrt durch den Tunnel damals viel länger als heute gedauert. Heute ist die Fahrt durch den Gumpoldskirchner Busserltunnel mit den modernen ÖBB Zügen nach nur wenigen Augenblicken vorbei. Die ersten bergmännisch in Österreich vorgetriebenen Tunnel waren jene der weltweit ersten Gebirgsbahn, nämlich der Semmeringbahn. Hier wurde in Ermangelung maschineller Hilfe der Ausbruch noch per Hand durchgeführt. Um diese grandiose Leistung zu schaffen waren Heerscharen von Bauarbeitern notwendig. Im Laufe der Zeit entwickelten Österreichs Ingenieure eine Tunnelbaumethode, die weltweit zu großem Ruhm führen sollte: die Österreichische Tunnelbaumethode. Beim Bau der Arlbergbahn wurde die Österreichische Tunnelbaumethode erstmals im großen Stil eingesetzt. Nahezu alle Tunnels der neuen Alpenbahnen wurden nach diesem System errichtet. Früher wurde im Tunnelbau zuerst der Firststollen errichtet, der sukzessive nach unten zum Vollprofil ausgeweitet wurde. Die Tunnelausmauerungen wurden ebenso nachgezogen. Beim Arlbergtunnel wurde hingegen erstmals als Richtstollen zuerst ein Sohlstollen vorgetrieben. Ein Novum, das später auch in der Arbeitslogistik viele Vorteile brachte. Dem Sohlstollen folgte nachlaufend ein Firststollen, der von vertikal ausgebrochenen Schächten hammerförmig vorgetrieben wurde. Sämtliche derartige Ausbruchsarbeiten erfolgten grundsätzlich im Sprengvortrieb. Vom Firststollen ausgehend erfolgten in bestimmten Abständen 8 – 10 Meter lange Vollausbruchringe. Nach Ausbruch des Vollprofiles

Was zunächst beim Gumpoldskirchner „Busserltunnel" ausprobiert wurde, verbesserte sich im Laufe der Zeit zu eindrucksvollen Tunnelbauleistungen.

in den Tunnelringen erfolge die Ausmauerung derselben nach einem bestimmten System. Die Schwierigkeit bestand darin, dass zwischen dem Ausbruch und der Ausmauerung nur wenig Zeit verblieb. Umfangreiche Pölzungen und Stollenverbauten waren notwendig, dass die Stollen und später auch die Röhre im Rohbau nicht einstürzten. Oft gaben aber die Stollenverbaue dem enormen Gebirgsdruck nach und knickten ein. Der Abtransport des ausgebrochenen, gesprengten Gesteinsmaterials erfolgte im Sohlstollen zunächst per Hand auf schienengebundenen Loren. Das Ausbruchmaterial des Firststollens wurde entweder durch senkrecht oder schräg angeordnete Materialschächte in den Sohlstollen verbracht. Das Gesteinsmaterial musste also nicht mühsam aus dem Tunnel geschleppt werden sondern rutschte unter Ausnützung der Schwerkraft in bereitgestellte Rollbahnwaggons. Die eigentliche Tunnelausmauerung wurde entsprechend der angetroffenen Gebirgskategorien ausgeführt und war stellenweise in der Kalotte über 1,3 m und in der Strosse über 1,75 m stark. Bei schlechten Gebirgsdruckverhältnissen war auch oft ein Sohlgewölbe erforderlich. Die Ausmauerung der Tunnels waren ebenfalls Herausforderungen an die Baumannschaften. Musste einerseits der optimale Zeitpunkt dafür erfasst werden so waren anderseits die Wassereinbrüche extrem hinderlich. Die Gefahr bestand darin, dass die Mörtelfugen vom Wasser einfach ausgewaschen wurden und dem Bruchsteinmauerwerk keinen Halt mehr boten. Abhilfe schafften Tafeln aus Wellblech, die ähnlich einer Abdichtung hinter dem Mauerwerk angebracht wurden. Der Vollausbau der Tunnels erfolgte schrittweise mit dem Einbau des Sohlkanals und einer Betondecke in den fertig gestellten Tunnelabschnitten.

Im Rohbautunnel selbst, erfolgte zuerst die Verlegung von Rollbahngleisen, die den maschinellen Abtransport des Abraumes und den Antransport der Rohstoffe benötigt wurden, ermöglichten. Dazu wurden eigene Tunnelstationen mit mehreren Gleisen errichtet. Der Betrieb auf diesen Rollbahnen wurde durch eine eigene Fahrordnung geregelt. In den fertig gestellten Tunnelabschnitten wurde mit elektrischen Lokomotiven gefahren während im Baubereich ausschließlich mit Benzin angetriebene Fahrzeuge verwendet wurden. Dampflokomotiven kamen im Regelfall nicht zum Einsatz, da diese die ohnehin schlechte Luft im Tunnel noch weiter verunreinigt hätten. Die eingesetzten Waggons waren durch ihr spezielles schmales Profil und ihre große Länge besonders gut für den Materialtransport, auch in verdrückten Stollenteilen, geeignet. Breite Schutterungswaggons kamen nur in den Vollausbruchabschnitten zum Einsatz. Für den Einsatz dieser Tunnelbaumethode mit dem innovativen Ausbruchs- und Ausmauerungssystem ernteten Österreichs Ingenieure weltweit Anerkennung. Diese Bauweise wurde in Fachkreisen als „Österreichische Tunnelbaumethode" bezeichnet.

Die (*alte*) Österreichische Tunnelbaumethode revolutionierte ab 1875 weltweit den Tunnelbau. Ihre wesentlichsten Konstruktionsmerkmale waren ein vorauseilender Sohlstollen und ein später vorgetriebener Firststollen.

Dimensionen

Sohlstollen:	Breite: 2,5 m	Höhe: 2,2 m
Firststollen:	Beite: 2,0 m	Höhe: 2,2 m
Vollausbruchsprofil Tauerntunnel: Lichte Weite		ca. 8,30 m

Eine Lüftungsanlage
für den Tauerntunnel

LÜFTUNGSANLAGEN „SACCARDO-ANLAGEN". Sofort nach der Eröffnung der Tauernbahn startete die kkStB mit dem Bahnbetrieb. Vorerst wurden je vier Regionalzüge und zwei Schnellzugspaare auf der Tauernbahn eingesetzt. Auch ein erster noch mäßiger Güterverkehr setzte ein. Das bedeutete auch, dass die Lokmannschaften auf den Dampflokomotiven – die Tauernbahn wurde ja als dampfbetriebene Hauptbahn konzipiert – besonders in den langen Tunnels den Abgasen der Loks ausgesetzt waren. Aber nicht nur die Lokmannschaften selbst waren dem Risiko einer Kohlenmonoxidvergiftung ausgesetzt, sondern auch die Streckenarbeiter, die zu Wartungseinsätzen in die Tunnel ausrücken mussten. Eine Erfahrung, die leidvoll im Betrieb des 25 Jahre älteren, 10.250 m langen Arlbergtunnel gemacht werden musste. Dort verunfallten reihenweise Bahnarbeiter an Kohlenmonoxidvergiftungen. Während die Lokmannschaften durch einen nassen Filterschwamm im Mund noch einigermaßen frei atmen konnten, waren die Bahnbauarbeiter besonders betroffen. Jedem Trupp wurde ein „kräftiger Aufsichtsbeamter" beigegeben, der im Falle der Bewusstlosigkeit von anderen Mitarbeitern rettend eingreifen konnte. Kohlenmonoxid ist ein farbloses und geruchloses Gas und führt bei überdosiertem Einatmen bis zur Bewusstlosigkeit. Erste Symptome sind Kopfschmerzen und Übelkeit, doch beim Auftreten dieser ist ein Rückzug nicht mehr möglich.

Um dem farblosen, giftigen Kohlenmonoxid seine todbringende Wirkung im Tauerntunnel zu nehmen, wurde eine leistungsstarke Lüftungsanlage eingebaut.

Um diesem Risiko entgegentreten zu können, wurden beim Tauerntunnel und beim eingleisigen Dössen-Tunnel südlich von Mallnitz eigene Lüftungsanlagen, so genannte „Saccardo-Anlagen", eingebaut. Diese Anlagen waren als Strahlgebläse konzipiert und bliesen Frischluft in die Tunnel ein. Die eingeblasene Luft riss förmlich auch die anstehende Luft vor dem Südportal mit. Dabei wurde der Luftpfropfen im Tunnel in Bewegung gesetzt und aus dem Nordportal hinausgedrückt. Maximal konnte eine Luftströmung von 6 m/sec erreicht werden. Selbst bei ungünstigen Witterungsverhältnissen (*Luftdruckunterschiede von Nord zu Süd*) waren noch 3 m/sec möglich.

LÜFTERHAUS. ▶
Um die Tunnelröhren des Tauern- und Dössen-Tunnels vom Rauch der Dampflokomotiven zu befreien waren eigene Lüftungsanlagen, so genannte „Saccardo-Ventilationsanlagen" notwendig. Die Gebläse (*Ventilatoren*) waren so ausgelegt, dass sie einen natürlichen Luftstrom in den Tunnels erzeugten. Beim Südportal des Tauerntunnels wurde dazu ein eigenes großes Lüfterhaus errichtet. Die Saccardo-Anlagen arbeiteten bis zur Aufnahme des elektrischen Betriebes.

© Archiv Wiesner

Zentrale Bauelemente waren ein unmittelbar hinter dem Südportal eingebauter Ring und eine Luftkammer, deren Ausblasöffnungen mit Stahlplatten verstellbar waren. Diese Luftkammer wurde von zwei Lüftungsaggregaten, in einem eigenen Gebäude unweit des Südportals mit Frischluft versorgt. In Betrieb war aber immer nur eine Anlage, die zweite diente als Reserve. Die Aggregate selbst wurden von Gleichstrommotoren angetrieben, die ihrerseits ihre elektrische Energie vom Kraftwerk Lassach via Gleichrichter erhielten.

Insgesamt konnten die Gebläse jeweils 16.000 m³ Frischluft pro Minute in den Tauerntunnel fördern. Bei Volllast war eine Leistung von 1.100 PS notwendig. Die Saccardo-Anlage beim Südportal des Tauerntunnels blieb bis 1.12.1933, dem Tag an dem der elektrische Betrieb durch den Tauerntunnel aufgenommen wurde, in Betrieb. Auch die Anlage beim Dössen-Tunnel wurde bis zum gleichen Datum betrieben. Die zuvor beschriebene Luftkammer wurde erst 2004 beim Sicherheitsupgrading des Tauerntunnels endgültig mit Beton verschlossen.

SANIERUNGEN.
Die Sanierung des Tauerntunnels in den 1940er Jahren erfolgte ebenfalls unter schwierigsten Bedingungen. Teile der Tunnelausmauerung mussten entfernt, Wasserableitungsmaßnahmen ergriffen und umfangreiche Pölzarbeiten durchgeführt werden.

Die erste Sanierung des Tauerntunnels

STETIGE AUSWASCHUNG DER MÖRTELFUGEN. Obwohl erst 40 Jahre in Betrieb, zeigten sich bereits in den 1940er Jahren beim Tauerntunnel erste gravierende Probleme. Damals gab es noch keine Lösung für auftretendes Gebirgswasser, das sich hinter dem Tunnelmauerwerk staute. Mörtelfugen wurden dabei ausgewaschen und undicht und das Phänomen des Firstregens im Tunnel trat auf. In besonders kalten Wintern bildeten sich tausende und abertausende Eiszapfen und gefährdeten dadurch den Bahnbetrieb sehr. Für die Ausmergelungen der Mörtelfugen waren übrigens die Abgase der Dampflokomotiven verantwortlich, die auch Schwefeldioxid emittierten. Schwefeldioxid ist wasserlöslich und reagiert sofort bei Wasserzutritt zu schwefeliger Säure, welche sich mit dem Sauerstoff der Luft zu Schwefelsäure verändert. Und genau diese greift Mörtel- und Betonmauerwerke gravierend an und zerstört die Homogenität. Als Resultat trat der oben beschriebene Firstregen auf. Besonders nach Aufnahme des Elektrischen Betriebes zeigte sich, dass der Firstregen im Winter auch zu gefährlichen Situationen führen konnte. Die Eiszapfen im Tunnel beschädigten nicht nur die Fahrleitungen sondern auch die Stromabnehmer der Lokomotiven, die dann untauglich in den Tunnel stehen blieben.

Gebirgswasser und Abgase der Dampflokomotiven waren der Grund dafür, dass undichte Mauerwerksfugen mit Spezialmörtel abgedichtet werden mussten.

Als die Probleme im Tauerntunnel kaum mehr tragbar waren, erfolgte gegen Ende der 1940er Jahre die erste Sanierung der Tunnelausmauerung. Dabei wurden unter anderem Schläuche in die Mauerwerksfugen eingeführt, die die Aufgabe hatten, die Bergwässer zu fassen und in den Sohlkanal abzuleiten. Mit einem speziellen Dichtmörtel, der später unter dem Namen „SIKA-Spezialmörtel“ Bekanntheit erlangte, wurden die undichten Mauerwerksfugen wieder abgedichtet. Auch Teile der Innenschale mussten großflächig ausgetauscht werden. Damit konnten weite Bereiche des Tunnelmauerwerks trockengelegt und saniert werden.

© Archiv Posch (5)

Die neuen Bruchsteine wurden per Bahn angeliefert und mit Kränen und Flaschenzügen von den Waggons entladen.

Ein Widerlagermauerwerk der Tunnelausmauerung wird wieder instand gesetzt.

Beim Nordportal des Tauerntunnels wurde die Baustelleneinrichtung untergebracht und die Baustelle zentral aus einem Kompressorhaus mit Druckluft (*für die Bohrmeisel*) versorgt.

Teilweise mussten sogar ganze Tunnelringe, das waren die Mauerwerksabschnitte bei der Herstellung der Tunnelinnenschale, ausgewechselt werden. Um vor herabfallenden Gesteinsbrocken geschützt zu werden mussten so genannte Polygoneinrüstungen eingebaut werden, wie hier bei den Tunnelringen 45 und 46.

Bevor die Ausmauerung des Tunnels mit neuen Bruchsteinen erfolgen konnte, wurden drainageähnliche Wasserableitungsmöglichkeiten geschaffen. Mit Holzverbauten mussten die Bauarbeiter vor herabstürzenden Mauerteilen und Gesteinsbrocken geschützt werden.

SCHALWAGEN.
Heute wird die Tunnelinnenschale nach abgeschlossenen Vortriebsarbeiten nach der Neuen Österreichischen Tunnelbaumethode aus Stahlbeton in einer Stärke von rund 25 bis 30 cm gegossen. Als Schalung dient ein schienengebundener Schalwagen, in der Negativform des fertigen Tunnels. Das Bild zeigt die Herstellung der Tunnelinnenschale im neuen 960 m langen Birgl-Tunnel der Tauernbahn Nordrampe.

Moderne Standards
im Tunnelbau

NATM – NEW AUSTRIAN TUNNEL METHOD. Die zum Anfang im Text beschriebene Österreichische Tunnelbaumethode war sozusagen ein „Tunnelausbruch auf Raten", wo nicht nur viele Arbeitskräfte notwendig waren, sondern auch Unmengen an Pölzholz und Bruchsteinmauerwerk zum Einsatz kamen. Auch der natürliche Wasserandrang bei fertig gestellten Röhren bewirkte zum Teil massive Probleme wie Eiszapfenbildung in der kalten Jahreszeit, die mühsam wieder entfernt werden mussten. Hervorgerufen wurde das Phänomen durch den so genannten Firstregen. Alles in allem war diese Bauweise eine der gebräuchlichsten und war bei nahezu jedem anstehenden Gestein anwendbar. Aus der Österreichischen Tunnelbaumethode entwickelten die Österreichischen Ingenieure in den 1970er Jahren schließlich die weltweit anerkannte NATM – New Austrian Tunnel Method – die Neue Österreichische Tunnelbauweise, kurz NÖT genannt. Grundsätzlich verfolgt die neue Österreichische Tunnelbauweise das Prinzip des Vollausbruchs und der „Vernagelung" des anstehenden Gebirges. Dabei werden mittels spezieller Bohrwagen nach und nach Kalotten- und Strossenausbrüche hergestellt. Im Prinzip ist die Bauweise ähnlich der Alten, auch hier wird im Sprengvortrieb gearbeitet. Der entscheidende Unterschied jedoch besteht darin, dass nach der Sprengung der Ausbruchsbereich mit bewehrtem Spritzbeton gesichert wird und dass sofort im Anschluss spezielle zugkräftige Anker und Tunnelbögen versetzt werden. Damit erreicht man, dass das Gebirge sich selbst mit trägt und eine meterdicke Ausmauerung unterbleiben kann. Außerdem kann das Tunnelbauwerk bereits im Rohbau mit einem eigenen Stützgewölbe fertig gestellt werden. Die Innenschale selbst weist eine Stärke von nur mehr rund 30 cm auf. Noch vor der Herstellung der Tunnelausmauerung aus Stahlbeton wird eine Abdichtfolie eingebracht, die die zuvor beschriebenen Probleme mit dem Wasserandrang löst. In der Tunnelsohle werden dazu auch Drainagen angeordnet, die das anfallende Gebirgswasser ins Freie befördern. Die Neue Österreichische Tunnelbaumethode ist, wie schon einst ihre Vorgängerin, die gebräuchlichste und günstigste Bauweise für die Herstellung von Tunnelbauwerken im Sprengvortrieb. Österreichs Techniker ernteten Weltruhm für diese entwickelte Technologie. Der Österreichische Ingenieur Horst Pöchacker war übrigens maßgeblich an der Entwicklung der Neuen Österreichischen Tunnelbaumethode beteiligt und verhalf dieser Bauweise zu internationaler Anerkennung.

Die „Neue österreichische Tunnelbaumethode" sichert nach der Sprengung mit Spritzbeton, Ankern und Tunnelbögen die Ausbruchstelle.

SICHERHEIT HAT VORRANG. Von 2001 bis 2005 erfuhr der Tauerntunnel eine umfassende Modernisierung. Der Tunnel wurde um 180 m auf 8.731 m verkürzt und die Gleise mit festen Fahrbahnen ausgestattet. Das alte Nordportal des Tauerntunnels ist heute ein Baudenkmal; die Tauernbahn selbst führt einige Meter südlich davon vorbei.

Das Sicherheitsupgrading
für den Tauerntunnel

SICHERHEITSMASSNAHMEN. Der Betrieb von Eisenbahntunnels zählt zu den sichersten Formen überhaupt. Ganz im Gegensatz zu Straßentunnels, deren Sicherheit stark von äußeren Faktoren abhängt. Das sich jedoch auch in Tunnels mit einem der Schienenbahnen ähnlichen Betriebsform Katastrophen ereignen können, lehrt uns das Beispiel Kaprun, als am 11. November 2000 eine Garnitur des schienengebundenen Kitzsteinhorn Schrägaufzugs in Brand geriet und 199 Tote zu beklagen waren. Nur zwei Jahre zuvor ereignete sich auf der Tauernautobahn im Tauerntunnel ein folgenschwerer Auffahrunfall, der zwölf Menschen das Leben kostete und einen bis dahin unvergleichlichen Feuerwehreinsatz auslöste. Da war es auch nicht verwunderlich, dass der Eisenbahn-Tauerntunnel ob seines Alters und seiner Frequenz plötzlich im Fokus der zuständigen Behörden und Ministerien stand.

Tragische Tunnel-Unfälle bewirkten umfassende Sicherheitsmaßnahmen in dessen Verlauf der Tunnel sogar um 180 Meter gekürzt wurde.

Eine erste Maßnahme betraf die Änderung der Betriebsführung der Autoschleuse Tauernbahn. Eine weitere, nachhaltigere Maßnahme war das von 2002 bis 2005 durchgeführte Sicherheitsupgrading des damals noch 8.551 langen Tauerntunnels. Man dachte damals schon mehrere Jahre nach auch das zweite Streckengleis mit einer so genannten „Festen Fahrbahn" auszustatten. Ein Streckengleis erhielt eine solche bereits Anfang der 1990er Jahre. Die Vorteile lagen auf der Hand: Die Feste Fahrbahn ermöglichte den Einsatz von Waggons mit großen Eckhöhen, wie zum Beispiel Containertransporte oder Züge der Rollenden Landstraße. Vor dem Einbau der neuen Fahrbahn mussten Ecken aus der Tunnelwölbung augebrochen werden, um die notwendigen Höhen zu erreichen.

Der Umbau des Streckengleises löste eine größere Infrastrukturinvestition aus. Zwei Systeme der festen Fahrbahn wurden in der Folge erprobt. Nun stand auch der Umbau des zweiten Streckengleises an. Doch die Tunnelkatastrophe von Kaprun erforderte mehrere Umplanungen. Einerseits sollten mehrere zusätzliche Fluchtwege mit beleuchteten Handläufen im Tunnel angeordnet werden und andererseits waren neue, mit jenen der Einsatzkräfte kompatible Kommunikationsmöglichkeiten notwendig. Zusätzlich wurde auch die Möglichkeit einer Tunnelnotbelüftung geprüft. Das neue Projekt sah außerdem vor, dass die bestehenden Nischen im Tunnel vergrößert und neue eingebaut werden sollten. Auch Notrufsäulen und eine fixe Löschwasserleitung waren vorgesehen.

Nach dem Baubeginn im Jahre 2001 erfolgte der Einbau von vorproduzierten Stahlbetonfertigteilen mit den entsprechenden Befestigungsmitteln für die Schienen. Zuvor musste aber der gesamte alte Gleiskörper abgetragen werden. Dies erfolgte durch eine entsprechende Großbaumaschine mit weitgehend automatisierter Materiallogistik. Während der Bauarbeiten stellte sich aber heraus, dass das Gleisschotterbett nicht in der notwendigen Stärke vorhanden war. Nachträglich mussten noch Teile des Sohlgewölbes abgetragen werden, damit der benötigte Freiraum für die Verlegung der „Festen Fahrbahn" geschaffen werden konnte.

Der Tauerntunnel wird um 180 m kürzer

Ein weiterer Hauptbestandteil im Projekt war der Umbau des Bahnhofes Böckstein und die Verkürzung des Tauerntunnels um 180 m. Der Grund dafür lag darin, dass einerseits die Weichenbereiche im Südkopf des Bahnhofes komplett außerhalb des Tunnels liegen sollten und andererseits wurden großzügigere Radien verwendet, die eine durchgehende Geschwindigkeit von 110 km/h anstelle von 80 km/h ermöglichten. Zusätzlich zum Bahnhofsumbau erfolgte noch der Einbau eines elektronischen Stellwerks mit späterer Fernsteuerung durch die Fahrdienstleitung Mallnitz. Mit dem abgetragenen Erdreich wurde ein Lawinenschutzdamm im Bahnhof Böckstein errichtet.

Die Abtragung der Tunnelröhre und der Ausbau der alten Gleisanlagen im Tunnel erfolgten übrigens während einer fast dreiwöchigen Sperre des Tauerntunnels. Seit Vollendung des Tunnelabtrags und der Herstellung der neuen Gleisachsen beträgt die neue Länge des Tauerntunnels nur mehr 8.371 m. Seitdem steht das denkmalgeschützte ehemalige Nordportal des Tauerntunnels frei und der Bahnverkehr führt einige Meter südlich davon vorbei. Im Zuge des Sicherheitsupgradings des Tauerntunnels wurde die alte Bausubstanz renoviert und erstrahlt heute in neuem Glanz und beherbergt einen ganz besonderen Zug, den Rettungs- und Löschzug des Bahnhofes Böckstein.

Rettungs- und Löschzüge für die Tauernbahn

Die hohen Anforderungen an die Sicherheitstechnik sowohl im vorbeugenden als auch im abwehrenden Sinn veranlassten die ÖBB eine neue Generation von Rettungs- und Löschzügen auf der Tauernbahn einzusetzen. Die modular von den Firmen Rosenbauer und Dräger aufgebauten Container sind auf konventionellen Containertragwagen verladen und stehen seitdem für Ernstfälle bereit. Jeder Zug besteht aus einem Rettungs-, Mannschafts- und Löschmittelcontainer und wird von zwei Triebfahrzeugen bespannt. Dabei wurden vor der Beschaffung von geeigneten Fahrzeugen ältere Diesellloks der ÖBB-Reihen 2062 und 2043 verwendet.

Heute stehen dazu Triebköpfe der ehemaligen DB-Cargo Sprinter zur Verfügung, die nach deren Abstellung in Deutschland von den ÖBB gekauft und für ihren neuen Einsatzbereich adaptiert wurden. Feuerwehrfahrzeuge werden auf umgebaute ältere 8-achsige Niederflurwagen der Bauart Dultinger verladen. Zu diesem Zweck erhielten die örtlichen Feuerwehren von Badgastein, Mallnitz, Obervellach und Spittal eigene Feuerwehrfahrzeuge, mit kompletter Ausstattung für Tunneleinsätze. Insgesamt drei derartige Rettungs- und Löschzüge stehen in Böckstein, Mallnitz und Spittal/Millstättersee für eventuelle Ernstfälle bereit.

Insgesamt investierten die ÖBB über 65 Mio. Euro in das Sicherheitsupgrading des Tauerntunnels und weitere 10 Mio. Euro in feuerwehrtechnisches Equipment inklusive der Rettungs- und Löschzüge.

KAPITEL | BILDTEIL

© Christoph Posch

DAS SICHERHEITSUPGRADING FÜR DEN TAUERNTUNNEL

Das Sicherheitsupgrading der Tauernbahn mit den

Rettungs- & Löschzügen

Mit der Inbetriebnahme des Ochenig- und Kaponig-Tunnels und der geplanten sicherheitstechnischen Aufrüstung des Tauerntunnels wurden auch die Tunnelrettungskonzepte adaptiert. Insgesamt drei so genannte Tunnelrettungszüge wurden auf der Tauernbahn stationiert, je einer in Böckstein, Mallnitz und Kolbnitz. In Kolbnitz war übrigens die Feuerbereitschaft untergebracht. Dabei handelte es sich um einen motorbetriebenen Kleinwagen mit einem Wassertankanhänger, die bei kleineren Böschungsbränden zum Einsatz kamen.

Nach der Tunnelkatastrophe von Kaprun sollten neue Rettungs- und Löschzüge beschafft werden. Dabei war eines schnell klar: Die neuen Züge sollten aus konventionellen Waggons, ausgestattet mit verschiedenen Containern, bestehen und von geeigneten Triebfahrzeugen gezogen werden. So entstanden bis 2005 insgesamt fünf derartige Züge, die neu in Böckstein, Mallnitz, Spittal/Millstättersee sowie in Villach für den Karawankentunnel und in Bludenz für die Westrampe der Arlbergbahn stationiert wurden. Fast 10 Mio. Euro investierten die ÖBB in die neuen Züge, die aus einem Rettungs-, Mannschafts- und Löschmittelcontainer bestehen. Nur der Bludenzer Zug verfügt zusätzlich noch über einen Feuerwehrgerätecontainer. Bei den restlichen vier Zügen ist das nicht notwendig, da diese auch Feuerwehrfahrzeuge mitführen. Bespannt werden die Rettungs- und Löschzüge der Tauernbahn mit modernen Triebfahrzeugen, der Bauart „Cargo Sprinter", die gebraucht von der Deutschen Bahn übernommen wurden.

Die Rettungs- und Löschzüge sind so ausgelegt, dass auch Feuerwehrfahrzeuge verladen werden können. Insgesamt acht Einsatzfahrzeuge und technisches Gerät wurden den Salzburger und Kärntner Feuerwehren zur Verfügung gestellt.

Insgesamt drei Rettungs- und Löschzüge sind auf der Tauernbahn stationiert. Je ein Rettungs-, Mannschafts- und Löschmittelcontainer sowie zwei Niederflurwaggons, welche die Feuerwehrfahrzeuge befördern, sind Bestandteil dieser Züge. Bedient werden die Fahrzeuge einerseits von den einzelnen Feuerwehreinheiten und andererseits von der ÖBB-Betriebsbrandschutzgruppe Tauern Süd. Geübt wird mehrmals pro Jahr, Einsatzübungen finden nur während Streckensperren statt.

Der Tauerntunnel wurde im Rahmen des Sicherheitsupgradings um 180 m verkürzt und misst heute nur mehr 8.371 m. Das gesamte Abtragsmaterial wurde für einen Lawinenschutzdamm für den Bahnhof Böckstein verwendet. Das alte Nordportal steht unter Demkmalschutz und wurde im Anschluss an die Bauarbeiten restauriert.

Vor dem Abtrag des Geländes musste das Baufeld gerodet werden. Erst danach wurde mit großen Baggern über 250.000 m³ Erdreich und Fels abgetragen. Zweck der Tunnelverkürzung war, den Bogenradius aus dem Tunnel in den Bahnhof Böckstein zu entschärfen. Die Züge können seither anstelle mit 80 km/h mit bis zu 110 km/h aus dem Tunnel fahren.

Nachdem die Bagger die alte Tunnelröhre erreichten wurde das oft über eineinhalb Meter starke Mauerwerk mit hydraulischen Meiseln Stück für Stück abgetragen.

Bevor das neue (*provisorische*) Streckengleis verlegt wurde, musste der Unterbau der neuen Freilandstrecke vorbereitet werden. Erst danach wurden das Schotterbett aufgetragen sowie Schwellen und Schienen verlegt.

HARTER JOB.
Der Gleisbau ist ein harter Job für die Baumannschaften. Jedoch der Abtrag der Gleise im Tauerntunnel in einer Zeit von nur zehn Tagen verlangte von Mensch und Maschine einiges ab. 100 Jahre zuvor mussten die Bauarbeiter beim Bahnbau nahezu ohne Hilfe von Maschinen die Gleise im Tauerntunnel verlegen.

Die Zeit einer mehrwöchigen Streckensperre wurde zur Umsetzung umfangreicher Bauarbeiten intensiv genutzt. Nach dem Tunnelabtrag musste ein Streckengleis provisorisch neu verlegt und elektrifiziert werden.

Die feste Fahrbahn im Tauerntunnel besteht aus aneinander gereihten Stahlbetonplatten die mit einem speziellen Beton vergossen wurden. Die Platten selbst verfügen bereits über die Befestigungsmittel für die Schienen.

Nach dem Verschweißen der Schienen müssen diese auf ihr endgültiges Profil geschliffen werden. Dazu kommen eigene Schleifzüge der italienischen Firma Speno zum Einsatz.

EISENBAHNDREHKRÄNE.
Im Zuge des Sicherheitsupgradings des Tauerntunnels wurden auch die Tragwerke der alten Seebach-Brücke in der Nähe des Südportals ausgewechselt. Die beiden neuen geschweißten Stahltragwerke verfügen über ein durchgehendes Schotterbett. Durch diese spezielle Konstruktion werden die Lärmemissionen so gering wie möglich gehalten. Eingebaut wurden die beiden Tragwerke, die übrigens per Bahn angeliefert wurden, mit zwei Eisenbahndrehkränen.

KAPITEL 4

Der zweigleisige

Ausbau

STAHLBETONBOGENBRÜCKEN. Der Zweigleisige Ausbau der Tauernbahn Südrampe wurde 1969 gestartet. Notwendig wurden die Bauarbeiten durch den immer schlechteren Erhaltungszustand der Brücken, Viadukte und Tunnels. Gegenüber dem Ausbau der Bestandsanlagen wurde der großzügige Neubau fast der gesamten Trasse der Südrampe bevorzugt. So entstanden ab 1969 die großen Stahlbetonbogenbrücken, die heute das Wahrzeichen der modernen Tauernbahn darstellen. Die 396 m lange Falkensteinbrücke ist die Längste und überbrückt den Gratschacher und Leutschacher Graben. Die 1043.007 zieht ihren Güterzug bergwärts und wird am Zugschluss von einer 1042 als Nachschiebelok unterstützt.

© Christoph Posch

Von den Anfängen des **zweigleisigen Ausbaus**

ENORMER TRANSPORTZUWACHS. Die Tauernbahn wurde als eingleisige Hauptbahn erster Ordnung errichtet. Lediglich die Scheitelstrecke zwischen Mallnitz und Böckstein inklusive des Tauerntunnels wurden zweigleisig ausgeführt. Nur dem großen Weitblick der Projektanten und des Erbauers Dr. Ing. Carl Wurmb ist es zu verdanken, dass dieser 11,8 km lange Abschnitt bereits zweigleisig geplant und errichtet wurde. Heute, nach über 100 Jahren Betrieb, wird diese Infrastruktur noch immer von allen Zügen genutzt. Besonders die langen eingleisigen Rampenstrecken sorgten im Laufe der Zeit für immer größere betriebliche Probleme. Die Kapazitätsgrenze schien in vielen Abschnitten der Tauernbahn in den 1960er Jahren erreicht. Zur Zeit des „Wirtschaftswunders" profitierte auch die Tauernbahn von den gestiegenen Transportströmen,

Dank weiser Vorausschau des Erbauers konnte der zweigleisige Ausbau in den 1970er Jahren rasch vorangetrieben werden. Bei Neubaustrecken waren allerdings Spitzenleistungen gefragt.

vor allem in Richtung Norden zu den Balkanstaaten. Die Zugsgewichte wurden immer schwerer und auch die Länge der Züge beeinflusste die Betriebsabwicklung negativ. Ein weiteres infrastrukturelles Problem verschärfte zu Beginn der 1960er Jahre die Situation: Viele Langsamfahrstellen mussten ob des hohen Alters der Kunstbauten und Gleisanlagen eingerichtet werden. Dadurch wurde die Streckenkapazität immer mehr eingeschränkt, was natürlich negative Auswirkungen auf den gesamten Bahnverkehr entlang dieser Achse hatte.

Auch der Erhaltungszustand der Ausmauerungen der eingleisigen Tunnel war zu dieser Zeit extrem schlecht. Die Mörtelfugen waren großteils ausgemergelt und die Ausmauerungssteine drohten abzubrechen. Und so wurden erste Studien angestellt, die Tauernbahn

© Gerald Kowarik

Die 377 m lange Pfaffenberg-Zwenberg-Brücke ist die weitest gespannte Stahlbetonbogenbrücke Europas mit einer Bogenspannweite von 200 m. Sie war am 5.7.2009 das Photomotiv vom Fahrdienstleiter und Historiker Gerald Kowarik.

zweigleisig auszubauen. Besonders auf der Südrampe waren die Techniker mit einem weiteren Problem konfrontiert. Ursprünglich sollte die Tauernbahn mit Gleisbögen mit einem Mindestradius von 250 m ausgestattet werden. Tatsächlich wurden 25 % der Bahnachse mit Radien zwischen 235 und 300 m ausgeführt. Diese Tatsache beeinflusste nachhaltig die zu fahrenden Höchstgeschwindigkeiten nach der Elektrifizierung. Weite Teile der Tauernbahn konnten nur mehr mit 50 – 70 km/h im Maximalfall befahren werden. Fahrzeitverkürzungen infolge der Erhöhung der Betriebsgeschwindigkeit waren nicht möglich.

Der ÖBB-Vorstand beauftragte schließlich die damalige ÖBB-Baudirektion mit der Ausarbeitung eines Investitionsprogramms zum teilweisen zweigleisigen Ausbau beider Rampenstrecken.

In den Studien wurden schließlich zwei mögliche Varianten der Ausführung des zweigleisigen Ausbaus behandelt:

- *Bestandsnaher Ausbau in weiten Teilen der Rampenstrecken und eingleisige Umfahrung von trassierungstechnisch schwierigen Streckenteilen.*

- *Großzügiger Neubau zur Umfahrung von engen Gleisbögen mit einer dementsprechenden Verkürzung der Streckenlänge und mit steilen Rampenstrecken.*

Große Teile der Nordrampe hätten demnach durch die einfache Zulegung eines zweiten Gleises ausgebaut werden können. Größere Neubauten wären nach den Projektstudien nicht notwendig gewesen. Auf der Scheitelstrecke wären keine Verbesserungen der Linienführung notwendig gewesen. Wesentlich aufwändiger gestaltete sich die Projektentwicklung auf der Südrampe. Durch das großteils unzugängliche Gelände und durch die schwierige Trassierung wäre ein Zulegen eines zweiten Streckengleises nahezu unmöglich. Untersucht wurde weiters auch die Errichtung von eingleisigen Umfahrungen der engen Gleisbögen in unzugänglicher Topographie. Die eingleisige Streckenführung hätte demnach noch länger, also bis zur Sanierung der Brücken und Viadukte beibehalten werden müssen. Schon bald aber stellte sich heraus, dass die Südrampe nur mit größtem technischen Aufwand hätte ausgebaut werden können. Die Machbarkeitsstudien ergaben letztlich, dass die Errichtung einer zweigleisigen Neubaustrecke zur Umfahrung der schwierigen Streckenteile zu bevorzugen sei. Eines der technisch anspruchsvollsten Neu- und Ausbauvorhaben in der österreichischen Eisenbahngeschichte der ÖBB nahm seinen Lauf.

Die erste Phase des zweigleisigen Ausbaus der Tauernbahn

Am 1.3.1969 begannen schließlich die ersten Bauarbeiten für die 1.451 m lange zweigleisige Umfahrung „Pfaffenberg-Zwenberg". Folgende Ausbauschritte waren in der Erstphase geplant:

Umfahrung Pfaffenberg-Zwenberg

Als erstes Bauvorhaben wurde gleich eines der anspruchsvollsten Projekte in Angriff genommen. Der extrem schlechte Erhaltungszustand des alten Pfaffenberg-Zwenberg Viadukt sollte durch eine insgesamt 1.451 m lange Neubaustrecke ersetzt werden. Das Herzstück dieses Bauvorhabens stellt aber ein ganz besonderes Bauwerk dar: die 377 m lange Pfaffenberg-Zwengberg-Brücke, welche in einer Höhe von 110 m den gleichnamigen Graben überspannt. Sie gilt auch heute noch als das kühnste und eindrucksvollste Bauwerk der ÖBB und ist europaweit die größte Stahlbeton-Bogenbrücke für den Bahnverkehr. Ihre Ausmaße sind gigantisch und wurden von keiner neuen Stahlbeton Bogenbrücke getoppt.

Sie besteht aus einer östlichen und einer westlichen Vorlandbrücke und einem 200 m weit gespannten Stahlbetonbogen, der sich selbst 50 m in die Höhe wölbt. Die beiden Streckengleise wurden auf einem 45 cm starken Schotterbett verlegt.

Als Tragkonstruktion dient dazu eine so genannte Plattenbalkenkonstruktion. Eine weitere Besonderheit im Rahmen der Errichtung der Stahlbeton-Bogenbrücke ist das Cruciani-Lehrgerüst, eine Hilfskonstruktion, mit der die Bautechniker den Bogen der Brücke überhaupt erst errichten konnten. Bislang fand das Cruciani Lehrgerüst nur im Straßenbau Verwendung. In einem späteren Kapitel wird diese Hilfskonstruktion genauer betrachtet.

Um den Bau rasch umsetzen zu können mussten auch Kräne errichtet werden. Doch das weit gespannte Tal, das es zu überbrücken galt, konnte mit herkömmlichen Kränen nicht erreicht werden. Eingesetzt wurden hier und auch bei nahezu allen anderen neuen großen Brücken der Tauernbahn zwei große Kabelkräne. Die Stahltragseile wurden auf eigenen Stützen am östlichen und

Die Lindischgraben-Brücke misst 283 m und wurde am 3.11.1977 fertig gestellt. Unter dem Bogenscheitel ist Obervellach zu sehen. Die Brücke selbst wurde an einem schönen Julitag im Jahr 1990 von einer 1044 mit einem Regionalzug überquert.

BAUDENKMAL. Nachdem die neue Falkensteinbrücke am 13.7.1974 in Betrieb genommen wurde, verlor die alte Trasse den gesamten Bahnverkehr. Die Gleise wurden anschließend demontiert. Am Bild sind der Gratschacher-Viadukt und der Falkenstein Tunnel im Juli 1990 zu sehen.

westlichen Ende der Brückenbaustelle über den ganzen Graben gespannt. Den eigentlichen Kran stellt eine mit Seilwinden ausgestatte Laufkatze dar. Horizontale Bewegungen konnte der Kabelkran mit einem Zugseil, ähnlich jenem von Seilbahnen, ausführen. Im restlichen Baustellenbereich mussten noch zahlreiche weitere Kunstbauten wie Stütz- und Futtermauern sowie eine Überbrückung einer Gemeindestraße errichtet werden. Durch die neue Umfahrung wurden nicht nur das Pfaffenberg-Zwenberg Viadukt, sondern auch zwei eingleisige Tunnels funktionslos. Insgesamt beträgt die Linienverkürzung rund 345 m. Das erforderte auch eine Anhebung der Längswiegung in diesem Abschnitt der Tauernbahn.

Umfahrung Falkenstein

Gleich im Anschluss an die Umfahrung Pfaffenberg-Zwenberg in Richtung Mallnitz erfolgte im Juli 1971 der Startschuss für die 1.140 m lange Umfahrung Falkenstein. Auch hier ist eine Stahlbeton Bogenbrücke das zentrale und dominierende Bauwerk. Die 396 m lange Brücke ist zwar um knapp 20 m länger als die Pfaffenberg-Zwengberg-Brücke, aber im Gegensatz zu ihr mit zwei Stahlbetonbögen ausgestattet. Die beiden Bögen mit einer Spannweite von 120 m und 150 m überspannen in einer Höhe von 75 m den Gratschacher- und den Leutschacher Graben. Zusätzlich mussten auch hier jeweils eine westliche und eine östliche Vorlandbrücke errichtet werden. Auch bei der Falkensteinbrücke wurden Lehrgerüste des Systems Cruciani verwendet.

Zusätzlich zur Brücke mussten ebenfalls mehrere Kunstbauten wie Stütz- und Futtermauern mit einer Gesamtlänge von 525 m und eine Güterwegüberführung errichtet werden. Für einen optimalen Schutz vor Lawinen sorgt eine 98 m lange Lawinenschutzgallerie. Sowohl die Umfahrung Pfaffenberg-Zwenberg als auch die Umfahrung Falkenstein ermöglichten durch ihre Trassierung eine Steigerung der Höchstgeschwindigkeit von 60 km/h auf 90 km/h. Die Streckenlänge verkürzte sich um 525 m.

Das bedingte auch eine Erhöhung der Längsneigung in diesem Abschnitt von 26,5 auf 28,3 Promille. Insgesamt konnten 1.560 m Tunnelstrecken und 183 m Brückentragwerke aufgelassen werden. Die Ausbauabschnitte Pfaffenberg-Zwenberg und Falkenstein erforderten 148.000 m³ Erd- und Felsbewegungen. Über 57.000 m³ Beton wurden verarbeitet und mit 1.900 t Bewehrungsstahl versehen. Die ÖBB investierten damals rund 177 Mio. Schilling.

Umfahrung Lindisch

Als nächstes Bauvorhaben wurde noch im November 1973 mit der 1.070 m langen Umfahrung Lindisch begonnen. Dieses Baulos ist geprägt durch die besonderen topographischen Verhältnisse. In den besonders steilen Abhängen in diesem Abschnitt mussten mit Stütz- und Futtermauern die Freiräume für die neue zweigleisige Bahntrasse geschaffen werden. Als dritte große Stahlbetonbogenbrücke wurde hier als zentrales Bauwerk in diesem Abschnitt die 283 m lange Lindischgraben-Brücke errichtet. Der Bogen weist eine Stützweite von 154 m auf und wurde auch im System Cruciani eingerüstet. Die Pfeiler der Vorlandbrücken und am Brückenbogen weisen maximale Höhen von 35 m auf. Der Bauabschnitt Umfahrung Lindisch bestand aus den Teilbereichen Moserrinne, Telegraphensteig, Lindischgraben-Brücke und Kofelwand. Unmittelbar an die Umfahrung Falkenstein anschließend wurde in der Moserrinne eine neue, vorerst 112 m lange Stahlbetonbrücke errichtet. Wegen ungünstiger Bodenverhältnisse und geologischer Probleme, hervorgerufen durch die notwendigen Sprengungen musste die Moserrinnenbrücke auf insgesamt 150 m verlängert werden. Die Stahlbetonbauwerke mussten mit Ankern und dergleichen zusätzlich gesichert werden. Bedingt durch die topographischen Verhältnisse war an eine Ausführung nur mit Stütz- und Futtermauern nicht zu denken. Westlich der Lindischgraben-Brücke schließt der Abschnitt Kofelwand an. Eine besondere Schwierigkeit im Abschnitt Kofelwand

© Christoph Posch

LINDISCHGRABEN-BRÜCKE. Die zehn von 1971 – 1973 gebauten schwedischen Thyristorloks der Reihe 1043 verbrachten fast ihre gesamte Einsatzzeit auf der Tauernbahn. Der harte Betriebsdienst auf den langen Rampenstrecken setzte den Maschinen sehr zu, bis sie Anfang der 1990er Jahre auf andere Bahnlinien in Kärnten und Osttirol abwanderten. Die 1043.010 war im Juli 1990 mit einem PKW-Ganzzug in Richtung Villach unterwegs.

bestand zusätzlich darin, dass sämtliche Bauarbeiten während aufrechtem Bahnbetrieb umgesetzt werden mussten. Zuerst wurden die talseitigen Teile der Hangbrücken fertig gestellt und dann die Linie der Gleisache ebenfalls dorthin gelegt. Erst danach wurden die Arbeiten am bergseitigen Teil durchgeführt.

Zur Herstellung der neuen Trasse waren umfangreichen Abtragungen von Fels und der alten gemauerten Kofelwandgallerie notwendig. Felserkundungen im Anschluss an diese Arbeiten hatten außerdem ergeben, dass die Kofelwand durch eine große Kluft im Fels äußerst instabil war. Mit Stahlbetonbalken und 41 Stück 70 t Ankern wurde dieser Bereich gesichert, also die Kofelwand quasi an den gewachsenen, standfesten Fels „angenagelt". Des weiteren mussten zwei Lawinenschutzgallerien mit einer Länge von 31 m und 64 m errichtet werden. Die Dächer sind wie jene in Falkenstein pultförmig und mit einem großen Überhang ausgebildet. Zusätzlich wurden 430 m lange Steinschlag und Lawinenleitwerke (*Palisaden*) errichtet.

Für die Umfahrung Lindisch wurden rund 170 Mio. Schilling investiert, also annähernd gleich viel wie die Baulose Pfaffenberg-Zwenberg und Falkenstein zusammen. Rund 53.200 m³ Beton und 1.220 t Betonstahl mussten verarbeitet werden.

Umfahrungen

	Baubeginn	Inbetriebnahme
Umfahrung Pfaffenberg-Zwenberg	1. 3. 1969	3. 8. 1971
Umfahrung Falkenstein	Juli 1971	9. 7. 1974
Umfahrung Lindisch	Nov. 1973	Juli 1978

Hier konnte die Höchstgeschwindigkeit von 60 km/h auf 90 km/h angehoben werden. Durch die Verkürzung der Streckenlänge von 74 m erhöhte sich die maximale Längsneigung von 25,9 auf 27,3 Promille. Während alle anderen Bauabschnitte stufenweise zweigleisig in Betrieb genommen wurden, erfolgte die Zulegung des zweiten Streckengleises im Anschluss an die Lindischgraben-Brücke erst gegen Ende der 1990er Jahre.

Projekt zur Umfahrung Kaponig

Im Anschluss an die Umfahrung Lindisch wurde von den Planern bereits eifrig an einer Fortsetzung in Richtung Kaponig projektiert. Auch hier sollten die Gebirgsvorsprünge auf rund 2,4 km umfahren und der Kaponiggraben durch eine weit gespannte Stahlbeton-Bogenbrücke überbrückt werden. Nach Projektstudien hätte die 485 m lange Kaponiggraben-Brücke der Pfaffenberg-Zwenberg-Brücke den Rang der europaweit größten Bogenbrücke abgelaufen.

Ihr Bogen hätte mit einer unglaublichen, maximalen Spannweite von 240 m den Kaponiggraben überspannt. Ihr Scheitel wäre in einer Höhe von 190 m über der Talsohle gelegen. Doch so weit sollte es nicht kommen. Das Projekt Umfahrung Kaponig wurde in dieser Form nicht ausgeführt und eine Realisierung zu Gunsten anderer Ausbauabschnitte, vornehmlich auf der Nordrampe, zurückgestellt. In insgesamt neun Jahren Bauzeit wurden die drei imposantesten Brückenbauwerke der Tauernbahn-Südrampe und die drei wichtigen Umfahrungsbereiche fertig gestellt. Die alten eingleisigen Streckenbereiche konnten aufgelassen werden und ein neuer, hochqualitativer Verkehrsweg geschaffen werden. Insgesamt 55 % der eingleisigen Tunnellänge der Tauernbahn-Südrampe wurden durch die großen Umfahrungen aufgelassen.

DER ZWEIGLEISIGE AUSBAU

© Kajetan Steiner, Christoph Posch, Robert Fischer

Mit der Entwicklung von Mehrsystemloks ist auch der internationale Einsatz von Lokomotiven anderer Bahnen an der Tagesordnung. Am Bild zu sehen ist die italienische Viersystemlok E 412.012 am 17.7.2007 mit einem Güterzug beim Danielsberg.

An einem kalten Wintertag im Jahre 1992 bespannt die 1044.227 den EC 10 Mimara auf der Fahrt in Richtung Mallnitz. Der zweigleisige Betrieb zwischen Spittal/Millstättersee und dem Bahnhof Pusarnitz wurde bereits am 29.5.1970 aufgenommen.

Im Zuge einer Sonderfahrt befuhr das einstige „Paradepferd" der Deutschen Bundesbahn, eine Schnellfahrlok der Reihe 103, mit einem Sonderzug die Tauernbahn. Robert Fischer lichtete den „Nostalgie-Rheingold" mit der 103.184 am 6.9.2009 auf der Kaponiggraben-Brücke ab.

© Peter Lütters

BURG NIEDERFALKENSTEIN. Die 396 m lange Falkensteinbrücke ist wohl das bekannteste Bauwerk der modernen zweigleisigen Tauernbahn. Von der alten Trasse, vom Gratschacher-Viadukt aus, bietet sich eine herrliche Perspektive auf die Burg Niederfalkenstein, die genau unterhalb des Bogenscheitels über den Gratschacher-Graben zu sehen ist. Erreicht wird die Photostelle nach einer kleinen Wanderung auf der alten Trasse, vorbei an einem Wächterhaus durch den alten Falkensteintunnel. Am 5.7.2009 überquerte der modernste ÖBB-Zug, der Railjet, die Falkensteinbrücke.

railjet
railjet
railjet

PANORAMABLICK. Vom gegenüber liegenden Berghang bietet sich diese schöne Aussicht auf die Tauernbahn mit der Falkensteinbrücke. Sehr gut erkennt man rechts den Gratschacher- und links den Leutschacher Graben.

▲ Der Stahlbetonbogen wurde mit einem Lehrgerüst im System Cruciani eingerüstet. Die Einzelteile des Gerüstes wurden mit einem Kabelkran regelrecht eingeschwebt. Der Kabelkran leistete später auch beim Betonieren der Brücke wertvolle Hilfe.

▲ Welche gigantischen Ausmaße die Brücke hat zeigt dieses Foto. Bevor der Bogen gebaut werden konnte, mussten die Widerlager für den Bogen und die Vorlandbrücken im Berg verankert werden. Erst nach Fertigstellung des Bogens und der Stützpfeiler konnte die waagrechte Tragkonstruktion der Fahrbahn in Angriff genommen werden.

▲Für die Belastungsprobe der neuen Pfaffenberg-Zwengberg-Brücke waren zwei Loks der Reihe 2043 und insgesamt sieben beladenen Schotterwagen notwendig. Nur einen Tag später, am 30.7.1971 wurde der Bahnbetrieb über die erste und zugleich größte Stahlbetonbogenbrücke der Tauernbahn aufgenommen.

ERSTER NEUBAUTUNNEL. Nach dem zweigleisigen Ausbau im Gasteinertal zwischen Klammstein und der Haltestelle Bad Hofgastein begannen im Oktober 1988 die Vortriebsarbeiten für den ersten Neubautunnel der Tauernbahn, dem 270 m langen Untersbergtunnel, der seinen 179 m langen Vorgänger im Oktober 1989 ablöste. Die Vortriebsarbeiten erfolgen nach der neuen Österreichischen Tunnelbaumethode.

Der zweigleisige **Ausbau** beginnt auch im Norden

SALZBURG/KÄRNTEN – DIE TAUERNANBINDUNG. Bereits Ende 1975 begannen die ersten Arbeiten für den zweigleisigen Ausbau der Tauernbahn Nordrampe im Gasteinertal. Anders als im Süden konnten im relativ leichten und flacheren Gelände im unteren Abschnitt die Ausbauarbeiten bestandsnah ausgeführt werden. Trotzdem waren auch hier viele Böschungssicherungsmaßnahmen erforderlich.

Der zweigleisige Ausbau der Tauernbahn gestaltete sich unterschiedlich: An der Nordrampe relativ einfach, an der Südrampe dafür äußerst kompliziert.

Folgende Abschnitte waren für eine erste Etappe des zweigleisigen Ausbaus der Nordrampe vorgesehen:

- Klammstein – Betriebsausweiche Unterberg
- Betriebsausweiche Unterberg – Dorfgastein
- Dorfgastein – Bad Hofgastein
- Bad Hofgastein – Bad Hofgastein Haltestelle – Abzweig. Steinbach

Zuerst in Angriff genommen wurde der technisch aufwändigste 3 km lange Abschnitt zwischen Bad Hofgastein und der Abzweigung Steinbach. Als Trassierungsparameter wurden Radien von 450 m ausgewählt, die Geschwindigkeiten bis zu 90 km/h zulassen. Durch den bestandsnahen Ausbau war auch der Bahnbetrieb beeinträchtigt und so arbeiteten sich die Baumannschaften abschnittsweise vor. Sämtliche Bauarbeiten wurden übrigens bei laufendem Bahnbetrieb Abschnitt für Abschnitt durchgeführt.

Dem zweigleisigen Ausbau (*hier kann man im Gegensatz zur Südrampe von Ausbau sprechen, die Südrampe musste ja großteils neu gebaut werden*) fielen allerdings die für die Nordrampe charakteristischen, gemauerten Wegüberführungen zum Opfer, da die Durchfahrtsbreite nur für eine Gleisachse gegeben war. Ersatz boten Stahlbetonbrücken. An weiteren Kunstbauten waren 16 Durchlässe mit 2,5 und 6 m lichter Weite erforderlich. Insgesamt mussten 710 m Stütz- und Futtermauern errichtet werden. Teilweise mussten auch an den Böschungsfüßen Futtermauern errichtet werden, die ein Abrutschen der Schüttungen verhinderten. Als herausragendstes Bauwerk entstand anstelle der alten eine neue Brücke über den Wiedneralpbach mit

WENIG PLATZ.
Die neue zweigleisige Trasse musste mühsam im unwegsamen Gelände mit Stütz- und Futtermauern errichtet werden. Die steil abfallenden Berghänge ließen einen einfachen Ausbau nicht zu. Teilweise mussten sogar Hangbrücken errichtet werden wie hier im Mölltal bei Kolbnitz.

einer Stützweite von 15 m. Im 3 km langen Rampenbereich waren auch umfangreiche Erdbauarbeiten notwendig. Herausforderungen an die Baumannschaften stellte der wasserführende Boden. Bis zu 6.000 m^3 torfhältiger Boden musste ausgewechselt werden. Für die Entwässerung erfolgte der Einbau von Tiefendrainagen, so genannter Horizontalfilterbrunnen mit Tiefen von bis zu 13 Metern. Wasserführende Schichten – die beim Abtrag zu Tage kamen – mussten gefasst und das austretende Hangwasser mit künstlich angelegten Gerinnen abgeleitet werden.

Als zweite Etappe nahmen 1977 die ÖBB den 5.480 m langen Abschnitt zwischen zwischen Bad Hofgastein und Dorfgastein in Angriff. Aufgrund der Topographie und des ausnahmsweise leichten Geländes konnten große Neutrassierungen entfallen. Bis 1979 dauerten die Arbeiten für die Zulegung des zweiten Streckengleises. Gleich im Anschluss an dieses Baulos begannen die Bauarbeiten noch 1979 für den dritten und letzten Ausbauabschnitt. Im 3.260 m langen Baubereich von Dorfgastein nach Unterberg, dauerten die Ausbauarbeiten nur zwei Jahre. An größeren Kunstbauten wurde eine Überfahrtsbrücke über die Bahn und die so genannte Maierhofer-Achenbrücke errichtet. Die Betriebsaufnahme erfolgte noch im Jahr 1981. Gleichzeitig begannen die Planungen für weitere herausragende Baulose der Nordrampe, die bis zum heutigen Tag noch nicht in Angriff genommen worden sind. Einerseits waren die zweigleisigen Ausbauten in diesen Abschnitten (*noch*) nicht zwingend erforderlich und andererseits erfolgten aus verschiedenen Gegebenheiten Neuplanungen von größeren Tunnelbauobjekten.

Der folgende Abschnitt Unterberg bis zur Haltestelle Klammstein sollte gleich im Anschluss errichtet werden. Die tatsächliche Bauausführung startete jedoch erst 1990. Die Bauarbeiten beschränkten sich nicht mehr mit der reinen Zulegung eines zweiten Streckengleises sondern hier erfolgte ein größerer Eingriff in die Linienführung. Herausragend war neben den umfangreichen Erdarbeiten auch ein großer Felsabtrag beim Unterberg.

Erst dadurch gewann man den nötigen Platz um die nach modernen Trassierungselementen geplante Bahnstrecke einzubetten.

Ein „Überwerfungsbauwerk" und der erste Neubautunnel

Der erste Anstieg vom Ausgangspunkt der Tauernbahn, Schwarzach/St. Veit gestaltet sich besonders schwierig. Einerseits behinderte das enge Salzachtal großzügigere Ausbauvorhaben und andererseits erforderten die steil abfallenden Berghänge kreative Konstruktive und zahlreiche aufwändige Kunstbauten. Ein ganz besonderes Bauwerk befindet sich gleich hinter Schwarzach/St. Veit in der ersten Steigung in Richtung Tauern-Hauptkamm. Während auf der Talsohle die zweigleisige Gisela Bahn, die heutige Westbahn sich ins enge Salzachtal zwängt, blieb für die Nordrampe der Tauernbahn nur sehr wenig Platz übrig. Die Bahnbauer von damals legten die Trasse auf einen Freiraum, der mit Stütz- und Futtermauern gewonnen werden konnte. Aber für die Zulegung eines zweiten Streckengleises reichte das aber nicht aus. Der zweigleisige Ausbau schien hier ins Stocken zu geraten.

Als Lösung des Problems wurde hier ein ganz besonderes Bauwerk errichtet: Das aufwendige Überwerfungsbauwerk Salzachtal. Dabei wurden die Köpfe der bestehenden Stützmauern soweit abgetragen, dass darauf ein System aus Plattenbalken und Kragplatten errichtet werden konnte. Damit konnte ein Teil der neuen Trasse gewissermaßen über die Gleise der Westbahn gelegt werden. Bergseitig mussten die Abhänge und die bestehenden Futtermauern abgetragen und neue Mauern aus Stahlbeton errichtet werden. Sämtliche bestehenden Stützmauern wurden saniert und mit Betonriegel und Ankerwänden vernagelt und verstärkt.

Gleich hinter dem technisch aufwändigen Überwerfungsbauwerk schließt ein weiterer anspruchsvoller Ausbauabschnitt an: Der erste Neubautunnel der Tauernbahn Nordrampe, der 270 m lange Untersbergtunnel, der den alten gleichnamigen, 179 m langen und eingleisigen ersetzt. Das Bauwerk wurde als erstes nach der Neuen Österreichischen Tunnelbaumethode errichtet.

ÜBERWERFUNGSBAUWERK. In Schwarzach/St. Veit, dem Ausgangspunkt der Tauernbahn im Norden treffen sich die alte West- (*Gisela*-) und die Tauernbahn. Auch hier war der zweigleisige Ausbau nicht einfach zu bewerkstelligen. Infolge Platzmangels konnten keine Stützmauern errichtet werden. Ein 240 m langen Überwerfungsbauwerk über der Trasse der Westbahn musste zuerst errichtet werden, um dann Platz für die beiden neuen Gleise zu erhalten.

Das Ausbruchmaterial wurde gleich im Anschluss gegen Norden in einer riesigen Dammschüttung eingebaut, die bereits für einen späteren Doppelspurausbau vorbereitet wurde. Aber nicht nur im Norden wurde fleißig weitergebaut, sondern auch im Süden nahmen die Baumannschaften weitere Abschnitte in Angriff.

Zweigleisig von Kolbnitz bis zur Abzweigung Lindisch

Während der gesamten 1980er Jahre erfolgten auch auf der Südrampe umfangreiche Bahnausbauten. Die besondere Schwierigkeit ob des äußerst unwegsamen hochalpinen Geländes setzte sich fort. Während die zweigleisige Neubaustrecke bereits vom Bahnhof Penk bis zur Abzweigung Lindisch auf der vorbereiteten Trasse bei der Kofelwand in Betrieb standen, begannen die Ausbauvorhaben für den nächsten Abschnitt vom Bahnhof Penk talwärts zum Rückenbach Graben, der vom 179 m langen Rückenbach-Viadukt, einer Stahlfachwerkbrücke die mit gemauerten Vorlandbrücken überbrückt wurde. Aber nicht nur der Rückenbach-Viadukt wurde durch Stahlbetonbogenbrücken ersetzt sondern auch der Mölltheuergraben-Viadukt und der Litzelsdorfer-Viadukt. Auch der Zweniggraben-Viadukt wurde im Zuge des zweigleisigen Ausbaus durch ein modernes Bauwerk ersetzt. Im wesentlichen wurden die genannten Bauwerke durch Umfahrungen, wie wir sie vom Ausbau zwischen Penk und der Abzweigung Lindisch kennen, ersetzt. Ebenso funktionslos wurden eine Reihe von eingleisigen Tunnels, die man gemeinsam mit den alten Steinbogenviadukten auch heute noch neben der Tauernbahn als Baudenkmäler sehen kann. Die gesamte Trasse führt hier in diesem Abschnitt durch eine besonders

Wie wenig Platz für den zweigleisigen Ausbau auf den Rampenstrecken vorhanden war zeigt dieses Photo aus dem Bereich Kolbnitz. Von Ausbau kann man hier eigentlich nicht mehr sprechen, es handelt sich hier weitgehend um einen Neubau fast der gesamten Bahntrasse.

Bereits am 26.9.1977 wurde der Abschnitt von Bad Hofgastein bis zur Haltestelle Bad Hofgastein in Betrieb genommen. Lediglich hier und beim Nachbarabschnitt nach Dorfgastein kann man von einem Ausbau sprechen, da das relativ ebene Gelände keine größeren Kunstbauten erforderte.

schöne Landschaft, vom hochalpin gelegenen Penk beginnend, vorbei am Danielsberg bis zum Rückenbachgraben. Auch hier wurde die neue zweigleisige Bahn völlig neu trassiert und mit Stütz- und Futtermauern dem steilen Gelände angepasst. Am 19.5.1987 erfolgte nach fünfjähriger Bauzeit die Eröffnung des Gesamtabschnitts mit allerlei Prominenz. Das war auch der Tage der Vollinbetriebnahme der 197 m langen neuen Rückenbach-Brücke. Bereits zwei Jahre zuvor am 16.7.1985, wurden die oben angesprochenen Steinbogenviadukte funktionslos und die neuen Umfahrungen in Betrieb genommen.

1988 startete bereits das nächste Großbauvorhaben am Tauern und zwar mit dem fast 1 km langen Streckenstück von der Rückenbach-Bogenbrücke bis zum Bahnhof Kolbnitz, dem vorläufigen Ausbauende im Süden. Der 42 m lange Leithengraben-Viadukt wurde durch eine Stahlbetonbrücke ersetzt. Außerdem mussten umfangreiche Stütz- und Futtermauern angelegt werden. Mit im Ausbauprojekt enthalten war der Umbau des westlichen Bahnhofskopfes von Kolbnitz, der auf einer neuen Stahlbetonbrückenkonstruktion über dem Reisseck Schrägaufzug realisiert wurde. Durch die Neutrassierung der Südrampe, insbesondere im Abschnitt Penk – Abzweigung Lindisch, wurde die Tauernbahn um rund 450 m verkürzt. Gleichzeitig erhöhte sich aber die Höchstneigung von einstmals 26 auf heute rund 29 Promille. Diese 3 Promille konnten durch den Einsatz von moderneren, leistungsfähigeren Lokomotiven problemlos kompensiert werden. Anzumerken wäre, dass die zweigleisigen Ausbauarbeiten der Tauernbahn eigentlich schon 1970 begannen, als die Talstrecke von Pusarnitz nach Spittal/Millstättersee modernisiert wurde.

Die Errichtung des Überwerfungsbauwerks bei Schwarzach – St. Veit war keine leichte Aufgabe. Es galt von einer bestehenden Stützmauer aus, die zuvor verstärkt und mit Ankerriegelwänden gesichert wurde, eine Kragplatte über der Westbahn zu errichten. Dementsprechend viel Bewehrungsstahl war dazu notwendig.

Trotzdem musste sowohl auf der Tauern- als auch auf der Westbahn der Bahnverkehr ohne größere Einschränkungen aufrecht bleiben. Zum Schutz der Mitarbeiter wurden Langsamfahrstrecken und eigene Sicherungsposten verordnet. Ende 1989 wurden diese Bauarbeiten erfolgreich beendet.

CRUCIANI LEHRGERÜST.
Um die weit gespannten Bögen der neuen Bogenbrücken der Tauern herstellen zu können, war eine ganz besondere Hilfskonstruktion notwendig: Das Cruciani Lehrgerüst. Dabei handelt es sich um ein aus Brettern, Zwingen und Spannschlössern bogenförmig zusammengebaute, räumliche Fachwerkkonstruktion, auf der der eigentliche Brückenbogen errichtet wird. Das Cruciani Lehrgerüst ist sehr leicht, in Einzelteilen transportierbar und kostengünstig.

Das Cruciani Lehrgerüst und **die großen Bogenbrücken** der Tauernbahn

KUNSTBAUTEN – BRÜCKENBAUTEN. Das Tragsystem des bogenförmig gekrümmten Stabes wird seit der Antike erfolgreich eingesetzt. Ob der gestalterischen Schönheit, der Tragfähigkeit und der Langlebigkeit dieser Konstruktionen sind wir auch heute noch voller Bewunderung dafür. Eine besondere Faszination üben aber besonders schlanke, weit gespannte Bogenkonstruktionen aus. Römische oder etruskische Bogenbrücken, aus Mörtelmauerwerk hergestellt, standen gewissermaßen Pate für moderne, aus Stahlbeton gegossene Konstruktionen. Doch diese modernen Bögen müssen auch kostengünstig hergestellt werden, aber wie?

Schlanke Brückenbauten faszinierten schon in der Antike und dienen noch heute als Vorbilder für moderne Bogenbrücken auf Basis des Systems Cruciani.

Die italienischen Ingenieure Eusebio und Frido Cruciani erfanden in den 1950er Jahren ein ganz besonderes, freitragendes Lehrgerüst, das die Herstellung von Stahlbetonbögen auf völlig neue Beine stellen sollte. Dieses Lehrgerüst ist eigentlich eine Hilfskonstruktion, auf der der Bogen für eine neue Brücke errichtet wird. In Österreich nahm sich die Grazer Bauunternehmer Baurat h.c. Dr. techn. F. Mörtl dem Cruciani-Gerüst an, die diese geniale Konstruktion auch in Österreich einzusetzen versuchte. Das System Cruciani zeichnet sich ganz besonders durch die einfache Herstellung und durch die enorme Wirtschaftlichkeit aus. Die Bogenbrücke erlebte eine Renaissance, die bis heute anhält. Selbst neu entworfene Bauverfahren (*Klappverfahren oder der freie Vorbau*) konnten das System Cruciani nicht verdrängen. Und die Entwicklung ist keinesfalls zu Ende.

Der große Vorteil besteht darin, eine kostengünstige Hilfskonstruktion für eine Bogenbrücke, die einen großen Geländebruch überwindet, mit einfachen Mitteln zu schaffen. Bogenbrücken werden heute in Stahlbeton- oder Stahl-Verbundbauweise errichtet. Aber nicht nur das Gerüst verdient Beachtung, sondern auch die dadurch mögliche kostengünstige Herstellung der Bogenbrücke selbst sowie deren Erhaltung. Der erste Einsatz des Cruciani Gerüstes erfolgte bereits in den 1950er Jahren in Italien im Rahmen der Errichtung einer Bogenbrücke bei San Giustina mit einer Bogenspannweite von 70 m. Doch weit gespannte Eisenbahnbrücken wurden damit (*noch*) nicht gebaut.

In Österreich wurde das Cruciani-Lehrgerüst erstmals beim Bau der Erlaufbrücke der Westautobahn von 1956-1958 eingesetzt. Nach einem Rückschlag in Steyerling und mehreren kleineren Bogenbrücken wurde das Cruciani-Lehrgerüst beim Bau der 180 m weit gespannten, äußeren Nößlachbrücke angewendet. 1969 startete mit der Pfaffenberg-Zwenberg-Brücke das bisher größte und kühnste Projekt, nämlich die Herstellung einer Eisenbahnbrücke mit einer Bogenspannweite von 200 m. Der Bogen wurde im System Cruciani eingerüstet.

Der große Vorteil des Cruciani Gerüstes ist seine besonders schlanke und leichte Bauweise. Dabei werden Holzbinder aus losen Holzbrettern und Horizontal- und Querverbänden aus Stahlprofilen und Zwingen zu einem räumlichen Fachwerk zusammengebaut. Sämtliche Tragelemente der Binder werden mit Spannschlössern auf Reibung zusammengehalten. Das heißt auch, dass die Struktur der Hölzer nicht durch Bohrungen und dergleichen beschädigt werden muss. Durch diese Konstruktionselemente kann das Cruciani Gerüst in kleineren Einzelteilen vorgefertigt und mit Kränen in die endgültigen Positionen gehoben werden. Die eigentliche Schalung oder besser die Schalung für die Untersicht des Betonbogens wird dann auf dem Gerüstbogen fixiert. Der Bogen ist das zentrale konstruktive Element dieser Brückentypen und wird als Hohlkasten in Stahlbeton- oder Stahlverbundbauweise errichtet. Bögen, die nicht im System Cruciani errichtet werden, müssen entweder mit Schalungen im freien Vorbau oder als Fertigteile, die später quasi zusammengeklappt werden, errichtet werden. Lange Bauzeiten und hohe Errichtungskosten müssen dabei in Kauf genommen werden. Außerdem wäre der Bau von weit gespannten Bögen, wie der 200 m Bogen der Pfaffenberg-Zwenberg-Brücke mit jenen Systemen wirtschaftlich nicht möglich.

Die Einzelteile des Cruciani Lehrgerüstes werden auf der Baustelle zusammen gebaut. Anschließend wird das ganze Gerüst mit einem Kran montiert.

Werfen wir nun einen kurzen Blick auf die Brücken der Tauernbahn selbst. Wie bereits beschrieben, wurden die Stahlbetonbögen jeweils als Hohlkästen errichtet. Auch die Brückenpfeiler der Vorlandbrücken und auf den Bögen wurden als Hohlkästen mit so genannten Kletterschalungen, das sind Schalungen, die an den fertigen Pfeilerteilen für einen neuen Betonguss angebracht sind, gebaut. Auf diesen Pfeilern ruht die Tragkonstruktion für den Gleiskörper, die entweder aus Plattenbalken oder aus Hohlkästen bestehen. An beiden Seiten wurden schließlich Randbalken angebracht. Für die Gleiskonstruktionen entstanden so Tröge, die das Schotterbett und die zwei Streckengleise aufnehmen konnten. Spannbetonelemente wurden übrigens im Regelfall für die konstruktiven Elemente der Stahlbetonbogenbrücken verwendet. Irrtümlich wurden diese Brücken als Spannbetonbogenbrücken nach der Bogenspannweite bezeichnet – doch das ist falsch. Spannbeton ist eine spezielle Art des Stahlbetons, bei dem zur Tragkrafterhöhung der Bewehrungsstahl vorgespannt wird. Diese Bauweise kann nur bei geraden und extrem schlanken Konstruktionen verwendet werden.

Insgesamt wurden neun derartige Stahlbeton Bogenbrücken auf der Tauernbahn errichtet. Die letzte, die Brücke über die Angerschlucht ist noch in Bau und soll 2010 fertig gestellt werden. Europaweit wurde übrigens bis zum heutigen Tag kein größerer Stahlbetonbogen für Eisenbahnbrücken errichtet als für die Pfaffenberg-Zwenberg-Brücke. Sie war 1969 die erste Bogenbrücke für Eisenbahnen und zugleich auch das erste ausgeführte Projekt im Rahmen des zweigleisigen Ausbaus der Tauernbahn. Bis auf die neue Bogenbrücke über die Angerschlucht, die sich derzeit im Bau befindet, wurden alle Stahlbetonbögen der Tauernbahn nach dem System Cruciani eingerüstet.

Auf dem fertigen Gerüst wird dann die Schalung für den Bogen der neuen Brücke angebracht, mit Bewehrungsstahl versehen und schließlich der Hohlkasten des Bogens mit Beton gegossen.

© Gerfried Moll

Das letzte Jahrzehnt im
20. Jahrhundert

GROSSRÄUMIGER AUSBAU. Dieser war geprägt durch weit reichende Ausbaumaßnahmen auf der Tauernbahn. Nicht nur Freilandstreckenbereiche wurden umgebaut, sondern auch neue zweigleisige Tunnels errichtet. Viele Projekte aus den 1970er und 1980er Jahren wurden umgeplant und die Neubaustrecke über den Tauernhauptkamm wurde fortgesetzt. Als erstes Baulos im Norden wurde der Abschnitt Angertal – Kralbachgraben in Angriff genommen. Dabei wurden auf einer Länge von rund 3 km umfangreiche Erdbewegungen durchgeführt. Der Dammkörper für das zweite Streckengleis wurde mit gewaltigen Stützmauern gesichert und östlich des bestehenden Gleises angeordnet. Sowohl der Schmalzgraben-Viadukt als auch der Pichlwand-Viadukt konnten im

Bahn-Transversalen unterliegen ständigen Baumaßnahmen. So läuft auch auf der Tauernbahn seit Beginn der 1990er Jahre ein Optimierungprogramm um fit für die nächsten Jahrzehnte zu sein.

▲ NEUBAUTUNNEL.
1991 begannen die Bauarbeiten mit der Errichtung der Umfahrung von Kaponig. Zwei Tunnels und eine 99 m lange Stahlbetonbogenbrücke sind die wichtigsten Bauwerke dieses schwierigsten Abschnittes der neuen Südrampe. Der neue, 5.096 m lange, Kaponig-Tunnel stellte die Baumannschaften vor besondere Herausforderungen: gewaltige Wassereinbrüche mussten bewältigt werden. Am 14.11.1999, nach acht Jahren Bauzeit, fuhr der erste Zug über die Kaponiggraben-Brücke sowie durch den Kaponig- und Ochenigtunnel. In letzterem entstand dieses eindrucksvolle Photo.

zweigleisigen Ausbau weiter verwendet werden. Dabei wurde östlich der Bestandstrasse jeweils eine 60 m lange Stahlbetonbogenbrücke vorangestellt. Nach der Umlegung des Bahnbetriebes wurden die alten Viadukte saniert und an die neuen Erfordernisse angepasst.

Die „Königsetappe" – der Abschnitt Lindisch – Mallnitz
Am 24.9.1990 wurde das Gleis 3 im Bahnhof Kaponig gesperrt. Es war dies gleichzeitig der Bauauftakt zu einem der anspruchsvollsten Ausbauabschnitte der gesamten Tauernbahn.

Bis zum Baubeginn 1990 wurden mehrere Varianten untersucht:

1. *Bestandsnaher Ausbau inklusive der Umfahrung des Kaponiggrabens mit einer 485 m langen Stahlbetonbogenbrücke mit einer Bogenspannweite von 240 m und einer Höhe von 190 m über der Talsohle.*

2. *Errichtung von zwei Tunnels, einem rund 600 m langen unteren Kaponig-Tunnel und einem rund 3 km langen oberen Kaponig-Tunnel, der in der Höhe des Waldmanngraben-Viaduktes wieder ans Tageslicht gelangte und eine rund 150 m langen Kaponiggrabenbrücke.*

3. *Errichtung von zwei Tunnels, einem rund 800 m langen Ochenigtunnel und einem rund 5 km langen Kaponig-Tunnel, dessen Portal bis in den Bahnhofsbereich von Mallnitz reichen sollte und eine rund 100 m lange Kaponiggrabenbrücke.*

Die letztlich ausgeführte dritte Variante bot die meisten Vorteile: eine kurze Brücke, zwei überschaubare Neubautunnels und das wichtigste Argument: kein eingleisiger Abschnitt mehr von Kolbnitz bis Mallnitz mit den entsprechenden betrieblichen Vorzügen. Die Bauarbeiten am kühnsten Ausbauprojekt starteten noch Ende 1990 mit der Errichtung des Sondierstollens Kaponig. Eigentlich handelte es sich hier um einen Fensterstollen, von dem aus später der Hauptvortrieb erfolgen sollte. Westlich des Laskitzer-Viaduktes wurde ein Bauplatz mit einer eigenen schmalspurigen Baubahn eingerichtet, die den Materialtransport bis unterhalb des Laskitzer-Viaduktes unternahm.

Zuerst wurde noch 1991 nach beiden Seiten ein Tunnelvortrieb nach der neuen Österreichischen Tunnelbauweise gestartet, welcher bereits 1992 nach einem dramatischen Wassereinbruch jäh gestoppt wurde. Umfangreiche Wasserhaltungsmaßnahmen wurden notwendig und verzögerten die Bautätigkeiten um rund zwei Jahre. Bis zu 360 Sekundenliter wurden im Maximalfall gemessen; eine Wassereinbruchsmenge, die im Tunnel, also in einem sehr beengten Raum, nur sehr schwer in Griff zu bekommen war. Ein Glück, dass keine Opfer zu beklagen waren. Zur Stabilisierung mussten größere Kavernen ausgebrochen und das Wasser geordnet in Richtung Kaponiggraben abgeleitet werden.

Der Bau der „Königsetappe" war ob der geologischen Schwierigkeiten und des unzugänglichen Geländes eine Herausforderung. Zuerst erfolgte der Vollausbruch des 691 m langen Ochenigtunnels vom Südportal aus. Das war der einzige Baubetriebsplatz, der leicht auf dem Straßenweg erreichbar war. Der Kaponiggraben war und ist für Straßenfahrzeuge weitgehend unzugänglich. Vom Ochenigtunnel aus erfolgte schießlich die Errichtung der neuen, 99 m langen Kaponiggraben Brücke. Mitte 1994 starteten auch die Vortriebe in Mallnitz und beim Fensterstollen im Bereich des Waldmanngrabens. Bis 1997 waren sämtliche Vortriebsarbeiten am 5.096 m langen Kaponig-Tunnel abgeschlossen. Das Ausgebrochene Material, rund 465.000 m^3 Fels, wurde in Deponiebereiche rund um die Tunnelbaustellen verbracht. Insgesamt wurden in diesem Abschnitt rund 900.000 m^3 Erdreich und Fels bewegt.

Auch die Linienführung verdient besondere Aufmerksamkeit: War in der Variante 1 – der Umfahrung des Kaponiggrabens – ein Bestandsausbau rund um die unzugänglichen Berghänge vorgesehen, so kreuzt heute die neue Trasse der Tauernbahn die alte im Kaponiggraben in einem nahezu 90° Winkel. Die alte, 1999 aufgelassene Trasse über den Laskitzer-Viadukt und durch den oberen Kaponig-Tunnel dient heute übrigens als Rettungszufahrt zum Kaponig-Tunnel. Die neue Trasse kann nun mit 110 km/h Höchstgeschwindigkeit anstelle von 60 km/h befahren werden, was eine wesentliche Fahrzeitverkürzung bewirkte. Am 14.11.1999 wurde der zweigleisige Bahnbetrieb zwischen der Abzweigung Lindisch und dem Bahnhof Mallnitz aufgenommen.

Kaponig-Tunnel Hauptmassen	
Spritzbeton	70.000 m³
Stahlbeton	150.000 m³
Stahlbögen	1.700 Stück mit einer Gesamtlänge von 42.000 Meter
Hochgebirgsanker	52.000 Stück mit einer Gesamtlänge von 320.000 Meter
Ausbruchquerschnitt	92-145 m²

Gesamter Baulosbereich	
Erd- und Felsabtrag	900.000 m³
Stahlbeton	250.000 m³
Anker	56.000 Stück
Kabelverlegung	230 km

Auch im Norden wird weitergebaut

In den letzten Jahren des 20. Jahrhunderts erfolgte auch der Ersatz der Anlaufbach-Brücke kurz vor dem Bahnhof Böckstein. Erstmals wurde hier wieder als Tragwerk ein solches aus Stahl eingebaut. Nach dem statischen System spricht man hier von einer Stahl-Verbund-Brücke. Auf dem Stahltragwerk ist eine Betonwanne angebracht, welche den gesamten Oberbau trägt. Die Pfeiler sind in Ermangelung des notwendigen Platzes zum Teil schräg neben der Bundesstraße angeordnet und verleihen so dem Bauwerk ein einzigartiges Aussehen. Die Brücke selbst wurde Ende 1995 fertig gestellt. Zur Jahrtausendwende startete in Salzburg eine nicht minder wichtige Etappe im zweigleisigen Ausbau der Tauernbahn. Rund 71,5 Mio. Euro investierten die ÖBB in den gesamten Bauabschnitt. Zeitlich getaktet begannen die verschiedenen Bauabschnitte vom Nordportal des unteren Klammtunnels beginnend bis zum Bahnhof Loifarn und später weiter bis zur Abzweigung Brandstatt beim Südportal des Untersbergtunnels. Die Bautechnik stellte die Baumannschaften vor große Herausforderungen: Einerseits mussten bestandsnahe, umfangreiche Stütz- und Futtermauern zwischen Loifarn und dem unteren Klammtunnel hergestellt werden und andererseits begann in Loifarn selbst der Bahnhofsumbau. Bei einer Frequenz von über 100 Zügen pro Tag und keiner Möglichkeit einer längeren Streckensperre. Gleich unter dem Bahnhof Loifarn erfolgte auch der Neubau der Kenlachgrabenbrücke, einer 190 m langen Stahlbetonbogenbrücke mit einer Bogenstützweite von 76 m. Die neue Kenlachgrabenbrücke ersetzte eine Stahlfachwerkkastenkonstruktion mit oben liegender Fahrbahn. Im gesamten Abschnitt Brandstatt-Loifarn wurden insgesamt fünf große Brücken und zwei Tunnels errichtet. In Betrieb genommen wurde die neue Kenlachgrabenbrücke am 19.10.2001. In Loifarn selbst wurde auch der Bahnhof in seiner Linie umfassend verändert. Dabei musste ein gewaltiger Felsvorsprung am nördlichen Bahnhofskopf entfernt werden. Dieser Felsabtrag war insofern schwierig, dass Sprengungen nur in geringem Ausmaß durchgeführt werden konnten.

Die Hauptbauarbeiten wurden von mit Hydraulikmeiseln ausgestatteten Baggern bewältigt. Auch hier erlaubte die alte Trasse keine höheren Geschwindigkeiten als 70 km/h. Das bedeutete weiter, dass auch hier kein Bestandsausbau in Frage kam und weitgehend eine neue Linienführung ins Auge gefasst werden musste. Um Platz für die beiden neuen Streckengleise zu schaffen und gleichzeitig auch den Planbetrieb aufrecht zu erhalten, musste teilweise die alte eingleisige Trasse in Richtung Norden verlegt werden. Einige Meter weiter südlich begannen dann die umfangreichen Erdarbeiten zur Herstellung des neuen Planums. Nahe dem Kenlachgraben wurde auch der neue 314 m lange Kenlach-Tunnel errichtet, welcher die alte, 99 m lange eingleisige Röhre ersetzte.

Die neue Stahlbetonbogenbrücke über die Angerschlucht wird die alte Stahlfachwerkkonstruktion 2010 ersetzen.

Etwas weiter in die Richtung Schwarzach/St.Veit erfolgte eine größere Neutrassierung mit dem 960 m langen Birgl-Tunnel. Beide Neubautunnel wurden nach der neuen Österreichischen Tunnelbaumethode errichtet. Nach einer Bauzeit von etwas mehr als fünf Jahren erfolgte am 24.6.2005 die feierliche Inbetriebnahme des rund 5 km langen Ausbauabschnittes.

Bauabschnitt Angertal

Rund zwei Jahre später begannen auch die Bauarbeiten im Bereich Angertal. Die Brücke über die Angerschlucht ist bereits in die Jahre gekommen und ein Neubau wurde dringend notwendig. Ersatz sollte hier eine moderne Stahlbetonbogenbrücke bieten. Diese wurde westlich des alten Tragwerkes bis Anfang 2008 auch errichtet. Der Bogen wurde aber nicht nach dem System Cruciani eingerüstet, sondern mit einem modernen Stahlfachwerksystem. Parallel zur Brücke erfolgten im talseitigen Widerlagerbereich umfangreiche Erdarbeiten für das Einschwenken in Richtung alter Trasse. Auch der Bahnhof Angertal wurde zurück gebaut. Für die Anrainer, die oberhalb des Bahnhofes wohnen, wurde auch eine neue Unterführung unter dem Bahnhof errichtet. Während der Bauarbeiten wurde der gesamte Straßenverkehr über die neue Angerschluchtbrücke geführt. Die Brücke selbst ist für einen weiteren zweigleisigen Ausbau in Richtung Norden vorbereitet. Gleich hinter dem nördlichen Widerlager soll ein neuer, über 3 km langer Hangtunnel die alte – immer noch eingleisige Trasse – bis unterhalb der ehemaligen Haltestelle Bad Hofgastein ersetzten. Ein Bauzeitpunkt steht aber noch nicht fest. In diesem Zusammenhang protestierten mehrere Gasteiner Bürgerinitiativen und forderten von den ÖBB eine Umweltverträglichkeitsprüfung (*UVP*). Da es sich beim Baulos um einen Bestandsausbau handelte, war ursprünglich auch keine notwendig gewesen. Der Verwaltungsgerichtshof gab den Interessen den BürgerInnen recht und eine solche UVP wird derzeit nachgeholt. Das bedeutet auch für den Bau eine Verzögerung bis Mitte 2010.

KAPITEL | BILDTEIL

© Archiv ÖBB-Infrastruktur Bau AG

DAS LETZTE JAHRZEHNT IM 20. JAHRHUNDERT

STOLLENBAHN. Westlich des Laskitzer-Viaduktes in Kaponig wurde ein Fensterstollen zum neuen Kaponig-Tunnel angelegt. Von diesem Fensterstollen ausgehend wurde dann der neue Kaponig-Tunnel in zwei Richtungen hammerförmig vorgetrieben. Um das Ausbruchsmaterial abtransportieren zu können wurde auch eine schmalspurige Stollenbahn angelegt, die genau neben dem Laskitzer-Viadukt ihre Entladestelle hatte.

Die neue Trasse quert die alte eingleisige im Bereich des Kaponig-Grabens fast in einem 90° Winkel. In einer Nachsperre von 13. auf 14.11.1999 wurde die neue Trasse angebunden und die alte funktionslos.

Beim Mallnitzer Tunnelportal musste der neue Kaponig-Tunnel in offener Bauweise hergestellt werden. Spezielle Schalwagen wurden für die Herstellung der Tunnel-Innenschale verwendet.

Im Zuge der Bauarbeiten für die Errichtung des neuen Kaponig-Tunnels wurde auch die ehemalige Bergstation der Seilbahn Obervellach abgetragen. An ihrer Stelle wurden nur wenige Wochen später eine große Barackensiedlung für die Bauarbeiter gebaut.

1993 wurden die Bauarbeiten für den neuen Kaponig-Tunnel durch einen Wassereinbruch mit einer Schüttung von rund 360 Sekundenlitern gestoppt. ÖBB-Projektleiter Johann Eder inspiziert diese Stelle. Nach dem Einbau aufwändiger Wasserhaltungsmaßnahmen gingen die Bauarbeiten mit Verspätung weiter.

ANLAUFBACH-BRÜCKE. Ab Ende 1995 ersetzte die neue, 96 m lange, Anlaufbach-Brücke den gleichnamigen Viadukt. Die Stahlverbund-Brücke weist ein Stahltragewerk auf, worauf eine Stahlbetonplatte gegossen wurde. Auf der fertigen Stahlbetonplatte wurden die Gleise im Schotterbett verlegt. Durch die beengten Platzverhältnisse musste ein Brückenpfeiler schräg über dem Anlaufbach angeordnet werden.

© Archiv ÖBB-Infrastruktur Bau AG (2)

Im Sommer 1994 laufen die Gleisverlegearbeiten zwischen dem Bahnhof Angertal und der Abzweigung Kralbach auf Hochtouren, sollte doch der zweigleisige Betrieb bereits im Dezember des selben Jahres aufgenommen werden.

Auf der Nordrampe wurden zwei weitere Neubautunnel gebaut: Der 314 m lange Kenlach-Tunnel und der 960 m lange Birgl-Tunnel. Beide Tunnelbauwerke wurden nach der neuen Österreichischen Tunnelbaumethode errichtet.

BRANDSTATT-LOIFARN. Dieses Luftbild zeigt sehr schön die Unterschiede zwischen alter und neuer Bahntrasse. Während die alte eingleisige Tauernbahn die Bergrücken und Täler ausfährt wird die neue Trasse in wesentlich begradigter Linie und für Geschwindigkeiten bis zu 110 km/h ausgelegt. Noch ist die alte Trasse über die Kenlachgrabenbrücke in Betrieb. Gleich daneben laufen aber die Bauarbeiten für die neue Stahlbetonbogenbrücke auf Hochtouren. Im Hintergrund wurde ein ganzer Felsvorsprung abgetragen, damit die Neubautrasse mit einem größeren Bogenradius in den anschließenden Bahnhof Loifarn einbiegen kann.

© Archiv ÖBB-Infrastruktur Bau AG

Der zweigleisige Lückenschluss der
Tauernbahn Südrampe

MODERNISIERUNG. Bis auf das neun Kilometer lange Streckenstück zwischen den Bahnhöfen Kolbnitz und Pusarnitz war die Tauernbahn Südrampe ab November 1999 zweigleisig befahrbar. Eifrig wurde zu dieser Zeit an dem Lückenschluss geplant. Bereits 2003 wurde der Bauauftakt im Bahnhof Kolbnitz gefeiert. Zuvor musste das Projekt noch mehrere Hürden passieren, insbesondere die finanzielle Absicherung. Doch die Signale standen letztlich auf grün und die letzte Etappe im Ausbau der Tauernbahn begann. Alle diese großen Bauabschnitte wurden in noch kleinere Baubereiche aufgeteilt und mit einer präzisee abgestimmten Zeitschiene eingetaktet.

Die Zeit um die Jahrtausendwende war geprägt von regen Bautätigkeiten unter anderem auch zur Lärmdämmung der Bahntrasse zum Wohl der Anrainer.

Sämtliche Bauarbeiten wurden bei aufrechtem Bahnbetrieb durchgeführt. Lediglich zwei Wochen pro Jahr gab es eine Totalsperre für die Umlegung der Gleise. Trotz der Linienführung knapp oberhalb der Talsohle war die Errichtung der neuen zweigleisigen Trasse alles andere als leicht. Bevor die Baumaschinen ans Werk konnten, mussten die stark bewaldeten Bereiche gerodet und provisorische Zufahrten außerhalb der Siedlungsgebiete errichtet werden. Die Anrainer sollten so gut wie möglich vor dem Baustellenverkehr geschützt werden.

Die Systematik der Bauarbeiten war abgestimmt auf die engen Platzverhältnisse. Zuerst mussten mit Stütz- und Futtermauern die notwendigen Freiräume für das neue Gleis geschaffen werden.

Nach der Betriebsumlegung auf das neue Streckengleis wurden die alten Anlagen abgetragen und neue errichtet. So konnten während der Bauphase die Sperrzeiten so gering wie möglich gehalten werden. Grundsätzlich erfolgte hier ein bestandsnaher Ausbau mit Verbesserungen in der Linienführung zur Anhebung der Höchstgeschwindigkeit auf bis zu 120 km/h.

Das bedeutete auch, dass einige Streckenbereiche völlig neu trassiert werden mussten. Der herausragendste Bauabschnitt war die Errichtung der neuen Seebach-Brücke in Mühldorf mit einer völlig neuen Linienführung der beiden Streckengleise in diesem Abschnitt. Umfangreiche Erdarbeiten waren notwendig, um einen mehrere hundert Meter langen Einschnitt zu erzeugen.

Das abgetragene Erdreich wurde anschließend als Dammschüttmaterial wieder eingebaut. Die neue Seebach-Brücke ist inklusive der Trassenvariante die bereits dritte in diesem Bereich. Nachdem der alte Seebach-Viadukt in den letzten Tagen des Zweiten Weltkrieges nachhaltig zerstört wurde, erfolgte anschließend die Errichtung eines neuen Stahlbetonviaduktes, dessen Oberfläche mit Natursteinen verkleidet wurde. Dabei wurde die Linienführung verändert und nach Süden abgerückt.

Neu ist bei diesem Ausbauabschnitt auch, das sämtliche ausgebaute Streckenbereiche über einen mit Schranken gesicherten Begleitweg erschlossen sind. Wartungsarbeiten aber auch etwaige Rettungs- und Hilfseinsätze können so einfach durchgeführt werden.

Neben den Stütz- und Futtermauern zählen in diesem Ausbauabschnitt interessante Brückenobjekte zu den zahlreich notwendigen Kunstbauten. Wie schon im Abschnitt Angertal – Abzweigung Angertal solltenvdie alten gemauerten Viadukte (*Rottauer- Viadukt und Klinzergraben-Viadukt*) in ihrer Bausubstanz erhalten bleiben und künftig dem Bahnbetrieb dienen. Südlich dieser beiden genannten Viadukte wurden neue moderne Stahlbetonbrücken errichtet; beim Rotthauer-Graben-Viadukt sogar eine Stahlbetonbogenbrücke. Die alten gemauerten Bausubstanzen wurden nach Betriebsaufnahme der neuen Bauwerke auf ihren neuen Einsatzzweck adaptiert.

Ein ganz besonderes Bauwerk wurde zum Jahreswechsel 2008/2009 bei Pusarnitz vollendet: die neue Brücke über die B100, die Drautalbundesstraße. Die alten Tragwerke entsprachen nicht mehr den erforderlichen Trassierungseckpunkten und mussten in neuer Lage neu errichtet werden. Das Land Kärnten plante eine gänzliche Sanierung und Fahrbahnerweiterung der darunter liegenden stark befahrenen Bundesstraße. In einem gemeinsamen Projekt entstand schließlich die neue dreifeldrige, architektonisch ansprechende Brücke der Tauernbahn über die B100. Hier arbeiteten sich die Baumannschaften abschnittsweise vor.

Der letzte eingleisige Streckenabschnitt der Tauernbahn Südrampe wurde von 2003 bis 2009 zweigleisig ausgebaut. Die neue Bahntrasse musste durch die Nähe der Anrainerobjekte in diesem Abschnitt mit einem besonderen Erschütterungsschutz (*Masse-Feder-System*) ausgestattet werden.

Die Nähe zu den Wohngebieten stellte die Baumannschaften vor eine besondere Herausforderung. Die Bahntrasse wurde nach höchsten Vergaben des Lärm- und Erschütterungschutzes gebaut. Während Lärmschutzwände vor störenden Lärmemissionen schützen, griffen die ÖBB-Bauexperten zu einer speziellen technischen Lösung: Unter dem Gleisoberbau wurden untereinander verdübelte Stahlbetonplatten in einem elastischen „Masse-Feder-System" errichtet.

In sechs Etappen war der 2-gleisige Lückenschluss geplant
Neubau der Rottauergraben Bogenbrücke und Adaptierung des Alten Viaduktes
Rottauergraben – Bahnhof Mühldorf/Möllbrücke
Bahnhofsumbau Mühldorf/Möllbrücke
Mühldorf/Möllbrücke-Pusarnitz inkl. Bahnhofsumbau Pusarnitz
Linienverbesserung Pusarnitz-Lendorf
Bahnhofsumbau Kolbnitz

TRASSENEINBINDUNG. Die Einbindung der Trasse der Kärntner- in die Tauernbahn waren eine der letzten Arbeiten im Zuges des zweigleisigen Ausbaus der Südrampe. Auch die Haltestelle Lendorf wurde an modernste Standards angepasst. Etwas weiter in Richtung Spittal/Millstättersee wurde gleichzeitig auch eine Unterführung der Baldramsdorfer Landesstraße gebaut und die dortige Eisenbahnkreuzung aufgelöst.

Darauf wurde eine spezielle Gummischicht als Dämpfungselement verlegt, ehe der Gleisschotter geschüttet wurde. Damit ist ein größtmöglicher Erschütterungsschutz gewährleistet.

Mit im Projekt enthalten war auch der Komplettumbau der Bahnhöfe von Kolbnitz, Mühldorf/Möllbrücke und Pusarnitz. Errichtet wurden 55 cm hohe Bahnsteigkanten, die ein leichteres Ein- und Aussteigen ermöglichen. Natürlich sind alle Bahnsteige ohne Gleise überschreiten zu müssen leicht erreichbar. In Kolbnitz dauerten die Bauarbeiten bis Ende 2009. Einer der sechs Ausbauabschnitte wurde bereits Anfang der 1970er Jahre zweigleisig ausgebaut, jener zwischen Pusarnitz und Lendorf. Auf Grund der geänderten Geschwindigkeitserfordernisse war eine umfassende Linienkorrektur notwendig. Dabei wurde gleichzeitig die Einbindung der Kärntnerbahn (*Strecke Bleiburg – Innichen*) im Bereich Lendorf neu gestaltet. Ersetzt wurde eine technisch gesicherte Eisenbahnkreuzung durch ein modernes Unterführungsbauwerk, dessen Bauarbeiten noch im August 2009 abgeschlossen wurde. Abschließend sei noch zu erwähnen, dass der zweigleisige Ausbau der Tauernbahn, insbesondere jener der Südrampe, den Bahnbetrieb wesentlich bessere Rahmenbedingungen bietet.

Einerseits sind die um bis zu 50 km/h höheren zulässigen Geschwindigkeiten und andererseits die vielen Neubauabschnitte der Tauernbahn wesentliche Qualitätskriterien für den Bahnverkehr. Im Reisezugsverkehr bedeuten die seit 40 Jahren andauernden und im Süden abgeschlossenen Ausbauarbeiten eine Beschleunigung von fast einer Stunde im Abschnitt Schwarzach/St.Veit – Spittal/Millstättersee im Vergleich zum Jahr 1969. Im Güterverkehr können nicht zuletzt durch die besser mögliche Transportabwicklung längere und schwerere Züge geführt werden.

Alles in allem steigt mit dem zweigleisigen Ausbau die maximal mögliche Zugfrequenz auf über 220 Züge in 24 Stunden. Damit bietet die Tauernbahn als Österreichs modernste Alpenbahn ideale Voraussetzungen für den Bahnverkehr im 21. Jahrhundert!

Im unwegsamen Gelände mussten die Bauarbeiter viele Tätigkeiten aus dem Arbeitskorb erledigen, wie hier das Auftragen von Spritzbeton.

Etwas begradigt wurde die Trasse im Bereich des Mühldorfer Seebach Grabens. Eine neue Seebach-Brücke und gewaltige Erdarbeiten wurden notwendig.

Um die Unterführung in Lendorf errichten zu können, musste die Bahntrasse mit einer Hilfsbrücke über die Baustelle geführt werden.

Im Bereich der Rottauer Druckrohrleitung wurde die Trasse ebenfalls begradigt. Große Stütz- und Futtermauern mussten dazu errichtet werden.

© Pressefotos Stöflin (2), Christoph Posch (1), ÖBB-Infrastruktur Bau AG (3)

Die neue Brücke über die Drautal-Bundesstraße B 100 wurde gemeinsam mit dem Land Kärnten gebaut. Drei Loks der Reihe 1044 führten die Belastungsprobe des ersten Tragwerkes durch.

Die alte Stahlkonstruktion über die B 100 genügte nicht mehr den Anforderungen und wurde mit Baggern, welche mit hydraulischen Meiseln ausgerüstet waren, abgetragen.

Stütz- und Futtermauern wurden mit speziellen Ankern gesichert, also regelrecht an das Gelände und an den gewachsenen Fels genagelt.

Mussten zur Zeit des Bahnbaus Mauerwerke mühsam aus Bruchsteinen hergestellt werden, so erlaubt es heute die Technik, besonders tragfähige Mauern aus Stahlbeton zu gießen.

Selbst alte Mauerwerkskonstruktionen fanden in einigen Ausbauabschnitten weiter Verwendung. Zuvor mussten sie aber gründlich modernisiert und verstärkt werden.

Die neue zweigleisige Trasse zwischen Kolbnitz und Pusarnitz musste mühsam dem unwegsamen Gelände abgetrotzt werden. Um Platz zu schaffen, mussten viele Stütz- und Futtermauern errichtet werden.

Viele schwere Bauteile wie Schalungen, Stahlbetonfertigteile und dergleichen konnten nur mit Mobilkränen versetzt werden. Dazu mussten aber eigene Baustraßen errichtet werden, die nach Fertigstellung als Bahnbegleit- und Forstwege weitere Verwendung finden.

© Christoph Posch, (3), ÖBB-Infrastruktur Bau AG

Zusätzlich zu den Stahlbetonmauerwerken wurden auch Steinschlichtungen mit Natursteinen ausgeführt, die sich schön ins Landschaftsbild eingliedern.

2003 wurde der alte Rottauergraben-Viadukt in seiner ursprünglichen Form befahren. Die Bauarbeiten für die neue eingleisige Stahlbetonbogenbrücke laufen schon auf Hochtouren.

Projektleiter Ing. Karl Hohenberger überwacht die letzten Arbeiten vor der Inbetriebnahme eines weiteren Teilabschnittes im Ausbauprojekt.

Der Bahnhof Mühldorf/Möllbrücke wurde komplett umgebaut und mit neuen Bahnsteigen ausgestattet, die über einen Personentunnel erreichbar sind.

▲ **ALT & NEU NEBENEINANDER.** 2004 war es schließlich soweit. Die neue Rottauergraben-Brücke wurde fertig gestellt und dem Bahnverkehr übergeben. Bis Ende 2005 dauerte die Sanierung des alten Viaduktes, der heute Teil der zweigleisigen Strecke ist.

Die Kunstbauten der zweigleisig ausgebauten Tauernbahn

Brücken, Viadukte & Tunnels

Die 1216.025 ist die 383. und letzte Lok der Taurus-Hochleistungslok-Familie und stellte am 2.9.2006 mit 357 km/h einen neuen Weltrekord für Lokomotiven auf. Hier ist die Lok auf der neuen Kenlachgraben-Brücke zu sehen.

Die Strecke zwischen Klammstein und Bad Hofgastein wurde schon sehr früh zweigleisig ausgebaut. Die 1044.092 im „Schachbrett-Design“ ist hier bei der Einfahrt in den Bahnhof Bad Hofgastein zu sehen.

Ende 1995 wurde die neue Anlaufbachbrücke kurz vor dem Bahnhof Böckstein in Betrieb genommen. Das Bild zeigt die 1216.145 mit der Rollenden Landstraße von Salzburg nach Triest, Zug 43255, am 5.9.2008.

* Neben der alten Konstruktion wurde jeweils eine neue, eingleisige Stahlbetonbrücke vorangestellt. Beide Viadukt- und Brückenbauwerke dienen heute gleichermaßen dem Bahnbetrieb.

NORDRAMPE – BRÜCKEN, VIADUKTE & TUNNELS

Thomersbachgraben-Brücke	G1 34 m G2 40 m
Mursangergraben-Brücke	28 m
Kenlachgraben-Brücke	190 m
Mayerhofen-Brücke	75 m
Luggauer-Brücke	19 m
Wiedeneralpbach-Brücke	18 m
Laidalp-Brücke*	20 m
Schmalzgrubenbach-Brücke*	60 m
Pichlwand-Brücke*	44 m
Anlaufbach-Brücke	96 m
Untersbergtunnel	270 m
Birgl-Tunnel	960 m
Kenlach-Tunnel	314 m
Verkürzter Tauerntunnel	8.371 m

NORDRAMPE – BAHNHÖFE

Schwarzach St. Veit	km 0	590 m
Loifarn*	km 6	721 m aufgelassen
Klammstein	km 10	796 m aufgelassen 1992
Dorfgastein*	km 15	823 m
Bad Hofgastein	km 20	842 m
Bad Hofgastein Hast.	km 23	911 m aufgelassen
Angertal	km 26	976m aufgelassen
Badgastein	km 31	1.083 m
Böckstein Hast.	km 34	1.154 m
Böckstein	km 35	1.173 m

Kaponiggraben-Brücke	98 m
Lindischgraben-Brücke	283 m
Moserrinnen-Brücke	152 m
Falkenstein-Brücke	396 m
Pfaffenberg-Zwenberg-Brücke	377 m
Zweniggraben-Brücke	271 m
Schlossgraben-Brücke	94 m
Mölltheuergraben-Brücke	94 m
Litzldorfergraben-Brücke	185 m
Riekenbach-Brücke	190 m
Rottauergraben-Brücke*	102 m
Rauffnergraben-Brücke*	40 m
Hangbrücke I	44 m
Seebach-Brücke	65 m
Klinzergraben-Brücke*	30 m
Hangbrücke II	30 m
Brücke über die B 100	62 m
Unterführung L 5	11 m
Kaponig-Tunnel	5.096 m
Ochenig-Tunnel	691 m

Haltest. Tauerntunnel	km 44	1.220 m aufgelassen 2002
Mallnitz/Obervellach	km 47	1.182 m
Kaponig	km 53	1.052 m aufgelassen 1999
Oberfalkenstein	km 57	963 m
Penk	km 60	899 m
Kolbnitz	km 64	747 m
Mühldorf/Möllbrücke	km 69	638 m
Pusarnitz	km 73	564 m
Spittal/Millstättersee	km 81	544 m

Ende 1991 begannen die Bauarbeiten zur Her stellung der neuen Trasse von der Umfahrung Lin disch bis nach Mallnitz. Die 1161.015 bespannte im selben Jahr einen Bauzug, der die Umbauarbeiten im Bahnhof Kaponig unterstützte.

Die Haltestelle Oberfalkenstein ist eine so genannte Interessentenhaltestelle und wurde von der Gemeinde Obervellach im Zuge der Errichtung der Umfahrung Falkenstein eingereichtet. Das Bild zeigt einen Nachzug zum Ex 291 „Akropolis“ (*München-Athen*).

Die Falkensteinbrücke ist mit ihren 396 m Länge die größte Stahlbetonbogenbrücke der Tauernbahn. Diese DB 110 überquert mit dem „Spree-Alpen-Express“ gerade den Bogen über den Leutschacher-Graben.

NEUER STAATSBAHNHOF. Als die Errichtung der Tauernbahn in die finale Phase schritt mussten auch die Zulaufstrecken an die künftige Verkehrsachse angepasst werden. Die Stadt Villach befürchtete durch die neue Tauernbahn einen extremen Anstieg der Verkehrsleistungen durch die Stadt und beauftragte eine Studie zur Verlegung der Staatsbahn-Anlagen an den östlichen Stadtrand. Erfolg war dieser Studie keiner beschieden und um 1910 wurden der Villacher Staatsbahnhof (*heute Westbahnhof*) und die Draubrücken ausgebaut.

Die flankierenden
Projekte & Bauvorhaben

NEUE VARIANTENSTUDIE. Ähnlich wie in unseren Tagen lösten auch damals Großbauprojekte viele flankierende Bauvorhaben und Planungsprojekte aus. Vor allem dann, wenn eine neue Eisenbahnlinie errichtet wurde. Als erstes und wichtigstes Projekt wurde der zweigleisige Ausbau der Südbahnlinie zwischen Spittal/Millstättersee und Villach (*Kärntnerbahn*) realisiert. Dabei wurde die bestehende Linienführung im wesentlichen beibehalten und in Teilbereichen an neue Geschwindigkeitserfordernisse adaptiert. Auch Bahnhöfe wurden ausgebaut und an die gestiegenen Verkehrsbedürfnisse angepasst. Das alles war erforderlich, weil die Tauernbahn zusätzliche Zugsfahrten für die Kärntnerbahn implizierte. Selbst kkStB Züge fuhren auf Grund eines Übereinkommens auf diesem Streckenabschnitt. Eine betriebliche Lösung, die zwischen der Staatsbahn und einer privaten Bahnlinie nicht selbstverständlich war. Gleichzeitig ausgeführt wurde auch der zweigleisige Neubau der Villacher Draubrücke, der die alte, von der Kronprinz-Rudolf Bahn errichtete eingleisige Konstruktion ersetzte. Die beiden neuen Tragwerke wurden übrigens in verschiedenen Höhenlagen errichtet, damit wurde auch eine direkte Verbindung vom Villacher Südbahnhof (*heute Hauptbahnhof*) zum Staatsbahnhof (*heute Westbahnhof*) geschaffen.

Zusätzlich zum Bau der Haupttrasse war die Tauernbahn auch Initialzündung für regionale Ideen zur Verbesserung der Infrastruktur.

Neuer Staatsbahnhof in Villach?

Die Errichtung der Tauernbahn und der zweigleisige Ausbau im Drautal bewogen die Stadt Villach zu Überlegungen, den neuen Staatsbahnhof außerhalb des Stadtgebietes in den Bereich Villach-Auen zu verlegen. Im Stadtteil St. Magdalen waren große Draubrücken vorgesehen und am heutigen Standort eines großen Halbleiterkonzerns war der neue Staatsbahnhof projektiert. Ein besonders kühnes Projekt, das die (*Transit-*) Bahn aus dem Stadtgebiet verbannen sollte. In der heutigen Zeit ist eine Süd-Ost Umfahrung Villachs im Rahmen des Projektes Zentralraum Kärnten angedacht. Damals kam die angedachte und von Villach gewünschte Einbindung der Tauernbahn nicht über das Projektstadium hinaus. Die Bahntrasse blieb an ihrem angestammten Platz und der Villacher Staatsbahnhof wurde umfassend erweitert.

NEUE DRAUBRÜCKEN. Vor 1910 führte nur eine Brücke, nämlich jene der Kronprinz Rudolf-Bahn über die Drau. Infolge des Ausbaus der Tauernbahn und des zweigleisigen Ausbaus zwischen Villach und Spittal wurden auch zwei neue Eisenbahnbrücken über die Drau in Villach errichtet. An einem schönen Tag im August 2001 befährt die 1043.001 mit einem Turnuszug des Reisebüro Optima Tours die Villacher Draubrücke.

© Christoph Posch

Eine Schmalspurbahn von Kolbnitz nach Obervellach?

Mit der Eröffnung der neuen Verkehrsachse über den Tauern-Hauptkamm wurden viele Mobilitätsbedürfnisse in der Bevölkerung munter. Besonders die Bewohner des Mölltales fühlten sich von der Linienführung der Tauernbahn benachteiligt. Ohne beschwerliche Fußmärsche oder lange Fahrten mit Pferdefuhrwerken waren die lang ersehnte Mobilität und der Anschluss an weite Regionen Europas gar nicht möglich. Bereits 1904 suchte die Gemeinde Obervellach um den schienengebundenen Anschluss an die Tauernbahn an. Dieses Unterfangen erschien gar nicht so einfach, denn der Ortskern lag 400 Höhenmeter unterhalb der Tauernbahn. Es wurden mehrere Varianten untersucht, die von einer Lokalbahn über einen Schrägaufzug bis hin zur Errichtung einer Seilbahn reichten.

In die engere Auswahl kamen eine meterspurige elektrische Lokalbahn von Kolbnitz ausgehend über den Danielsberg bis nach Obervellach. Optional war noch eine Verlängerung bis Winklern im Mölltal vorgesehen. Ein weiteres Projekt beschäftigte sich mit einem 1.076 m langen Schrägaufzug vom Ortszentrum Obervellach bis zum gleichnamigen Bahnhof. In der Folge entstand ein langes „Hickhack" um eine Bahnlösung, die kurz vor dem Ersten Weltkrieg durch weitere Facetten reicher wurde: die Schmalspurbahn sollte bereits in Pusarnitz beginnen und bis nach Fragant führen. Ein weiteres technisch interessantes und innovatives Projekt sah auch eine Seilschwebebahn nach dem System Ceretti & Tafani vor.

Den Wind um alle diese Projekte beendete dann der Ausbruch des Ersten Weltkrieges und sämtliche Planungsarbeiten wurden gestoppt. Ebenfalls gestoppt wurden die Planungen einer weiteren Schmalspurbahn von Pusarnitz in Richtung Seeboden am Millstättersee. Die genannten Bahnbauprojekte wurden bereits ab 1913 durch die ersten Postautolinien konkurrenziert. Die erste Postbus Linie in Kärnten verband übrigens Spittal mit Seeboden.

© Archiv ÖBB-Infrastruktur Bau AG

PÉAGE-STRECKE. Die Bahn verläuft zwischen Villach und Gummern direkt neben der Drau. Die Strecke ist Teil der Südbahn - Bahnlinie von Marburg nach Franzensfeste und wurde bis 1910 zweigleisig ausgebaut. Zwischen Spittal /Millstättersee und Villach Staatsbahnhof durften auch die Züge der kkStB auch die Südbahngleise bei Bezahlung eines Benützungsentgeltes befahren (*Péage-Strecke*).

Die kkStB Strecke von St. Michel in der Steiermark nach St. Veit an der Glan wurde bis 1912 zweigleisig ausgebaut. Zwischen Launsdorf-Hochosterwitz und St. Veit an der Glan wurde eine großzügige Trassenverlegung über Goggerwenig ausgeführt. Dabei musste auch der Taggenbrunner-Viadukt errichtet werden, den am 13.4.2006 ein CD-Neigezug des Typs „Pendolino" befährt. Die alte Brückenkonstruktion wurde Ende der 1990er Jahre durch eine neue Stahlfachwerkbrücke mit oben liegender Stahlbetonplatte ersetzt.

Die Anlagen des Villacher Staatsbahnhofes, dem heutigen Westbahnhof, wurden 1910 umfassend erweitert. Zusätzlich zur Erweiterung der Gleise wurden eine neue Zugförderungsanlage, Werkstätten und ein neues im Jugendstil gestaltetes Bahnhofsgebäude errichtet.

In St. Veit / Glan wurde im Zuge der neuen Linienführung über Goggerwenig auch ein neuer Bahnhof gebaut. Früher fuhren alle Züge über Glandorf in Richtung Villach und hätten dort für die Weiterfahrt nach Triest „gestürzt" werden müssen. Das entfiel mit der neuen Variante. Glandorf und der neue St. Veiter Hauptbahnhof wurden durch eine eigene Schleife, die Triesterschleife, verbunden, welche heute Teil der Hauptstrecke ist.

Hier gewann erstmals der Straßenverkehr in Österreich das Match um die Mobilität in Randregionen noch vor der Bahn. Doch die Obervellacher erhöhten nach dem Ersten Weltkrieg wieder den Druck um einen Bahnanschluss. Wieder waren ein Schrägaufzug, eine Standseilbahn und eine Seilschwebebahn im Gespräch. Das Rennen machte dann schließlich, mit BBÖ Unterstützung, die Seilschwebebahn, welche im April 1930 ihren Bauauftakt feierte. Nach acht Monaten Bauzeit wurde am 21.1.1931 der Betrieb auf der 1.005 m langen Trasse aufgenommen.

Es standen jeweils eine Gondel für den Personentransport und insgesamt sechs (*auswechselbare*) für den Lastentransport zur Verfügung. Eine Fahrtstrecke dauerte übrigens nur sechs Minuten. Später wurde noch eine zweite Personengondel zur Kapazitätserhöhung angeschafft. Stündlich konnten so ca. 75 Personen befördert werden. In den 1970er Jahren stand eine grundlegende Modernisierung der Seilbahn an. Die Gemeinde Obervellach konnte diese aus eigener Kraft nicht realisieren und stellte den Seilbahnbetrieb am 31.12.1975 ein. Sämtliche Anlagen wurden in der Folge abgetragen.Die Bergstation blieb noch bis 1991 bestehen und wurde mit Inangriffnahme des neuen Kaponig-Tunnels demontiert. Eine Gondel war bis 1983 als Unterstand in der Haltestelle Oberfalkenstein, vorhanden.

Weitere Bahnausbauten um 1909

Blicken wir nun ein wenig landab nach St. Veit an der Glan. Hier führte die kkStB den Betrieb. Die Linienführung unterhalb der Burg Hochosterwitz nach Glandorf war nicht allzu optimal. Von 1910 – 1912 erfolgte nicht nur der zweigleisige Ausbau von St. Michael nach St. Veit sondern auch die Neutrassierung von Launsdorf über Goggerwenig nach St. Veit an der Glan Personenbahnhof. Diese Hauptlinie der kkStB sorgte dann in der Folge für umfangreichen Bahnverkehr in Richtung Klagenfurt und der Karawankenbahn als Teil der „Neuen Alpenbahnen" von 1901.

▲ SEILBAHN.
Die Gemeinde Obervellach forderte bereits seit 1904 einen Anschluss zur Tauernbahn, der durch eine Schmalspurbahn von Kolbnitz über den Danielsberg hergestellt hätte werden sollen. Der Erste Weltkrieg zerschlug diesen Plan und so wurde Obervellach erst am 21.1.1931 mit einer Seilbahn an die Tauernbahn angeschlossen. Die Betriebseinstellung erfolgte am 31.12.1975. Seither ist Obervellach nur mehr per Bus öffentlich erreichbar.

© Archiv Posch

KAPITEL 5

Umweltfreundliche Mobilität im

Nationalpark „Hohe Tauern“

BADGASTEIN.
Der Weltkurort Badgastein strahlt wie eh und je eine ganz besondere Faszination aus. Sei es die Siedlungsstruktur, gebaut auf steilste Berghänge, der große Wasserfall mitten im Ortszentrum oder die Felsentherme und für Wintersportler das weitläufige Schigebiet. Erholung suchende finden in Badgastein immer einen Ort um die Seele baumeln zu lassen.

Zur Sommerfrische ins Gasteinertal

nach Badgastein

WELTKURORT. Anders als Mallnitz war Badgastein schon vor dem Bau der Tauernbahn ein Begriff. Durch die Thermalquellen und die Kuranstalten war der Ort beim Adel und bei den wohlhabenden Personen sehr bekannt. Auch Kaiser Franz Joseph pflegte hier zur Erholung zu residieren und verschiedene Staatsmänner zu empfangen.

Das Gasteinertal war schon als Kurort jahrelang beliebt - durch den Bau der anfangs umstrittenen Tauernbahn kam jedoch der endgültige Durchbruch.

Die Bahn war für Badgastein eine große Unbekannte. Eines stand jedoch mit Sicherheit fest, die Bahn würde den Ort nachhaltig verändern. Skeptiker sahen nicht nur das Verschwinden der Postkutschen sondern auch das Versiegen der Thermalquellen, die dem Ort zu Weltruhm führten. Umplanungen von verschiedenen Trassenvarianten waren die Folge. Andere Gegenstimmen zur Bahn versuchten diese durch die topographischen Gegebenheiten ins Abseits zu stellen. Ein besonders skurriler Plan hatte die Errichtung einer schmalspurigen Zahnradbahn von Schwarzach/St. Veit bis nach Badgastein zum Inhalt. Fernreisende hätten demnach in Badgastein vom normalspurigen Schnellzug in die Schmalspurbahn umsteigen müssen. Doch aus alledem wurde nichts und die Tauernbahn in ihrer heutigen Form gebaut, erschloss das Gasteinertal für den Breitentourismus. Die Bahn war damals und ist es auch noch heute ein wichtiges Verkehrsmittel für die ansässigen Tourismusbetriebe. Freilich heute nur mehr im Segment des Fernverkehrs, den Nahverkehr besorgen die Postbusse, die mobiler das weitläufige, hochalpine Tal bedienen können.

Mit dem Ausbau der Schigebiete im Gasteinertal wurden auch Akzente im Wintertourismus gesetzt. Die Talstation der Badgasteiner Bergbahnen grenzt unmittelbar an den Bahnhof an. Eine Rolltreppe und ein Fussgängersteg sorgen für eine bequeme Verbindung zwischen Bahn und Skigebiet. Auch der Thermentourismus boomt nach wie vor. War der Besuch der Kuranstalten vor dem Bahnbau ausschließlich dem Adel und den Wohlhabenden vorbehalten, so machte die Bahn die Thermenlandschaft auch für die breite Masse erreichbar und nutzbar. Ein weiteres wichtiges Kursegment bietet heute der Heilstollen in Badgastein und in Böckstein.

NATIONALPARK.
Das kleine Bergsteigerdorf Mallnitz erhoffte sich durch die Tauernbahn einen gewaltigen Aufschwung. Sogar an kleinstädtischen Strukturen wurden eifrig geplant. Doch der Erste Weltkrieg zerstörte hier die Wünsche und Träume der Bewohner. Heute ist Mallnitz ein beliebtes Zentrum im Nationalparktourismus der Hohen Tauern. Im Winter bietet das Schigebiet am Ankogel den richtigen Kick ansonst laden die Berge des Nationalparks nicht nur zu Wandertouren ein.

© Tourismusverband Mallnitz/Peter Angermann

Gemeinde Mallnitz

Siedlungsbau auf dem Reißbrett

EHEMALIGES BERGSTEIGERDORF. Nach der Sanktionierung des Gesetzesbeschlusses zur Errichtung der neuen Alpenbahnen – insbesondere der Tauernbahn – war nicht nur ein jahrzehntelanger Kampf beendet, sondern es begann für die betroffenen Regionen eine Zeit des Aufschwungs. Allen voran stand das kleine Bergsteigerdorf Mallnitz, das sich durch den Bahnbau viel erhoffte.

Das Beispiel der 500-Seelen-Gemeinde Mallnitz zeigt, wie einschneidend die kommunalen Veränderungen durch den Bau der Tauernbahn waren.

Der Gemeinderat erkannte sofort, welche Chancen sich damit auch für Mallnitz auftun würden, man trat noch am selben Tag zusammen und sogleich wurden die Exzellenzen, der k. k. Eisenbahnminister Ritter von Wittek, der k. k. Finanzminister Dr. von Böhm-Bawerk, der k. k. Ministerpräsident Dr. von Koerber und der Planer der Tauernbahnstrecke, Sektionschef Dr. Ing. Wurmb, zu Ehrenbürgern von Mallnitz ernannt. Die hohen Herrschaften wurden von diesem einstimmigen Gemeinderatsbeschluss auch sogleich telegraphisch benachrichtigt. In dem ausführlichen, betont freundlichen Antwortschreiben des Eisenbahnministers Wittek freute sich dieser, sich fortan „Mitbürger“ bezeichnen zu dürfen, und versicherte Mallnitz seine volle Unterstützung. Bereits am 15.9.1901 erfolgte in Mallnitz der Spatenstich zur Errichtung des Tauerntunnels. Damit begannen auch in Kärnten die Bauarbeiten zu den neuen Alpenbahnen. Das kleine Bergsteigerdorf Mallnitz zählte damals kaum 500 Einwohner und der Bahnbau

© Archiv Alber (2)

Die Familie Alber betreibt seit 1909 ihre Gastronomie-Betriebe in Mallnitz.

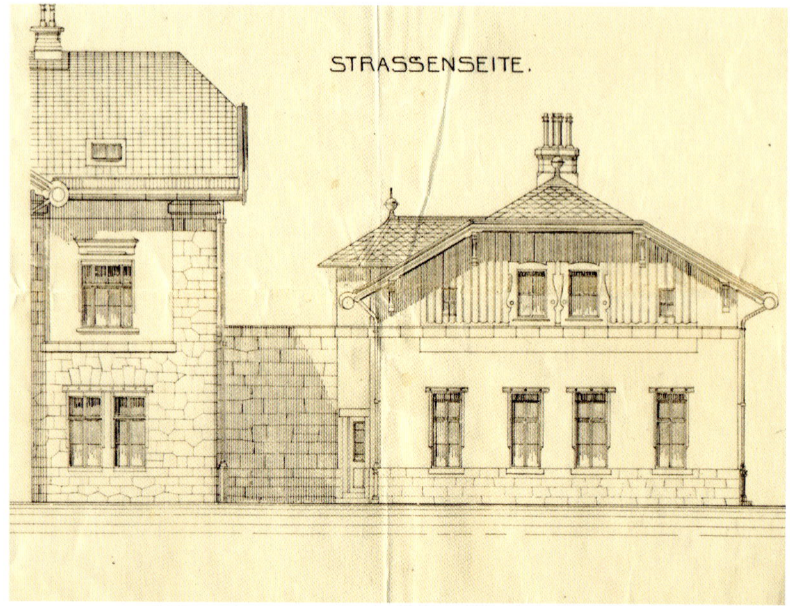

Das Restaurant am Bahnhof wurde durch die Familie Alber errichtet und bewirtschaftet.

bedeutete einen gewaltigen Wendepunkt in der Geschichte des Ortes. Binnen weniger Wochen wurde Mallnitz vom Zuzug der Bauarbeiter, die teilweise sogar mit ihren Familien anreisten, regelrecht überrollt. Das bedeutete auch eine gewaltige Herausforderung an die Infrastruktur. Im Hintertal beim künftigen Südportal wurde eine Barackensiedlung errichtet, in der nicht nur die Bauarbeiter für den Tauerntunnel sondern auch für den Dössentunnel und für sämtliche Freilandbereiche untergebracht waren. Die Bauarbeiter stammten aus allen Teilen der Monarchie, hauptsächlich jedoch aus den Balkanländern. Zusätzlich zu einem normalen Krankenhaus wurde ein spezielles zur Behandlung von infektiösen Krankheiten errichtet. Mangels geeigneter Mobilitätsmöglichkeiten mussten diese wichtigen Infrastrukturen zwingend geschaffen werden. Bis zum nächstgelegenen Krankenhaus wäre eine beschwerliche Kutschenfahrt von rund einem halben Tag notwendig gewesen. Der Bevölkerungsaufschwung beeinflusste auch andere statistische urbane Werte: waren vor dem Bahnbau jährlich 15 – 20 Geburten zu vermelden, so wuchs die Zahl der Neugeborenen im Jahr 1908 auf 132! Die Mallnitzer Pfarrchronik äußerte sich 1900 besorgt, dass im kleinen Ort am Christihimmelfahrtstag bereits das dritte Gasthaus seine Pforten öffnete. Nur sechs Jahre später wuchs deren Anzahl auf 34. Natürlich wurden in diesen Gaststätten nicht nur alkoholfreie Getränke ausgeschenkt, daher kam es immer wieder zu Gasthausraufereien. Diese Streitigkeiten und ein Streik der Bauarbeiter hatten zur Folge, dass die Anzahl der Gendarmen sich erhöhte. Alles deutete darauf hin, dass Mallnitz eine wahrlich große Zukunft noch vor sich hatte. Jedoch mit dem Ende der Bauarbeiten trat die nächste Wende ein: die Bauarbeiterbaracken verschwanden und mit den Bauarbeitern, die zu anderen Arbeitsplätzen abwanderten, verschwand ein Großteil der Gasthäuser wieder. Dennoch veränderte die Tauernbahn den Ort nachhaltig.

Die Einheimischen Betriebe investierten in den Um-, Zu- und Neubau von Gaststätten. Sie bauten auf die Bahn, die viele Gäste zur Sommerfrische bringen sollte. Unter diesen Betrieben findet sich auch die

Der Bahnhof Mallnitz wurde ebenfalls groß angelegt. Hier war eine Drehscheibe zum Wenden der Dampflokomotiven vorhanden. Viele kleinere und größere Umbauten gaben dem Bahnhof seine heutige Form.

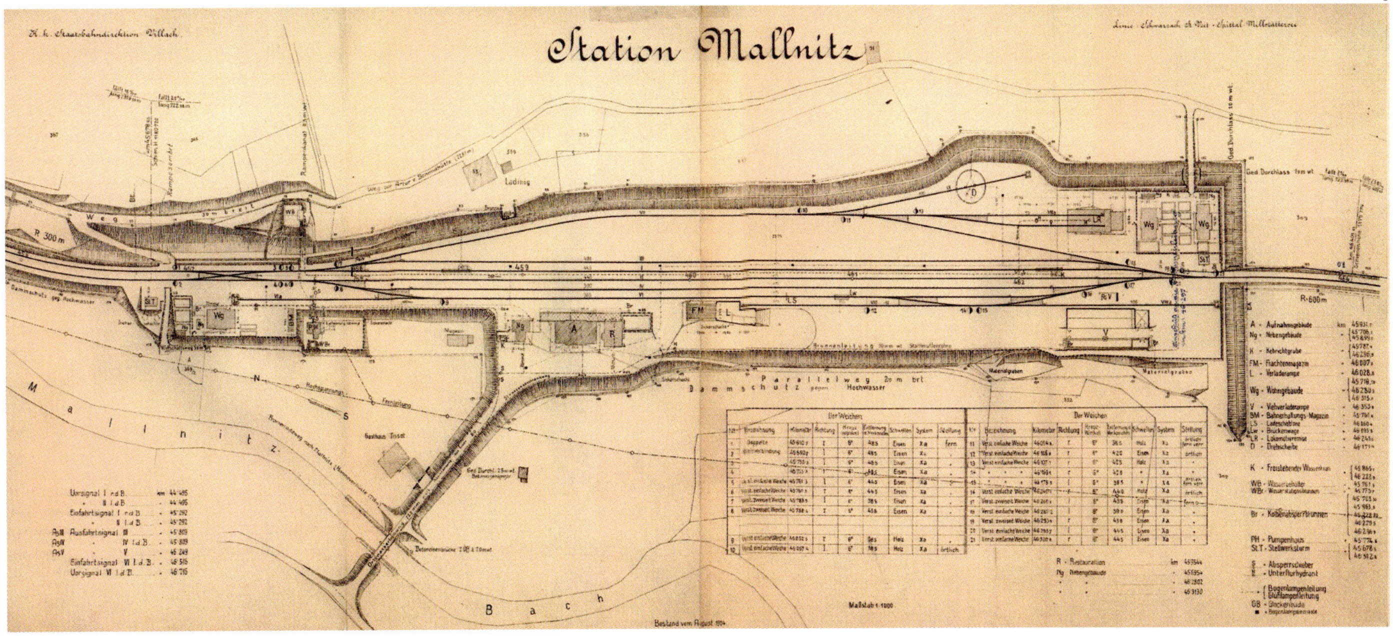

Familie Alber, deren Gaststätte ebenfalls am 5.7.1909 eröffnet wurde. Heute präsentiert sich der Familienbetrieb in völlig verändertem Aussehen – ein moderner Hotelbetrieb kümmert sich um das Wohl der vielen Gäste. Der Familie Alber war es auch zu verdanken, dass auch am Bahnhof eine Restauration errichtet wurde. Diese Bahnhofsrestauration gibt es noch heute und deren Pächter sorgen sich um die Bahnreisenden wie einst vor 100 Jahren. 1913 waren in einem Bebauungsplan bereits urbane Strukturen zu finden, die jenen einer Kleinstadt entsprachen.

Die damals neu errichtete Wasserleitung wurde auf 11.000 Einwohner ausgelegt. Doch aus alledem wurde leider nichts, der Erste Weltkrieg verhinderte die großen Pläne der Mallnitzerinnen und Mallnitzer. Heute präsentiert sich der Ort Mallnitz in seiner historisch gewachsenen dörflichen Struktur und wartet sowohl im Winter als auch im Sommer mit zahlreichen Attraktionen auf. Für die Schifahrer bietet das Schigebiet am Ankogel den richtigen „Kick“ und Wanderer und Tourengeher finden Entspannung in den herrlichen Bergregionen rund um den kleinen Ort.

Diese Postkarte ist ein Beweis wie wichtig der Bau der Tauernbahn für die Bevölkerung war. Selbst die ersten Bauarbeiten am Sohlstollen beim künftigen Nordportal fanden Platz auf dem wichtigsten Kommunikationsmedium der damaligen Zeit.

HALTESTELLE TAUERNTUNNEL

Höhere Mobilität mit der
Autoschleuse
Mallnitz – Badgastein

SALZBURG – KÄRNTEN DIE TAUERNANBINDUNG. Schon bald nach der Vollinbetriebnahme der Tauernbahn erfreute sich ein weiteres Verkehrsmittel zunehmender Beliebtheit: der PKW. Anfangs waren nur vereinzelt Autos im Gasteinertal zu sehen. Einer der ersten war das Vehikel von König Leopold II von Belgien, der 1901 motorisiert ins Gasteinertal reiste aber dann auf den steilen Strecken „Pferdevorspann" benötigte. Autos haben damals eigentlich mehr für Aufsehen gesorgt als die moderne Mobilität. Kurz nach dem Ersten Weltkrieg setzte ein Boom im Kraftwagenverkehr ein, der auch die Tauernbahn, genauer gesagt den Tauerntunnel erfasste. Es entstand der Wunsch, die Bahn durch den Tunnel zu nutzen um die Fahrt von Nord nach Süd und umgekehrt abzukürzen. Bereits 1920 richteten die BBÖ einen ersten Durchschleuseverkehr durch den Tauerntunnel ein.

Nicht nur als Ausweichroute für die Tauernautobahn hat die einzigartige Autoschleuse zwischen Mallnitz und Badgastein seine Daseinsberechtigung.

▲ AUTOSCHLEUSE.
Schon um 1920 wurden erste Formen des Durchschleuseverkehrs durch den Tauerntunnel etabliert. Ab ca. 1935 wurden während den Sommermonaten erstmals eigene Schleusenzüge zwischen Mallnitz und Böckstein geführt. Früher konnten PKW Lenker ihre Fahrzeuge auf allen Bahnhöfen der Tauernbahn als „Eilgutsendung" auf einen Flachwagen verladen. Dieser Flachwagen wurde an einen der nächsten Züge angehängt. Im Laufe der Zeit etablierte sich die Autoschleuse Tauernbahn als dauerhafte Einrichtung zwischen Mallnitz und Böckstein.

© Christoph Posch

Ein offener Güterwagen wurde in Mallnitz und in Böckstein für eventuelle PKW-Fahrten bereitgehalten. Straßenfahrzeuge wurden auf diesen Flachwagen verladen und mit einem Motorbahnwagen (*Motordraisine*) während Zugpausen durch den Tauerntunnel befördert. Später wurde dieser Waggon an Güterzüge angehängt.

Kaum hatten die BBÖ mit dieser Vorstufe des Durchschleuseverkehrs begonnen, waren auch die Kapazitätenauch schon ausgelastet. Bereits in den 1930er Jahren wurde der Einzelwagenverkehr aufgelöst und durch eigene Autoüberstellzüge ersetzt, die vornehmlich in der Sommersaison verkehrten. Ein solcher Autoschleusenzug bestand aus zwölf Flachwagen für bis zu 30 Kraftfahrzeuge, einem geschlossenen Waggon für zehn einspurige Kraftfahrzeuge und aus zwei zweiachsigen Personenwaggons für die Reisenden. Zu dieser Zeit waren alle verladenen Kraftfahrzeuge mit Ketten gesichert und die Fahrgäste mussten in den Personenwaggons Platz nehmen. 1935 verkehrten von 15. Juni bis 15. September zehn Schleusenzugpaare und in der Vor- und Nachsaison immerhin noch sechs.

Ein derartiger Schleusenvorgang dauerte betrieblich rund 43 Minuten, ein kompletter Umlauf daher rund 86 Minuten. Die Stundenleistung wurde daraus mit 40 PKW in beiden Richtungen festgelegt. Bei stärkerem Andrang war schon damals eine zweite Garnitur notwendig. Damit erreichten die BBÖ eine Tagesleistung von rund 1.400 PKW in beiden Richtungen.

Bis zum Ende des Zweiten Weltkrieges reichte dieses Angebot völlig aus. Als gegen Ende der 1950er Jahre ein wahrer Autoboom einsetzte, waren auch die erweiterten Kapazitäten der Autoschleuse Tauernbahn zu gering. Die Züge wurden verlängert und planmäßig eine zweite Garnitur eingesetzt. Doch mit dem weiter stark zunehmenden Individualverkehr schlitterte man immer mehr in eine äußerst prekäre Situation. Kilometerlange Autokolonnen und Wartezeiten bis zu neun Stunden stellten der Autoschleuse Tauernbahn kein gutes Zeugnis aus. Die Situation musste sofort verbessert werden. Aber die Zentralstellen in Wien konnten vorerst zu keiner Entscheidung bewegt werden.

Ein Straßentunnel zwischen Mallnitz und Badgastein?

Die zuvor beschriebene Situation rief schnell die Eisenbahn-Kritiker auf den Plan. Sie forderten eine Straßenverbindung zwischen Mallnitz und Böckstein. Dazu sollte ein eigener Tunnel, etwas oberhalb von Mallnitz ins Gasteinertal vorgetrieben werden. Diese Pläne wurden am 5.9.1959, genau am 50. Geburtstag der Tauernbahn von einem aktiven Bahnbediensteten präsentiert. Welch eine Groteske! Der einröhrige Straßentunnel wurde für zwei Fahrbahnen ausgelegt und hätte eine Länge von etwa 8,4 km aufgewiesen. Der mautpflichtige Tunnel sollte von einer eigenen Betreibergesellschaft errichtet werden, während die Zufahrtsrampen von der Bundesstraßenverwaltung gebaut werden sollen. Die Erhaltung der 14 km Straßen-Scheitelstrecke wäre durch eine Straßenmaut finanziert worden.

Ganz neu war die Idee hingegen nicht, denn zur Zeit des Deutschen Reiches entwickelten die damaligen Autobahnbauer den Plan, parallel zum Tauerntunnel einen modernen vierspurigen Straßentunnel zu errichten. Der Zweite Weltkrieg vereitelte schließlich diese Pläne und die Tauernautobahn wurde genau über jene Linie geführt, die einst Kurt Waldvogel für die zweite Eisenbahnverbindung mit Triest vorgeschlagen hatte, nämlich von Eben im Pongau ausgehend über Zederhaus und das Liesertal nach Spittal an der Drau. Bei allen Vorteilen diese Strecke bei oberflächlichen Hinschauen bot, wurden mehrere gravierende Schwachpunkte im Detail sichtbar. Wäre das Straßentunnelprojekt errichtet worden, so müssten die Zufahrtsstraßen auf beiden Seiten des Tauernhauptkamms aufwändig ausgebaut werden. Unter anderem fiel auch die Wirtschaftlichkeitsberechnung des geplanten Straßentunnels negativ aus: Ein jährliches Defizit von 47 Mio. Schilling wäre zu erwarten gewesen. Die jeweiligen Kommunal- und Landespolitiker zögerten nach diesen unheilvollen Botschaften mit der Umsetzung. Schließlich wurden die ÖBB-Zentralstellen in Wien wieder aktiv und waren bereit, wesentliche Verbesserungen für den Durchschleuseverkehr ins Auge zu fassen. Eine kleine Sensation, wenn man bedenkt, wie autolastig die damalige Gesellschaft war.

Das Projekt kam schnell in Fahrt und wurde noch 1963 baulich umgesetzt. Die Schleusenzüge wurden auf 30 Flachwagen (*die später einen Steinschlagkäfig erhielten*) verlängert. Bis zu 72 PKW's konnten Stoßstange an Stoßstange verladen werden. Zusätzlich verfügten die Garnituren über einen Reisezugwaggon und einen Güterwaggon für einspurige Kraftfahrzeuge. Auffahrwagen an jedem Ende ermöglichten einen schnellen Verladeprozess.

Weitere Verbesserungen umfassten die Einrichtung von sechs automatischen Blockstellen auf der Scheitelstrecke, der Einsatz von leistungsstarken Lokomotiven mit einer automatischen Mittelpufferkupplung (*Unicoupler*) und den Einsatz einer dritten Schleusengarnitur. Im Maximalfall konnten so 420 Kraftfahrzeuge pro Stunde und 5.500 pro Tag befördert werden. Die Verbesserungen im Schleusenbetrieb kamen keineswegs zu früh. Waren 1963 beim Ausbau des Schleusenbetriebes 307.100 PKW durch den Tauerntunnel befördert worden, so verdoppelte sich die PKW-Anzahl bis 1966 auf rund 629.200 PKW. Nach der Eröffnung der Felbertauernstraße sank die Zahl der beförderten PKW pro Jahr auf rund 500.000. Bis 1975 als die Tauernautobahn eröffnet wurde, beförderte die Autoschleuse 756.200 PKW'S (*1973*) um dann bis 1985 auf rund 200.000 PKW-Durchschleusenfahrten abzusinken. Die Frequenzen blieben dann bis zum Milleniumsjahr hinauf annähernd stabil.

Gegen Ende der 1990er Jahre kamen auch die alten zweiachsigen Autozugwagen in die Jahre. Ein Ersatz musste her. Dieser war schnell gefunden, nämlich in Form von Niederflurwaggons der ersten Generation, die für die Rollende Landstraße unterwegs waren. Diese achtachsigen Waggons, auch als „Dultinger Wagen" (*Namensgebung nach ihrem Erfinder*) bezeichnet wurden, mussten vor dem Einsatz in der Autoschleuse umfangreichen Modifizierungen unterzogen werden. Dabei erhielten die Waggons einen Stahlkäfig und wurden in auffälligem verkehrsrot lackiert. Neuerdings konnten Busse im Zugsverband mitgeführt werden. Auch neue umgebaute Reisezugswaggons wurden in den Zugsverband eingegliedert. Eine neue Wagengattung kam ebenfalls zum Einsatz: der Rampenwagen als Bindeglied zwischen dem

Auch für das leibliche Wohl der Nutzer der Autoschleuse wurde gesorgt.

Folgende Verbesserungen sollten umgesetzt werden
Verbesserungen der gesamten Logistikabläufe beim Ver- und Entladen
Die Ver- und Entladeprozesse sollten radikal verkürzt werden
Fahrgäste sollten künftig im eigenen Kraftfahrzeug bleiben
Die Kapazität der Züge sollten verdoppelt werden

© Sammlung Daxbeck

Sowohl in Mallnitz als auch in Böckstein wurden die Verladeplätze zwischen 1963 und 1964 umfassend neu organisiert, um den Ansturm der durchzuschleusenden PKW bewältigen zu können.

Nach dem neuen Betriebskonzept sehen die neuen beiden Züge der Autoschleuse Tauernbahn folgendermaßen aus
1x Doppelstockwaggon für Fahrgäste
1x Auffahrwaggon
1x Rampenwaggon
11x Niederflurwaggon
1x Rampenwaggon
1x Auffahrwaggon
1x Doppelstockwaggon für Fahrgäste

Auffahrwagen und den niederflurigen Autotransportwagen. Bis 1991 wurden zwei Autoschleusengarnituren komplett mit diesen Waggons gebildet. Mit der Tunnelkatastrophe von Kaprun, als am 11.11.2000 ein Wagen der „Kitzsteingams“ zum Kitzsteinhorn brannte und 155 Menschen den Tod fanden, trat auch bei den ÖBB ein Paradigmenwechsel ein. Die Sicherheitskonzepte wurden überprüft und davon war die ÖBB-Autoschleuse Tauernbahn betroffen. Die bisherige Betriebsform wurde vom Bundesministerium für Verkehr, Innovation und Technologie nicht mehr genehmigt. Die ÖBB wurden aufgefordert den Schleusenbetrieb anfang Dezember des gleichen Jahres in der bisherigen Form einzustellen. Das erfolgte umgehend – Proteste der Bevölkerung der Möll- und Gasteinertales blieben nicht aus.

Wenige Tage später fanden die Verantwortlichen von der ÖBB und BMVIT, sowie des Landes Kärnten und der betroffenen Gemeinden einen Kompromiss. Dieser wurde ab 8.12.2000 wieder aufgenommen und als „Notprogramm“ gefahren. Dieses „Notprogramm“ hielt dann schließlich bis 2005, als die ÖBB-Personenverkehr AG neue, niederflurige Autoschleusengarnituren in Betrieb nahmen. Die Waggons stammten ursprünglich von der „Rollenden Landstraße“, die diese Fahrzeuge nicht mehr benötigte. Auf die achtachsigen Niederflurwaggons baute schließlich das TS-Werk Knittelfeld neue käfigartige Aufbauten mit Überdachungen auf und brachte die beiden neuen Schleusengarnituren in Betrieb. Die beiden neuen Züge bieten Platz für ca 50 PKW. Auch Busse dürfen unter Einhaltung bestimmter Beförderungsbedingungen die Schleuse weiter nutzen.

Nach den Wirren des Spätherbstes des Jahres 2000 ist mit dem neuen Betriebskonzept und den neuen Garnituren der Betrieb der Autoschleuse Tauernbahn auch in Zukunft abgesichert. Seit Mitte Juli werden die Schleusenzüge im Wendezugbetrieb eingesetzt. Dementsprechende Steuerwagen wurden bereits vor einigen Monaten nach Mallnitz umstationiert. Mit dem Einsatz dieses modernen Wagenmaterials und der Aktivierung des neuen Betriebskonzeptes kann der Betrieb der Autoschleuse Tauernbahn nachhaltig auch in Zukunft garantiert werden.

HÖHERE MOBILITÄT MIT DER AUTOSCHLEUSE MALLNITZ – BADGASTEIN

NEUE SCHLEUSENGARNITUREN. Nach der Tunnelkatastrophe vom Kitzsteinhorn musste der Schleusenbetrieb durch den Tauern Hauptkamm neu organisiert werden. Nach Fixierung des Fortbestandes wurden zwei neue Schleusengarnituren beschafft. Neben dem alten Nordportal des Tauerntunnels fährt am 17.8.2006 die 1116.250 „Mozart“ mit dem Schleusenzug 9607 in Richtung Tauerntunnel.

© Gerald Kowarik

© Sammlung Daxbeck (2), Archiv Wiesner (2)

Die langen PKW-Kolonnen die in den Hochsaisonen des Bergtourismus ankamen, wurden in Mallnitz in zwei Spuren abgefertigt.

In den neuen Schleusengarnituren konnten die PKW-Insassen während der Überstellung bzw. Durchschleusung in ihren Fahrzeugen bleiben.

Bis zum Einsatz der neuen Schleusengarnituren wurden die PKW nur in einer Verlade-Ebene auf Flachwagen hintereinander verladen.

Auch Busse wurden täglich auf die Flachwagen verladen, gesichert und durch den Tauerntunnel geschleust.

© Archiv Wieser (2), Archiv Posch

In Böckstein wartet eine Schleusengarnitur, gebildet noch aus den alten, offenen Waggons, auf die Entladung.

1990 wurden die alten zweiachsigen Waggons durch modernere achtachsige Niederflurwaggons ersetzt. Die Waggons erlaubten auch den Transport von Autobussen.

© Gerald Kowarik

UEFA-DESIGN. Die im UEFA-Design gehaltene 1116.080 bespannt am 12.2.2008 den Schleusenzug 9613 auf der Fahrt von Böckstein nach Mallnitz. Der hinter der Lok zu sehende Doppelstock-Steuerwagen ist Vorbote des Wendezugbetriebs, der probeweise erst im August 2009 aufgenommen wurde.

BETRIEBSDIENST. Der Bahnbetrieb auf den langen Rampenstrecken ist eine richtige Herausforderung. Sowohl im Güter als auch im Personenverkehr gelten heute andere Anforderungen wie zur Zeit der Aufnahme des elektrischen Betriebs. Heute müssen schwere Züge mit bis zu 110 km/h über den Tauern-Hauptkamm geführt werden. Logisch, dass sich die Lokomotivtechnik mit den gestiegenen Anforderungsprofilen mit entwickelt hat. Die moderne Taurus-Hochleistungslok-Flotte ist heute wie damals die E 94, die spätere 1020, das Rückgrat im modernen Tauernbahnverkehr.

Von der E 94 zur

Taurus Hochleistungslok

MODERNER BETRIEB. Die Tauerbahn ist ob ihrer Trassierung eine besonders anspruchsvolle Bahnstrecke, auch für die Lokomotiven. Die langen Rampenstrecken setzten sowohl Technik als auch Personal extrem zu. Zu Zeiten der Dampftraktion bedeutete eine Bergfahrt höchste Kraftanstrengung an Lokführer und Heizer, während die Talfahrt bei zumeist handgebremsten Zügen doch mit einem gewissen Risiko behaftet war. Die elektrische Traktion war da schon ein Riesenfortschritt. Nicht nur der Kraftanstrengung wegen, sondern in punkto Leistung und Geschwindigkeit. Wie die Geschichte belegt, waren sowohl die ersten Dampfloks als auch die ersten Elektroloks der Tauernbahn nur wenig tauglich. Erst Jahre später wurden brauchbare Loks eingesetzt. Im Zweiten Weltkrieg erreichte im Jahr 1940 die Tauernbahn eine ganz besondere Elektrolok, die KEL 2 (*Kriegselektrolok 2*) oder besser bekannt unter dem Synonym E 94. Kriegsloks waren übrigens technisch sehr vereinfachte Fahrzeuge, die vorwiegend aus „Heimstoffen“ gebaut wurden. Importierte Güter wie Kupfer usw. wurden nur in sehr beschränktem Ausmaß eingebaut. Mit Ausnahme der E 94. Sie erhielt als letzte Kriegselektrolok noch einen mit Kupfer gewickelten Transformator. Bei späteren, kleineren Loks wurden solche mit Aluminiumwicklung (*mit sehr bescheidenem Erfolg*) eingesetzt. Diese sechsachsigen Loks waren richtige Schwergewichte brachten 120 t auf die Waage und leisteten für damalige Zeiten gewaltige 4.400 PS. Diese Loks waren in der Lage, Züge mit 550 t Gewicht sowohl auf der Nord- als auch der Südrampe bei gleich bleibender Geschwindigkeit von 70-80 km/h zu befördern. Eine gewaltige Leistung, die bis dahin keine einzige Lok erreicht hatte und bis zum ersten Einsatz der moderneren 1110 im Jahr 1956 nicht übertroffen wurde. Vor der Inbetriebnahme der E 94 bewältigten die viel schwächeren 1170.2 (*ab 1938 E 45.2*) die Hauptlast der elektrischen Traktion. Die E 94 verdrängte die E 45.2 in einem weiteren wichtigen Tauerndienst, dem Vorspannbetrieb ab Spittal und Schwarzach/St. Veit.

Viele legendäre Züge wie der „Blaue Enzian“ wurden über die anspruchsvolle Tauernbahn geführt, wobei eine Vielfalt an Lokomotiven zum Einsatz kam.

Viele Züge waren schwerer als die Grenzlast der E 94 mit 550 t und benötigten Vorspannhilfe, die in der ganzen 100 jährigen Geschichte der Tauernbahn großteils von älteren, schwächeren Loks gestellt wurde. In Schwarzach/St. Veit und in Spittal/Millstättersee wurden zu diesem Zweck größere Heizhausanlagen und Lokwartebereiche errichtet. In diesem Zusammenhang sei erwähnt, dass sowohl in Mallnitz als auch in Böckstein Drehscheiben zum Wenden von Dampfloks errichtet wurden. Diese waren notwendig, damit man die zu ihren Ausgangspunkten zurückkehrenden Vorspannmaschinen „richtig" talwärts fahren konnten. Dampfloks hatten entsprechend ihrer Bauart großteils zwei verschiedene zulässige Höchstgeschwindigkeiten. Dabei war die Seite mit dem Schlot die vordere, also richtige Seite. Vor allem Schlepptenderloks durften sich rückwärts nur etwas langsamer fortbewegen. Doch nun zurück zur Elektrischen Traktion: Im Zweiten Weltkrieg war, wie schon an anderer Stelle erwähnt, die Tauernbahn ein wichtiges Rückgrat vor allem für Militärtransporte. Fast zur gleichen Zeit kam ein weiterer E-Lok Typ auf die Tauernbahn, die E 18. Diese leichte großrädrige E-Lok verfügte über eine sehr bescheidene Zugkraft von nur 320 – 350 t. Sie war zu schwach für die wenigen damals verkehrenden Reisezüge und verschwand von den Rampenstrecken ebenso schnell wie sie gekommen war. Der zweite Weltkrieg hinterließ auf der Tauernbahn seine Spuren und nach dem Wiederaufbau und dem Neubau des Seebach-Viaduktes bei Mühldorf startete der Tauernbahnverkehr auf ein Neues. Aus der E 94 wurde die berühmte ÖBB 1020 und aus dem kleinen Arbeitstier der E 45.2 die ÖBB 1245. Zwei Loktypen, die bis zum Einsatz modernerer Baureihen Jahrzehnte später die Hauptlast des Tauernbahn Verkehrs trugen. 1955 und 1956 erschienen die nächsten schweren sechsachsigen Loks, die ÖBB-Reihen 1010 und 1110. Ab den Jahren 1952 und 1955 erreichten mit den 1041 und 1141 auch zwei leichte vierachsige Loktypen die Tauernbahn. Für viele Jahre machten diese sechs Loktypen „Gemeinsame Sache" und bildeten das Rückgrat auf dieser wichtigen Nord – Südachse.

RAILJET.
Speziell adaptierte Taurus-Hochleistungsloks ziehen das ÖBB-Premiumprodukt, den Hochgeschwindigkeitszug Railjet.

POLARFUCHS.
Aus dem hohen Norden, aus Schweden, stammen die zehn Thyristorloks der Reihe 1043.

ALLROUNDLOK.
Die Loks der Reihe 1044 sind heute die Allroundloks auf der Tauernbahn und werden sowohl als Zug, Vorspann- oder Schiebeloks eingesetzt.

VERSCHUBLOK.
Nur selten waren die Loks der Reihe 1063 am Tauern zu sehen und bespannten Fahrverschub- oder Bauzüge.

Die Achse in Richtung Balkanstaaten

Deren Bedeutung sder Tauernbahn stieg vor allem mit der erfolgreichen Etablierung der alten Hauptverbindungen in Richtung Balkanländer. Von Norden kommend, wurden im Südosten ferne Reiseziele wie Istanbul, Thessaloniki, Athen, Split, Beograd, Sarajewo und viele andere mit direkten Zügen oder Kurswagengruppen angefahren. Die letzten dieser durchgehenden Balkanzüge hielten sich bis zum Ausbruch des unheilvollen Jugoslawien Krieges im Jahr 1991. Diese „Balkanzüge" bildeten die Hauptlast im internationalen Reisezugsverkehr und wurden großteils im Gesamtlauf von München bis nach Jesenice, dem Grenzbahnhof zu Jugoslawien, mit den deutschen Loks der Reihe E 10, der späteren DB 110, bespannt. Auch im Touristikverkehr von Deutschland nach Südösterreich erreichte ein Paradezug 1969 erstmals Kärnten: der „Blaue Enzian", eine hochklassige TEE (*Trans Europ Express*) Verbindung von Hamburg nach Klagenfurt. Der ausschließlich aus 1. Klasse DB-TEE Waggons (*Trans-Europ-Express*) gebildete Zug war auf der Tauernbahn DER Prioritätszug schlechthin. Am Tauern entstandene Verspätungen, verschuldet durch die Betriebsabwicklung, führten unweigerlich zu kleineren disziplinären Maßnahmen für die beteiligten Mitarbeiter.

Im Laufe der Zeit war der TEE Blaue Enzian mit nur einer Wagenklasse nicht mehr zeitgemäß und wurde neu als Expresszug nach Dortmund mit 1. und 2. Wagenklasse eingesetzt. Eine Verbindung, die sich bis heute noch gehalten hat. Ein weiterer Paradezug verkehrte ebenfalls lange Jahre über die Tauernbahn bis zum Fahrplanwechsel 1991: Der Ex 217/216 „Austria Express". Er verband Hoeck van Holland mit Klagenfurt und bestand aus Sitzwagen 1. und 2. Klasse sowie aus Liege- und Schlafwagen.

Mit der Etablierung des NAT 91, des „Neuen Austro Taktes" im Jahr 1991, erfuhr der Schnellverkehr über die Tauernbahn eine große Veränderung.

REIHEN 139 UND 140.
m Güterverkehr kamen auch DB-Loks der Reihen 139 und 140 auf die Tauernbahn. Im schweren Güterzugsdienst wurden immer wieder Loks der Deutschen Bundesbahn eingestetzt.

TURNUSREISEZÜGE.
Besonders stark genutzt wird die Tauernbahn seit je her von Turnusreisezügen.

STÄDTESCHNELLZUG.
Die Triebwagen der Reihe 4010 waren bis 2005 auf der Tauernbahn heimisch. Sie waren bis zuletzt im hochwertigen Fernverkehr eingesetzt.

SECHSACHSER.
Ob ihrer Trassierung wurden auf der Tauernbahn bis zum Erscheinen der Taurus Hochleistungsloks stets schwere sechsachsige Loks eingesetzt.

Viele traditionelle Verbindungen wurden gekappt, der „Austria Express“ oder der „Akropolis“(*München – Athen*) verschwanden aus den Fahrplänen, während neue Züge wie der EuroCity „Mimara“ (*München – Zagreb, später Berlin – Zagreb)* erstmals den Weg über die Tauernbahn antraten. Eine Zäsur im internationalen Balkanverkehr brachte schließlich der Ausbruch des Krieges im ehemaligen Jugoslawien. Die traditionelle Route wurde unterbrochen und ein Teil der Reisezüge via Wien, Ungarn und Rumänien umgeleitet. Einzig der EC 10/11“ Mimara“ (*München – Zagreb – München*) verblieb noch im Gesamtlauf. Wesentlich schlimmer erwischte es den Tauern-Güterverkehr. Die Bahnfahrgäste stiegen auf alternative Verkehrsmittel um, aber die Frachtrouten änderten sich nachhaltig. Davon profitierte vorerst mal die Donauachse. Erst gegen Ende der 1990er Jahre gelang es, einen Teil der für die Tauernbahn verloren gegangenen Fracht wieder zurückzuholen.

Vom bunten Bahnbetrieb zum einheitlichen Erscheinungsbild

Wie zuvor beschrieben, herrschte über lange Jahrzehnte auf der Tauernbahn ein wahrlich buntes Treiben von verschiedensten Loks aller Bauarten. Mitte der 1960er Jahre erreichte schließlich die ÖBB 1042 die Tauernbahn. Die 1042 war damals die am weitesten verbreitete Lok in Österreich mit insgesamt 257 gebauten Expemplaren. Auch sie konnte eigentlich nichts zur Vereinheitlichung des Bahnverkehrs auf der Tauernbahn beitragen. Die Hauptlast des Bahnverkehrs verblieb weiter bei den äußerst leistungsfähigen Sechsachsern. Die 1042 wird übrigens gerne als „Grenzleistungslok“ benannt. In ihr gipfelte die traditionelle Wechselstromtechnik mit Schaltwerken für die Geschwindigkeits- und Zugkraftregulation. Eine Leistungssteigerung schien mit der bisherigen Technik nicht sinnvoll realisierbar und neue sechsachsige Loks kamen wegen ihrer äußerst kritischen Fahrdynamik nicht in Frage. An ausländischen Fahrzeugen kamen in den Folgejahren Loks der DB Baureihen 110, 111, 139, 140 und 151 zum Einsatz. Vereinzelt verschlug es den Gläsernen Zug der Baureihe E 491 zu Sonderfahrten auf die Tauernbahn. Der Turnusreisezugsverkehr war lange Jahre hindurch fest in der Hand der deutschen Reihe 110. Während die 139, 140 und 151 im Güterzugsdienst die Alpen überquerten. Die 111 war ab den 1980er Jahren DIE klassische Lok vor internationalen Fernverkehrszügen. Ende der 1960er Jahre wurden die ÖBB auf Versuche in Schweden mit so genannten Diodenloks aufmerksam. Ihre Nachfolgebauarten wurden mit Thyristoren zur stufenlosen Leistungsregelung ausgestattet. 1971 erhielten die ÖBB die ersten drei Thyristorloks der Reihe 1043. Von Anfang an waren die 1043 für den Betrieb auf der Tauernbahn bestimmt. Bis 1974 wurden insgesamt zehn derartige Loks in Dienst gestellt. Die Leistungskennwerte der vierachsigen Loks waren gewaltig und jenen der sechsachsigen 1020 nahezu ebenbürtig. 100 Loks wollten die ÖBB von dieser sehr gut brauchbaren und kostengünstigen Lok beschaffen. Die Bestellungen unterblieben jedoch infolge scharfer Proteste der Österreichischen Industrie. Hier war ebenfalls eine vierachsige Thyristorlok vor dem Rollout, die Universallok der Reihe 1044. Bis Mitte der 1990er Jahre lieferte die Österreichische Lokomotivfabrik Simmering Graz Pauker (*SGP*) nicht weniger als 216 Loks dieser leistungsstarken Type, die schließlich für eine gewisse Bereinigung im „Typensalat“ auf der Tauernbahn sorgte. Ältere und schwächere Loks wurden zurückgedrängt. Die 1245 und 1020 verschwanden schließlich im Jahre 1995 von den ÖBB Gleisen vom planmäßigen Zugsbetrieb. In den letzten Jahren des 20. Jahrhunderts orderten die ÖBB moderne vierachsige Drehstromloks vom Hersteller Siemens Transportation Systems. Die 6,4 MW Hochleistungsloks Taurus der Reihen 1016 und 1116 absolvierten erstmals 1999 Versuchsfahrten auf der Tauernbahn. Dabei wurden Anhängelasten von bis zu 800 t im Alleingang bewältigt. In den Planbetrieb ging die Taurus schließlich mit 650 t Anhängelast. Das war mehr als jede andere Lok zuvor. Heute sind die Taurus Hochleistungsloks der Reihen 1016, 1116 und 1216 allgegenwärtig auf der Tauernbahn. Für Vorspann- und Schiebedienste auf den langen Rampenstrecken werden in Spittal/Millstättersee und in Schwarzach/St. Veit Loks der Reihe 1044 vorgehalten. Die jahrzehntelange gewünschte Vereinheitlichung der eingesetzten Lokomotiven konnte erst nach über 95 Jahre Bahnbetrieb auf der Tauernbahn erreicht werden.

VON DER E 94 ZUR TAURUS HOCHLEISTUNGSLOK

© Christoph Posch (4), Wolfgang Unterdünhofen (1)

Seit der Liberalisierung des Güterverkehrs vor einigen Jahren sind Güterzüge privater Eisenbahnverkehrsunternehmen nahezu täglich auf der Tauernbahn zu sehen. Die VOEST-Tochtergesellschaft CargoServ führt seit 2005 den Stahlblechganzzug 47209 von Linz in Richtung Italien, der am 27.7.2008 mit der 182.940 bespannt war.

Die Tauernbahn wird auch gerne für Probefahrten neuer Triebfahrzeuge genutzt. Am 5.5.2007 leisteten die brandneuen „Angel Trains“ Mehrsystemlokomotiven 186.127 und 126 der ES 64 U2 001 Vorspannhilfe vor dem Güterzug 41861 auf der Fahrt nach Villach.

Von Salzburg über die **Nordrampe**

© Christoph Posch

ANGERSCHLUCHT. An einem kalten Oktobermorgen im Jahr 1995 läuft die 1042.630 als Nachschiebelok an einem Intercityzug bis nach Schwarzach/St. Veit durch. Die 1042 wurde in 257 Exemplaren als so genannte „Grenzleistungslok“ in konventioneller Technik gebaut. Leistungsmäßig wurden sie erst 1974 von der Thyristorlok der Reihe 1044 übertroffen.

Seit den 1980er Jahren wurde der Nachschiebebetrieb auf der Tauernbahn wieder praktiziert. Eingesetzt wurden für lange Jahre bis 2001 Loks der Reihe 1042, wie hier die 1042.632 am Kärnten Express bei der Einfahrt in Badgastein.

Kurz vor dem Weitmoser Viadukt von Schwarzach kommend befindet sich diese steile, aus Bruchsteinen gemauerte Wegüberführung.

ERNEUERUNG.
Bereits 2010 wird die alte Stahlfachwerkbogenbrücke über die Angerschlucht durch eine moderne Stahlbetonbogenbrücke ersetzt. Die neue Angerschlucht-Brücke ist bereits im Rohbau fertig gestellt und wird nach Abschluss der nachträglich vorgenommenen Umweltverträglichkeitsprüfung in Betrieb genommen.

Gegen Ende ihrer Einsatzkarriere kamen die schweren sechsachsigen Güterzugloks der Reihe 1110.5 wieder auf die Tauernbahn. Die zehn Loks dieser Baureihe verfügen über eine elektrische Widerstandsbremse und waren dadurch für lange Rampenstrecken besondert gut geeignet.

Mit Fahrverschubzügen gelangen die Loks der Reihe 1163 bis ins Gasteinertal, wie hier die 1163.005. Am Berghang im Hintergrund erkennt man den Birglbauern, wo heute die moderne zweigleisige Trasse im 960 m langen Birgl-Tunnel verschwindet.

Die Loks der Reihe 1245 (*früher 1170.2*) waren über ein halbes Jahrhundert planmäßig am Berg eingesetzt um dann in untergeordnete Dienste abzuwandern. Bis zu ihrem Ausscheiden 1995 halfen sie als Bauzuglokomotiven beim zweigleisigen Ausbau.

Der Generationswechsel naht. Viele Altbaulokomotiven wurden in den letzten zehn Jahren durch moderne Drehstromloks ersetzt. Auch die DB 189 wurde auf der Tauernbahn erprobt. Der planmäßige Einsatz der modernen DB-Loks auf dieser Gebirgsstrecke blieb bislang aus.

ABSCHIED.
Die 1020 war über viele Jahre hindurch DIE Tauern-Lok schlechthin. Als die Zeit ihrer Abstellung nahte, wurden die 1020er mehrmals außertourlich über den Tauern-Hauptkamm auf die Reise geschickt. Die 1020.003 leistete am 6.8.1994 einer deutschen 110 Vorspannhilfe vor dem „Kärnten Express". Das Gespann ist bei der Einfahrt in den Bahnhof Böckstein zu sehen.

Bahnluxus zu Zeiten Kiesingers & Kreisky

Der „Blaue Enzian“

PRIORITÄTSZUG.
Der TEE „Blaue Enzian“ galt für lange Zeit als DER Prioritätszug auf der Tauernbahn. Die Reise führte anfangs den komplett aus 1. Klasse DB Waggons gebildeten Zug von Hamburg über München nach Klagenfurt. Planmäßig führte der Blaue Enzian auch einen Speisewagen mit. Die Fahrgäste wurden auch direkt am Sitzplatz bedient.

Die Siemens-„Eurosprinter"-Hochleistungsloks der Reihen ES 64 der verschiedensten Bauformen sind heute bei vielen Bahnen zu sehen. Seit Ende 2008 fährt eine solche Lok auch für die Salzburger Lokalbahnen. Die 1216.940 der SLB spannt am 5.7.2009 die 182.940 am Güterzug 47213 vor.

Wenige Tage vor der Betriebsaufnahme der neuen Umfahrung Kaponig erfolgten die ersten Probefahrten der neuen ÖBB-Taurus Hochleistungsloks auf der Tauernbahn. Vor bis zu 750 t schweren Schotterzügen zeigte die 1016.003 was in ihr steckt, wie hier bei der Talfahrt am Waldmanngraben-Viadukt.

Nach dem Tauerntunnel zur

Südrampe

LANGLÄUFE. Bis nach Villach und weiter nach Jesenice kamen planmäßig Güterzugslokomotiven der Deutschen Bahn. Die Loks der DB Reihen 139, 140 und 151 wurden vor allem in Langläufen von München bis nach Kärnten und retour eingesetzt. Im Juli 1990 überquert die grüne 140.042 den Kaponiggraben-Viadukt.

Lange Jahre war der schwere Güterzugsdienst auf der Tauernbahn die Domäne der Reihe 1043, die von 1971-1973 aus Schweden importiert wurden. Bis zu 100 derartige Loks sollten bei ASEA geordert werden. Scharfe Proteste der Österreichischen Lokindustrie verhinderten jedoch dieses Vorhaben zu Gunsten der heimischen 1044.

Dem Regionalzug 4601 vorgespannt, erreicht die als so genannte „Brenner Lok“ gebaute Mehrsystemlok 1822.002 den Bahnhof Spittal/Millstättersee. Geplant war eine Serie von 120 Loks für den alpenquerenden Güterverkehr über den Brennerpass. Über eine Stückzahl von fünf Prototypen ist die 1822 nicht hinaus gekommen und heute komplett von Österreichs Gleisen verschwunden.

Bis Kolbnitz sind die Bahnhöfe derTauernbahn noch leicht vom Talboden aus erreichbar. In Penk und Oberfalkenstein schaut die Lage schon etwas anders aus. Schmale zum Teil nicht befestigte Wege führen den Berg hinauf. Verständlich, dass hier die Fahrgastfrequenzen wegen des dünn besiedelten und schwer erreichbaren Gebietes zurückgegangen sind. Der Regionalverkehr beschränkt sich heute nur mehr auf zwei Zugspaare in Tagesrandlage.

Das Highlight im Turnusreisezugsverkehr über die Tauernbahn waren die samstäglichen TUI-Ferienexpress-Züge. Die Garnituren waren komplett aus Privatwagen des deutschen Reisebüros TUI und DB-Autotransportwaggons gebildet. Stets waren sie mit einer DB 111 bis Klagenfurt Hbf. bespannt. Mitte der 1990er Jahre wurde ein Teil der Waggons an die Niederländischen Eisenbahnen verkauft und die TUI-Züge gehörten der Vergangenheit an.

ROLLENDE LANDSTRASSE. Bis zur Aufhebung der ÖKO-Punkte Regelung für den Transitverkehr nach Österreichs Beitritt zur EU waren die Züge der Rollenden Landstraße eine beliebte Ausweichroute für LKW-Frächter. Am Bild sieht man die 1044.041 mit dem Zug 42903 nach Ljubljana am Waldmanngraben-Viadukt.

Im November 2001 wurden die neun verbliebenen Loks der ÖBB-Reihe 1043 ausgemustert und an eine schwedische Privatbahn verkauft. Die Loks wurden in Villach gesammelt und in einem Lokzug nach Summerau überführt, von wo aus der Weitertransport einzeln erfolgte.

Der Dössenbach-Viadukt war das Photomotiv für den Intercityzug 592, der an der Zugspitze auch einen DB-Postwagen mitführte. Heute fährt die Post nicht mehr mit dem Zug sondern per LKW auf der Tauernautobahn.

Das Zugspaar Eurocity 10/11 Mimara war DIE Neuerung im Sommerfahrplan 1991. Der Zug verband Zagreb mit der Bayrischen Hauptstadt München. Einige Jahre später war dann das Reiseziel Berlin. Heute ist der verbliebene Rest des Zuges nur mehr zwischen Zagreb und Villach unterwegs.

Die alte Trasse in Mallnitz existiert schon längst nicht mehr. Sie verläuft heute mitten durch diese Löwenzahnwiese, die 1992 als Kulisse für die 1044.058 mit einem Regionalzug nach Villach diente.

MALTA HAUPTSTUFE.
Die 110.328 der Deutschen Bahn unterquert mit ihrem Urlauberzug an einem schönen Spätwintertag im Jahre 1998 die Druckrohrleitungen Österreichs leistungsfähigsten Speicherkraftwerks, der Malta-Hauptstufe. Das Krafthaus liegt über 100 Höhenmeter weiter unten im Mölltal in Rottau.

© Christoph Posch

© Christoph Posch (4)

Der „Gläserne Zug“, der Elektrotriebwagen 491.001 der Deutschen Bahn war jahrzehntelang ein Publikumsmagnet für Sonderfahrten und daher auch ein permanenter Gast auf der Tauernbahn, so auch im März 1993. Einige Jahre später war das außergewöhnliche Fahrzeug in einen Unfall verwickelt und schließlich ausgemustert.

Am 12.3.1995 nahm die 1020.018, die ehemalige E 94.001, Abschied von der Tauernbahn. Wenige Tage später rollte sie überhaupt in den Ruhestand und wurde noch im gleichen Jahr an die Lienzer Eisenbahnfreunde verkauft. Nach einer mustergültigen Restaurierung durch die „Interessensgemeinschaft Tauernbahn“ präsentiert sich die Lok wieder im Glanz der frühen 1990er Jahre.

Der Rottauer-Viadukt wird heute noch von Zügen befahren, allerdings sind solche Photos nicht mehr möglich. Im Zuge des zweigleisigen Ausbaus wurde südlich vor dem Viadukt eine neue Stahlbetonbogenbrücke errichtet und der alte Viadukt gründlich saniert.

Das ehemalige Wächterhaus beim Waldmanngraben-Viadukt zwischen Mallnitz und Kaponig war ein beliebter Standort für Eisenbahnphotographen. Während der Errichtung des Kaponig-Tunnels diente es als Buffet und Bauarbeiterunterkunft.

Die sechsachsigen Loks der Reihen 1010 und 1110 waren seit ihrer Auslieferung Mitte der 1950er Jahre ständige Gäste auf der Tauernbahn.

Der Expresszug 291 „Akropolis“ war einer der vielen internationalen Langlauf-Reisezüge über die Tauernbahn und war fast immer mit Loks der Reihe 111 bespannt. Als der Zug den Laskitzer-Viadukt überquerte, hatte er noch rund 40 Stunden fahrt bis nach Athen vor sich.

Die Tauernbahn mit

Impressionen

EHEMALIGER BAHNBETRIEB. Eine typische Szene im Bahnbetrieb auf der Tauerbahn zeigt dieses Foto vom 9.9.1977. Die Villacher 1042.01 wartet im Bahnhof Kolbnitz die „Kreuzung" mit der bereits blutorangen 1041.15 mit ihrem Regionalzug ab. Eine Betriebssituation die heute nach dem zweigleisigen Ausbau der Tauernbahn der Vergangenheit angehört.

Die Brücke über die Angerschlucht ist das heraus ragendste Bauwerk der Nordrampe der Tauernbahn.

Sehr selten kamen die dieselhydraulischen Verschubloks der Reihe 2067 auf die Tauernbahn. Sie bespannten meist Arbeits- und Bauzüge. Josef Maier konnte am 23.8.1980 die 2067.38 mit einem Schotterzug am Waldmanngraben-Viadukt ablichten.

KAPITEL 6

Die Tauernbahn und

die Naturgewalten

NATURGEFAHREN.
Besonders schwierig gestaltete sich schon von Anfang an der Bahnbetrieb während der Wintermonate. Aber nicht nur die elf Lawinenstriche setzten der Tauernbahn zu, sondern auch andere Naturgefahren. Noch am alten Gratschacher-Viadukt ist dieses Foto mit einem Regionaltriebwagen der Reihe 4030 entstanden.

© SAmmlung Daxbeck

Die Tauernbahn und die **Naturgewalten**

LAWINENABGÄNGE UND ANDERE NATURGEWALTEN. Bereits während des Baus der Tauernbahn wurde eine Tatsache dramatisch sichtbar: Die Bahn konnte zwar die Steigungen bezwingen jedoch ist sie, je schwieriger das Gelände, vermehrt auch mit Naturgewalten konfrontiert. Insgesamt elf Lawinenstriche durchfährt die 80,9 km lange Bahntrasse zwischen der Gasteiner-Klamm im Norden und der Kofelwand im Süden. Das schlimmste Lawinenunglück der Tauernbahn ereignete sich noch während des Baus der Scheitelstrecke am 7.3.1909 und forderte 26 Menschenleben. Die Grundlawine ging vom 2.112 m hohen Thomaseck ab und erfasste eine Gruppe von Arbeitern, die mit Fertigstellungsarbeiten am Anlaufbach-Viadukt beschäftigt waren. Eine Gedenktafel am heute nicht mehr befahrenen

Naturgewalten machten auch vor der Tauernbahn keinen Halt: Lawinenabgänge, Steinschlag und Sturmschäden sind durch Schutzbauten jedoch nur teilweise zu verhindern.

Die Stürme „Emma", „Kyrill" und „Paula" im Frühjahr 2008 hinterließen auch in den Wäldern der Tauernbahn ihre Spuren der Verwüstung. Die Bergung des Schadholzes war schwierig und dauert auch Ende 2009 noch an.

Viadukt erinnert noch an die dramatischen Augenblicke, die sich dort vor einem Jahrhundert ereigneten. Gegenüber vom Thomaseck steht der zweite, für die Tauernbahn überaus gefährliche Lawinenberg, der 2.468 m hohe Feuersang. Ihre Gewalt präsentierte die Feuersanglawine am 23.2.1970, als eine Staublawine kurz nach der Entladung eines Schleusenzuges den gesamten Bahnhof verwüstete und Waggons regelrecht im Bahnhof umher wirbelte. Trotz der Anstrengungen zur Erhöhung der Lawinensicherheit seit Beginn der Bauarbeiten ereigneten sich immer wieder kleinere und größere Entladungen der Naturgewalten, vor allem im Winter. Dazu wurden kontinuierlich Lawinenschutzverbauungen hoch oberhalb der Bahntrasse errichtet. Entsprechend dem technologischen Fortschritt wurden Steinkeile, Netze aus Stahlseile (*sogenannte Schneenetze*) und Schneebrücken aus Stahl errichtet. Besonders aufwändig gestaltete sich der Lawinenschutz am Feuersang, dessen steil abfallende Südflanke den Bahnhof Böckstein massiv bedrohte. Auch spezielle Unterkünfte für die Bauarbeiter waren in dem nahezu unzugänglichem Gebiet erforderlich. Heute sind am Thomaseck und Feuersang Wetterstationen installiert, die der Lawinen-Kommission eine wertvolle Unterstützung im Fall erhöhter Lawinengefahr sind, um notwendige Maßnahmen treffen zu können. Zuletzt war dies im Winter 2001/2002 der Fall. Die Neubauabschnitte der Südrampe wurden ebenfalls mit Lawinenschutzgallerien ausgestattet. Über das ganze Jahr werden die Bauten gewartet und gegebenenfalls erweitert. Für den Lastentransport des Baumaterials kommen Hubschrauber zum Einsatz. Der kleine Freibereich zwischen dem oberen und unteren Klammtunnel wird von massiven Steinschlägen bedroht.

Die Bahnstrecke kann hier durch technische Verbauungen nicht ausreichend gesichert werden, weshalb hier regelmäßig Felsräumarbeiten durchgeführt werden müssen. Die Veränderungen des Klimas der letzten Jahre blieben nicht ohne Spuren. Die orkanartigen Stürme „Emma", „Kyrill" und „Paula" vernichteten Anfang 2008 große Teile der Schutzwälder oberhalb der Bahntrasse der Südrampe zwischen Penk und Kolbnitz. Um die umgestürzten Bäume zu bergen mussten zuerst umfangreiche Forstwegenetze angelegt werden. Noch heute ist die Bergung und Sanierung der zerstörten Wälder voll im Gang.

Abschließend ist noch zu erwähnen, dass in den Bundesländern Salzburg und Kärnten noch eine Reihe schienengebundener Räumfahrzeugen bereitgehalten werden, die im Bedarfsfall am Tauern zum Einsatz gelangen. Für den vorbeugenden Schutz stehen in beiden Bundesländern Naturgefahrenmanager mit ihren Lehnentrupps bereit. Die Ausbildungslehrgänge der Lehnenverbauung für ÖBB-Mitarbeiter werden im unwegsamen Gelände oberhalb von Mallnitz durchgeführt. Dass sich diese Anstrengungen lohnen beweist die Tatsache, dass die Tauernbahn nur selten wegen drohender Naturgefahren gesperrt wird.

© Pressefoto Stöflin

DIE TAUERNBAHN UND DIE NATURGEWALTEN

FELSRÄUMUNG. Oberhalb der Klammbrücke müssen jährlich die Felswände von losen Gesteinsbrocken befreit werden. Die Lehnentrupps müssen in die Klamm abgeseilt werden und räumen während Zugspausen die steil abfallenden Felswände.

Im tief verschneiten Traktionsstützpunkt Spittal warten am 17.1.2007die 1163.014 und 2068.035 auf ihre weiteren Einsätze.

Nach den rekordverdächtigen Schneefällen Ende 2008 konnte auf der Tauernbahn die Schneeräumung nur mehr maschinell mit schwerem Gerät erfolgen. Am 16.12.2008 war die Beilhack-Schneeschleuder 2180.001 mit der Räumung der Gleise im Bahnhof Mallnitz beschäftigt.

Nicht nur die Tauernbahn wird schneefrei gehalten, sondern auch alle anderen Bahnen. Am 3.2.2009 arbeitet sich der ÖBB-Oberbauwagen 9130.004 mit einem so genannten Klima-Schneepflug durch die Schneemassen im Bahnhof Weizelsdorf der Karawankenbahn.

Oberhalb der Bahntrasse werden laufend Lawinschutzbauwerke errichtet, deren älteste sogar bis in die Zeit des Bahnbaus zurück reichen. In den letzten Jahren konzentrierten die ÖBB ihre Lawinenschutzverbauungen vor allem in Salzburg am Thomaseck und am Feuersang, wo diese Aufnahme entstand.

HANDARBEIT. Auch die Bahnsteige müssen schneefrei gehalten werden. Bei der Autoschleuse Tauernbahn im Bahnhof Mallnitz war zu diesem Zweck bereits in den 1960er Jahren eine kleine Hand-Schneeschleuder im Einsatz.

KAPITEL 7

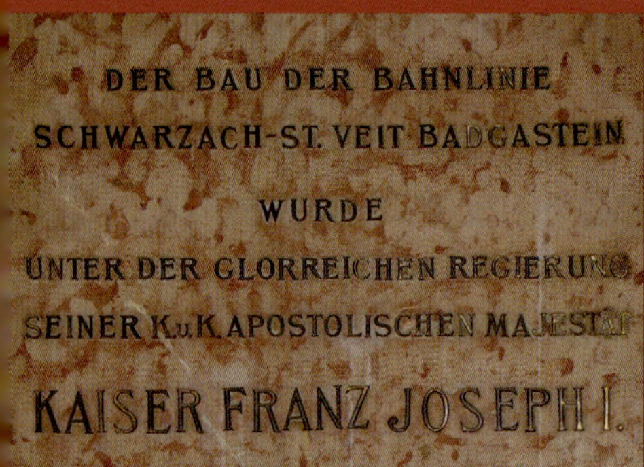
DER BAU DER BAHNLINIE
SCHWARZACH-ST. VEIT BADGASTEIN
WURDE
UNTER DER GLORREICHEN REGIERUNG
SEINER K.u.K. APOSTOLISCHEN MAJESTÄT
KAISER FRANZ JOSEPH I.

638.1301

Das große Jubiläumsfest vom 5. Juli 2009

Zum Gedenken 100 Jahre Tauernbahn

Mag. Gabi Burgstaller
Landeshauptfrau von Salzburg

Jenseits von „Mozart" und „Weltlandschaft" und unbeschadet der zweifellos reichlich vorhandenen regionalen Ressourcen an Fleiß, Phantasie und Geschäftstüchtigkeit über viele Generationen verdankt Salzburg seine wirtschaftliche Bedeutung seit jeher in erster Linie der besonderen Lage am Schnittpunkt wichtiger kontinentaler Verkehrswege. Was den Verkehr von Handelswaren und auch von Personen über die natürliche Barriere der Tauern anlangt, gab es jedoch bekanntlich seit der Römerzeit bis ins späte 19. Jahrhundert kaum Innovation. Im Wesentlichen gaben die Packtiere Tempo und Kapazitäten vor. Erst die Eisenbahn brachte den Quantensprung an allgemeiner Mobilität und öffnete mit der Revolutionierung des Transportwesens buchstäblich den Weg ins moderne Zeitalter. Dass die Tauernbahn die dynamischen Wirtschaftszonen Süddeutschlands mit dem nördlichen Adriaraum über Salzburger Gebiet miteinander verbunden hat, kann für die darauffolgende wirtschaftliche Entwicklung unseres Bundeslandes kaum überschätzt werden. Der Rückblick auf - im Sinn des Wortes - bewegte 100 Jahre Transportgeschichte über die Tauernstrecke ist aber auch Anlass, über die Zukunft der Tauernbahn nachzudenken. Schließlich präsentiert sie sich heute als – fast! – vollständig ausgebaute Hochleistungsbahn und somit als leider noch viel zu wenig „entdeckte" leistungsfähige Alternative für den Güter- und auch für den Personenverkehr über die Ostalpen. Das Wort „fast" steht für die aus Salzburger Sicht besonders sensible Ausbaulücke im Bereich des Gasteinertales und nicht zuletzt auch für den noch ausstehenden Ausbau des Streckenabschnittes im Bereich des Pass-Lueg. Dass der Kombinierte Güterverkehr primär eine Frage der Angebotsqualität ist, ist bekannt. Ebenso die Tatsache, dass die Handelsrouten nach Fernost über die nördliche Adria um mehrere Tage kürzer sind als jene über die Nordseehäfen. Dass man den Urlaub im Süden mit schnellen Reisezügen rascher und tatsächlich Nerven-sparender antreten könnte, als auf mancher Transitautobahn, leuchtet ein. Attraktive Angebote für Autoreisezüge fehlen aber leider bislang. An Zukunftspotential für diese Bahn mangelt es also wahrlich nicht! Ein sukzessiver, marktgerechter Angebotsausbau für die Tauernbahn muss zweifellos Hand in Hand gehen mit einem Vollausbau der Infrastruktur auch auf der nördlichen Zufahrtsstrecke, der ausreichend auf die Sensibilität von Landschaft und Siedlungsräumen Bedacht nimmt. Am Wendepunkt vom ersten zum zweiten Jahrhundert der Tauernbahn sind einmal mehr nachhaltiges Denken und innovatives Handeln gefordert.

Gerhard Dörfler
Landeshauptmann von Kärnten

Seit 1909 heißt es für die Eisenbahn freie Fahrt durch die Tauern und damit in den Süden. Österreichs moderne Alpenbahn, die Tauernbahn, ist seit 100 Jahren eine wichtige, strategische Nord-Süd-Verbindung in einem alpinen, ökologisch anspruchvollen Gebiet. Gerade im Hinblick auf die Transit-Problematik sind solche Eisenbahnverbindungen für die Verlagerung des Verkehrs von der Straße auf die Schiene von enormer Bedeutung. Daher ist für mich als Verkehrsreferent die Bahn generell eine sinnvolle Alternative zum Straßenverkehr, wenn es um die Frage der Umweltverträglichkeit und den Transport von Gütern auf weiten Strecken geht. Moderne Eisenbahnen im Personen- und Güterverkehr sind somit unverzichtbar geworden. Dass man dank moderner Reisezüge heute auch als Urlauber rasch und Nerven sparend an sein Ziel gelangen kann, ist unbestritten und wird auch von immer mehr Personen genützt. Als Verkehrsreferent ist es mir durchaus bewusst, dass Verkehrswege in ihrer Entstehungsphase oft für Konflikte sorgen. Nach ihrer Fertigstellung stellt sich jedoch immer wieder heraus, dass sie wichtige und unverzichtbare Wege für die wirtschaftliche, touristische und verkehrspolitische Entwicklung eines Bundeslandes sind. Die Tauernbahn hat durch vorausschauende Ausbauten und Verbesserungen, wie beispielweise durch die Modernisierung der Tauernschleuse, den zweigleisigen Ausbau, die Modernisierung der Brücken und Gleisanlagen und durch Lärmschutzmaßnahmen, in den letzten Jahrzehnten viel zu dieser Entwicklung beigetragen. Sie gehört somit zu den wichtigsten Alpenbahnen in Österreich und ist aus unserem Bahnnetz einfach nicht mehr wegzudenken. Ich bin auch felsenfest davon überzeugt, dass es keine Zukunft ohne Schiene geben kann. Bahn ist Zukunft und damit es gelebte Zukunft ist, muss auch in den nächsten Jahren in Bahn und Straße investiert werden. Daher ist auch der zeitgerechte Ausbau der Koralmbahn, als Teil des Baltisch- Adriatischen Korridors, für Kärnten und seine Nachbarländer ein unabdingbares Eisenbahnprojekt, an dem es einfach nichts zu rütteln gibt. Dem Autor des vorliegenden Werkes, Christoph Posch, er ist dank seiner Tätigkeit als ÖBB-Pressesprecher ein mehr als profunder Kenner der Materie, danke ich für seine intensiven Recherchen für dieses interessante Buch. Allen Freunden der Tauernbahn aber auch allen Eisenbahnfreunden wünsche ich kurzweilige Lesestunden und eine spannende Lesereise durch die „Neuen Alpenbahnen".

PARALLELFAHRT.
Am 5.7.2009 feierten das Land Kärnten, die Kärntner Tauernbahn-Gemeinden und die ÖBB „100 Jahre Tauernbahn". Zwei Sonderzüge wurden an diesem Tag eingesetzt, je einer von Salzburg und einer von St. Veit an der Glan. Ab dem Bahnhof Pusarnitz fuhren beide Züge parallel auf der fast fertig ausgebauten Tauernbahn-Südrampe nach Mallnitz, wo im Anschluss das Jubiläumsfest stattfand.

Das große Jubiläumsfest vom 5. Juli 2009

100 Jahre Tauernbahn

© Fabjan Cerjak

JUBILÄUMFEST. Am Sonntag, den 5. Juli 2009, war die Tauernbahn genau 100 Jahre alt. Ein Jahrhundert, wie es wechselvoller und dynamischer nicht sein konnte. Nach dem Ersten Weltkrieg wurden neue Grenzen gezogen und genau die Kritikpunkte vor dem Bau der Tauernbahn, dass sie nur dem Transit vom Königreich Bayern nach Oberitalien diene, brachten der Tauernbahn als einziger der von 1901 bis 1909 errichteten „Neuen Alpenbahnen" in ihrer Gesamtlänge internationale Bedeutung. Mehr noch, die Tauernbahn nahm und nimmt eine wichtige, unverrückbare Stellung im Europäischen hochrangigen Verkehrssystem ein. Während die einstigen Hauptachsen der Monarchie, die Wocheiner- und Karstbahn heute ein Nebenbahndasein fristen, fährt die Tauernbahn nach wie vor in eine große Zukunft.

Das hundertjährige Bestehen der Tauernbahn wurde mit einem Festakt gebührend gefeiert, der die Bedeutung dieses immer noch äußerst wichtigen hochrangigen Verkehrssystems ins Rampenlicht stellte.

Freilich ist der Aufschwung heute durch die Wirtschaftskrise im Jahr 2009 etwas gedämpft und das Frachtvolumen um rund 20 Prozent eingebrochen, aber nach jedem Tief folgt wieder ein Hoch. Grund genug, dass sich die ÖBB-Holding AG, gemeinsam mit regionalen Partnern um ein würdiges Jubiläumsfest bemühte. Vor 100 Jahren eröffnete Kaiser Franz Joseph die Tauernbahn und auch er, besser gesagt ein zeitgemäßes Double, sollte die Jubiläumsfeier mit zelebrieren. Nach fast einjähriger Planungszeit feierten am 5.7.2009 das Land Kärnten, die Anrainergemeinden und die ÖBB „100 Jahre Tauernbahn – Österreichs moderne Alpenbahn".

Zeitreise

Die ganze Festveranstaltung wurde schließlich unter diesem Motto geplant und durchgeführt. In enger Anlehnung an die damalige Eröffnungsfeier führten die ÖBB zwei Sonderzüge, einen von der 1020.018 bespannten Nostalgiezug und den modernsten ÖBB-Hochgeschwindigkeitszug, den ÖBB-Railjet in einer spektakulären Parallelfahrt von Spittal/Millstättersee über die Tauernbahn Südrampe nach Mallnitz. Dort fand auch das große Jubiläumsfest mit Vorstandsdirektorin Gabriele Lutter von der ÖBB-Personenverkehr AG, dem Landeshauptmann von Kärnten Gerhard Dörfler, dessen Stellvertreter Uwe Scheuch, dem Nationalrat und Spittaler Bürgermeister Gerhard Köfer und dem Mallnitzer Bürgermeister Günther Novak statt.

Verschiedene Highlights boten die Veranstalter den weit über 1.000 anwesenden Festgästen. Die Sonderausstellung „Knotenpunkt", wurde von der Stadt Villach freundlicherweise zur Verfügung gestellt und ein Sonderpostamt mit eigenem Sonderstempel und zwei personalisierte Briefmarken wurden dazu eigens aufgelegt.

© Christoph Posch

Zwei Gedenktafeln erinnern im Bahnhof Badgastein an den Bau und die Eröffnung der Nordrampe.

Für das Kulinarium sorgten die Mallnitzer Wirte und für die musikalische Umrahmung die in historischen Uniformen aufspielenden Mitglieder des „Eisenbahnermusikvereins Salzburg", die „Trachtenkapelle Mallnitz" und der Spittaler Eisenbahnergesangsverein „Frisch auf". Nostalgisches Flair verbreitete die Spittaler Bürgergarde, angeführt von Kommerzialrat Hanns Flaschberger, alias Kaiser Franz Joseph. Besonders charmant durch den gesamten Jubiläumstag begleitete Moderatorin Kerstin Lassnig-Süss.

Österreichs moderne Alpenbahn

So titelt auch ein Buch, herausgegeben von zwei Kärntner Eisenbahnern, dem Fahrdienstleiter Gerald Kowarik, der sich auch privat intensiv mit der Tauernbahn beschäftigt und vom Lokführer Gerfried Moll, der außerhalb seiner verantwortungsvollen Tätigkeit am Steuer von ÖBB-Loks sich als Obmann der „IG Tauernbahn der Lienzer Eisenbahnfreunde" intensiv um die fast 60 Jahre alte E-Lok 1020.018 kümmert. Hinter dieser Loknummer verbirgt sich übrigens die erste jemals gebaute Lok der bei Eisenbahnfreunden äußerst populären und berühmten Baureihe E 94 der ehemaligen Deutschen Reichsbahn, die E 94.001. Mol mit seinem Team hauchte dem 120 Tonnen schweren Koloss im Jahr 2008 neues Leben ein und restaurierte die altehrwürdige Lok speziell für das 100-Jahr-Jubiläum der Tauernbahn. Großer Dank gebührt abschließend allen Eisenbahnerinnen und Eisenbahnern, die im Laufe der letzten hundert Jahre, eigentlich 108 Jahre, wenn man den Bau mit einbezieht, die Geschicke der Tauernbahn lenkten und dieser Verkehrsachse zu der Bedeutung verhalfen, die sie bis heute inne hat. Mit der gelungenen Jubiläumsfeier setzte das Veranstaltungsteam allen ein würdiges Denkmal.

© Daniel Zupanc

DAS GROSSE JUBILÄUMSFEST VOM 5. JULI 2009

100-JAHRES FEIER. Zum 100. Geburtstag der Nordrampe der Tauernbahn wurde der Jubiläumszug sogar von einer Dampflok gezogen. Die 638.1301 der Österreichischen Gesellschaft für Eisenbahngeschichte hält im Bahnhof Bad Hofgastein für einen kurzen Festakt.

© Archiv ÖBB

© Peter Haslebner (3), Daniel Zupanc (3)

Seiner Majestät dem Kaiser Franz Joseph (*alias Kommerzialrat Hanns Flaschberger*) wurde in Mallnitz ein großer Empfang bereitet.

Den Ehrensalut gaben die Mitglieder der Bürgergarde Spittal an der Drau.

Im Ortszentrum in Mallnitz präsentierte das Veranstaltungsteam die Ausstellung „Knotenpunkt“, die freundlicherweise von der Stadt Villach zur Verfügung gestellt wurde.

Bürgermeister Nowak, Nationalrat Gerhard Köfer, Landeshauptmann Gerhard Dörfler, Vorstandsdirektorin Gabriele Lutter und Landeshauptmann Stellvertreter Uwe Scheuch gratulierten der Tauernbahn zum 100er.

Musikalisch wurde das Jubiläumsfest von der Trachtenkapelle Mallintz und vom Eisenbahner Musikverein Salzburg begleitet.

Von Juli bis Ende September konnten Interessierte mehr über die Geschichte der Eisenbahn im Bundesland Kärnten erfahren.

KAPITEL 8

Die neuen

Alpenbahnen von 1901

Die neuen **Alpenbahnen** von 1901

Die Bedeutung der neuen Alpenbahnen von 1901 entwickeln sich unterschiedlich. Nur die Tauern-, Phyrn- und Karawankenbahn wurden zu wichtigen Transitstrecken.

DIE NEUEN ALPENBAHNEN. So hieß das letzte große Bahnbauprojekt der k.u.k. Monarchie. Nach dem Beschluss am 6.6.1901 trat das Gesetz bereits zwei Tage später in Kraft. Das Gesetz regelte nicht nur die finanziellen Möglichkeiten, sondern enthielt auch die Bestimmung, dass die Tauern-, Karawanken-, Wocheiner- und Karstbahn als Hauptbahnen erster Ordnung zu errichten seien und als solche betrieben werden müssen. Die Pyhrnbahn sollte als Hauptbahn allerdings zweiter Ordnung errichtet und betrieben werden. Die Wechselstrecke, als sechste verordnete Bahn hatte demnach nur lokalen Charakter. Sämtliche Bahnen wurden nach ihrer Fertigstellung zweckgemäß betrieben und verbanden im überregionalen Sinn die nördlichen und nordwestlichen Teile der Monarchie mit Triest.

Doch die neuen Grenzen nach dem Zerfall der Monarchie und nach der Unterzeichnung des Friedensvertrages von St. Germain brachten Unordnung in die wichtigen Verkehrswege von damals. Die einst so wichtige zweite Verbindung nach Triest auf Österreichischem Gebiet verlor in ihrer Gesamtheit an Bedeutung. Die Verkehrsbedürfnisse wurden neu geordnet und die Strecken erhielten neue Prioritäten. Wesentlich an Bedeutung gewannen die Tauernbahn, die Pyhrnbahn und die Karawankenbahn mit ihrem Villacher-Ast. An Bedeutung verloren der Klagenfurter-Ast der Karawankenbahn, die Karstbahn und letztlich auch die Wocheinerbahn. Alle diese genannten Bahnen fristen heute ein mehr oder weniger stark frequentiertes Nebenbahndasein. Während die Transitrouten über den Tauern und den Pyhrn nach wie vor wachsen. Nur die Wechselstrecke selbst verfügt heute über den gleichen Status wie damals, nämlich über jenen einer Lokalbahn. Die neuen Alpenbahnen von 1901 verfügen über eine Geschichte, die wechselvoller nicht sein kann.

BAHNHOF ASSLING. Vor über 100 Jahren war der Bahnhof Assling (*heute Jesenice*) ein richtiger Eisenbahnknoten. Hier trafen sich drei große Bahnverbindungen, die ehemalige Kronprinz Rudolf-Bahn sowie die Karawanken- und Wocheinerbahn. Dementsprechend umfangreich wurden die Gleisanlagen angelegt.

KARAWANKENTUNNEL. Vor vier elektrischen Kurbelstoß-Bohrmaschinen der Firma Siemens & Halske posieren drei Bauarbeiter am Nordportal des Karawankentunnels. Die elektrische Energie bezogen die Bohrgeräte und alle anderen elektrisch betriebenen Anlagen aus einem eigenen Kraftwerk in Rosenbach.

Die
Karawankenbahn

KARAWANKENTUNNEL. Eine Schlüsselrolle kam gewissermaßen der Karawankenbahn zu, verband sie die beiden wichtigen Nord – Süd-Achsen der kkStB mit der Wocheinerbahn. Die Karawankenbahn besteht aus den beiden Ästen von Villach nach Rosenbach, von Klagenfurt nach Rosenbach und aus der Strecke von Rosenbach nach Assling, dem heutigen Jesenice. Auf letzterer werden die Karawanken durch den 7.976 m langen Karawankentunnel unterfahren. Die heutige Staatsgrenze zwischen Österreich und Slowenien verläuft im Tunnel bei km 53,635. Natürlich wurden auch hier viele Trassen untersucht. Unter anderem wollten die damaligen Konstrukteure von Feistritz im Rosental die Karawanken unter dem Hochstuhl mit einem über 10 km langen Tunnel queren. Auch eine Linie von Weizelsdorf unter dem Loibl bis nach Trzic war angedacht.

Die Karawankenbahn wurde als Strecke mit zwei „Ästen" errichtet. Eine über Villach, die andere über Klagenfurt, wobei sich beide Äste in Rosenbach wieder treffen.

Für beide Varianten galt aber, dass man die Tauernbahn nicht optimal hätte einbinden können. Durchgesetzt hat sich schließlich die Variante mit einem Tunnel bei Rosenbach.

Klagenfurt – Weizelsdorf – Rosenbach

Der Klagenfurter-Ast der Karawankenbahn war eigentlich ein Bindeglied der in Klagenfurt endenden Seitenlinie der Kronprinz Rudolf-Bahn (*Verbindung von Glandorf – Klagenfurt*). Dadurch erfolgte die Anbindung an die eigentliche Tauernachse. Wobei dem Klagenfurter-Ast eine ganz besondere Rolle zuteil wurde: Sie schloss die Hauptverbindung von den nördlichen Teilen der Monarchie über die Pyhrnbahn und die alte Kronprinz Rudolf-Bahn auf kürzestem Weg an die neue Verbindung nach Triest an. Die steilste Strecke befindet sich übrigens an der Hollenburger-Lehne mit einer Höchstneigung von 26,8 Promille. Im Bahnhof Weizelsdorf zweigt die rund 5,7 km lange Stichbahn nach Ferlach ab. Kurz vor Ferlach überquert diese Bahn den Grießbach mit einer 45 m langen Stahlfachwerkbrücke. Diese Stichbahn wurde privat initiiert und diente lange Jahrzehnte der Kärntnerischen Eisen- und Stahlwerke AG (*KESTAG*). Die KESTAG betrieb ab Ferlach noch eine Anschlussbahn und im Werksgelände selbst eine elektrische schmalspurige Werksbahn. Nach Stillegung der KESTAG Mitte der 1980er Jahre verlor die Karawankenbahn ihren wichtigsten Frachtlieferanten. War der Klagenfurter-Ast der Karawankenbahn quasi Teil der kkStB Hauptverbindung von Wien nach Triest, so schlitterte das Verkehrsaufkommen kurz nach dem Ersten Weltkrieg – nicht zuletzt durch die Besetzung Unterkärntens von Jugoslawischen Soldaten – nahezu gegen Null. In der Zwischenkriegszeit flammte nach der Kärntner Volksabstimmung vom 10.10.1920 der internationale Fernverkehr noch einmal kurz auf bis, er noch vor dem Anschluss an das Deutsche Reich völlig eingestellt wurde. Seit dieser Zeit fristet die Strecke von Klagenfurt nach Rosenbach nur mehr ein lokales Dasein mit einem sehr bescheidenem Verkehrsaufkommen. 2009 drohte der Bahnlinie das Aus wegen des schlechten Erhaltungszustandes der Bahnstrecke. Noch im Sommer 2009 wurden umfangreiche Gleissanierungen unternommen und der Weiterbetrieb ist für die nächsten Jahre gesichert. Parallel dazu erarbeiten die ÖBB eine Studie für einen nahverkehrsgerechten Ausbau. Berücksichtigt werden muss, dass sich die Verhältnisse auf den Straßen durch den enorm zugelegten Individualverkehr massiv verschlechtern.

Brücken und Viadukte der Karawankenbahn	
Hollenburger-Viadukt	80 m
Draubrücke bei Weizelsdorf	224,2 m
Feistritzbach-Viadukt	193,3 m
Kleiner Suchagraben-Viadukt	193,3 m
Großer Suchagraben-Viadukt	93 m
Radischgraben-Viadukt	43 m
Rosenbach-Viadukt	239,3 m
Lessachtunnel	111 m
Seebach-Brücke in Finkenstein	39 m

Dabei könnte die Regionalbahn eine wichtige Trumpfkarte ins Spiel bringen und mit einer echten Nahverkehrslösung in Verbindung mit mehreren Park & Ride Lösungen im Rosental aufwarten und so für weniger Pendler- und Schülerverkehr auf den Straßen sorgen. Doch zunächst müssen die Ergebnisse der Studie abgewartet werden.

Villach – Rosenbach

Der Villacher-Ast der Karawankenbahn zweigt rund vier km südlich von Villach in Warmbad von der Kronprinz Rudolf-Bahn ab. Aus topographischer Sicht ist die Trassierung dieser Bahnlinie wesentlich günstiger und führt mit einer Maximalsteigung von 14,5 Promille nach 24,1 km in den Bahnhof Rosenbach.

Nach der Betriebsaufnahme im Jahre 1906 wurden die durchgehenden Tauernbahn-Schnellzüge über die Karawankenbahn in Richtung Süden verlängert. In Rosenbach wurden die Züge beider Äste vereinigt und weiter in Richtung Triest geführt. Der Villacher-Ast der Karawankenbahn zählt so wie seine Fortsetzung durch den Karawankentunnel nach Assling zum PAN-Europäischen Korridor Nr. X. An größeren Kunstbauten wurden die Brücke über die Gail und die Seebachbrücke in Finkenstein errichtet. Beide Brücken sind mittlerweile durch moderne Bauwerke ersetzt worden. Auch der Bahnstreckenausbau machte auf dieser Bahn nicht Halt und so wurde 2007 – 2008 der Bahnhof von Faak am See komplett erneuert und an modernste Standards angepasst. Jetzt verfügt der Bahnhof über zwei Gleise, zwei barrierefreie 55 cm hohe Bahnsteige, Wartekojen und eine Park&Ride-Anlage.

Rosenbach – Jesenice (*ehemals Assling*)

In Rosenbach beginnt das eigentliche Herzstück der Karawankenbahn, die Bahnstrecke in Richtung Assling – dem heutigen Jesenice – inklusive dem 7.976 m langen Karawankentunnel. Der Karawankentunnel war einer der insgesamt vier Basistunnel der neuen Alpenbahnen und wurde nach dem selben bautechnischen Schema wie der Tauerntunnel gebaut. Auch Kraftwerke wurden zur Versorgung der Baubetriebsbahnen und der elektrischen Anlagen errichtet, von denen das Kraftwerk in Rosenbach Strom für das Ortsnetz produziert. Selbstverständlich gab es hier die bereits beschriebenen Bauplätze mit den umfangreichen schmalspurigen Rollbahnsystemen.

Das Tunnelausbruchsmaterial wurde großteils für Dammschüttungen auf der Südseite und für die Herstellung des Dammkörpers des Rosenbacher Bahnhofs verwendet. Nach dem Zweiten Weltkrieg wurde das zweite Streckengleis im Karawankentunnel außer Betrieb genommen. Es diente noch während der letzten Kriegstage als Abstellgleis für nicht verwendete Lokomotiven. Die Jugoslawischen Staatsbahnen erbeuteten nach dem Krieg eine große Anzahl an gut brauchbaren Dampfloks. Die stetig steigenden Verkehrsströme erforderten in den 1970er Jahren die Wiederinbetriebnahme des zweiten Streckengleises, welche letztlich 1977 erfolgte. Die gesamte Bahnstrecke von Villach nach Jesenice wurde bereits am 3.5.1957 elektrifiziert. Die Strecke con Rosenbach nach Jessenice folgte am 6.2.1957. Jesenice agierte bereits seit dem Ende des Ersten Weltkrieges als Gemeinschafts- und Grenzbahnhof. Mit der Elektrifizierung wurde hier der Systemwechselbahnhof zwischen dem Österreichischen Wechselstrom- und Slowenischen Gleichstromsystem (*3.000 V*) eingerichtet. Die Jugoslawischen Staatsbahnen erreichten mit ihrer Fahrleitung aber erst rund 20 Jahre später den Bahnhof Jesenice.

Der Bahnbetrieb

Anders als bei der Tauernbahn konnten wegen der besseren Trassierungsverhältnisse und geringeren Steigungen auf den Linien der Karawankenbahn auch andere kkStB Lokomotiven von Anfang an eingesetzt werden. Später kamen die großen 1'E Loks der Reihe 380, dann die 81 und 181 zum Einsatz. Von Anfang an aber wurden die genialen Gölsdorf Fünfkuppler der Reihen 180 und 80ff eingesetzt. Nach der Elektrifizierung der Strecke übernahmen die ÖBB Loks der Reihe 1245 und 1020 viele Zugleistungen auf der Karawankenbahn. Hier kamen die viel moderneren Fahrzeuge der Reihen 1010, 1110 und 1141 sukzessive zum Einsatz, wie später von der 1042 beginnend bis zur modernen Taurus-Hochleistungslok. In Jesenice mussten alle Loks bis vor drei Jahren gewechselt werden. Dabei rollten die Fahrzeuge mit gesenkten Stromabnehmern in den Bahnhof und wurden von einer Diesellok vom Zug abgezogen und unter die jeweilige Fahrleitung zurückgestoßen. Die Fahrleitungsanlagen verfügen übrigens ungefähr in Bahnhofsmitte über eine Trennstelle vom jeweiligen Stromsystem.

Seit Ende 2006 laufen die Taurus drei Hochleistungsloks der Type 1216 gemeinsam mit bauartgleichen Slowenischen Loks der Reihe 541 im gegenseitigen Austausch (*Achskilometerausgleich*) auch unter der fremden Fahrleitung. Sowohl die ÖBB 1216 und die SZ 541 sind so genannte Mehrsystemloks, die unter Wechselstrom- und Gleichstromfahrleitungen fahren können. Mittlerweile wurde mit dem Einsatz dieser modernen Fahrzeuge der internationale Bahnverkehr zwischen Österreich und Slowenien revolutioniert und die Aufenthaltszeiten an der Grenze auf ein Minimum reduziert. Im Schnellverkehr erfolgt überhaupt nur mehr ein Lokführerwechsel und die Lok läuft durch bis derzeit maximal zur kroatisch-slowenischen Grenze in Dobova.

Balkanroute

Wurden kurz nach der Betriebsaufnahme der Karawankenbahn die internationalen Fernverkehrzüge hauptsächlich nach Triest geführt, so änderten sich nach der neuen Grenzziehung nach dem Ersten Weltkrieg die Verkehrsströme drastisch. An Bedeutung gewann immer mehr die Route nach Südosteuropa bis nach Griechenland und in die Türkei. Nachdem die Züge großteils in München ihren Ausgangspunkt hatten erreichten auch DB-Loks der Reihen 110 und 111 die Karawankenbahn. Die Krise in Jugoslawien 1991 und der im Juli selben Jahres beginnende Zerfall des Vielvölkerstaates brachte eine weitere nachhaltige Veränderung der Verkehrsströme mit sich. Die Güterverkehrsströme bahnten sich ihren Weg über den Donaukorridor und Rumänien; auch die Reisezüge nahmen (*vorerst*) diesen längeren Weg, bis sie einige Jahre später überhaupt eingestellt wurden. Erst nach der Stabilisierung der Verhältnisse am Balkan begann die Bahn mit einem Aufschwung, der bis heute anhält. Ein interessantes Projekt eines privaten Reisebüros kann man auch auf dieser Achse finden: die Autoreisezüge des Münchner Reisebüros Optima-Tours, die Villach mit Edirne, dem ehemaligen Adrianopel und mit Thessaloniki verbinden. Heute gibt es freilich keine klassischen Balkanzug-Langläufe von München über die Tauern- und Karawankenbahn bis nach Athen oder Istanbul. Heute beginnen die Züge in Villach und fahren sieben Mal am Tag nach Laibach, fünf Mal am Tag nach Zagreb und immerhin drei Mal am Tag nach Belgrad. In den genannten Hauptstädten haben die Züge jeweils Anschluss auf weiter führende Züge bis weit hinunter nach Südosteuropa.

Rosentalbahn

Während der Villacher-Ast der Karawankenbahn nach wie vor im Aufwärtstrend liegt, fristet der Klagenfurter-Ast, der heute gerne als Rosentalbahn bezeichnet wird, sein Dasein als Regionalbahn. Die Strecke wurde nicht elektrifiziert, sondern es hang über ihr bereits 1974 das Damokles-Schwert der Einstellung, als die Draukraftwerke errichtet wurden und die Draubrücke bei Weizelsdorf in einem Staubecken fast „versunken" wäre. Die Brücken wurden ca. vier Meter gehoben und der Verkehr konnte weiter rollen.

Endstation für den Personenverkehr hieß es im Jahr 1951 auf der Stichbahn nach Ferlach. Nach dem Ende der Dampftraktion im Rosental im Jahr 1968 wurden im Reisezugsverkehr hauptsächlich Schienenbusse der ÖBB-Reihe 5081 eingesetzt. Nach deren Abwandern kamen 1988 die Dieseltriebwagen der Reihen 5046/5146 zu Personenzugsehren, ehe sie von modernen Fahrzeugen der Reihe 5047 abgelöst wurden. Längere Reisezugsgarnituren kamen immer dann auf die Schiene, als es galt die Schülerverkehre zu bewältigen. Diese wurden mit Diesselloks der Reihe 2043 bespannt.

Heute hat sich dieses Bild gänzlich gewandelt. Nur mehr drei Regionalzüge und ein Güterzugspaar stellen die Mobilität und logistische Anbindung auf der Schiene sicher. Allerdings geführt mit modernsten ÖBB Fahrzeugen der Reihen 5022 „Desiro" und 2016 „Hercules". Kurzfristig werden bereits im Fahrplan 2010 wieder fünf Regionalzüge im Rosental fahren. Mittelfristig ist sogar ein Taktverkehr vorgesehen, der im Wesentlichen von der bereits angesprochenen Studie abhängt. Abschließend sei noch erwähnt, dass die Rosentalbahn zunehmend als Umleitungsstrecke im Falle von Bauarbeiten auf den Hauptstrecken herangezogen wird. Zuletzt war dies im Mai 2009 der Fall und ein umfangreicher Bahnverkehr sogar mit internationalen Reisezügen kehrte für 18 Tage auf die alte Hauptstrecke zurück.

Die Rosentaler Dampfbummelzüge

Mitte der 1970er Jahre starteten erste Versuche, im Rosental Dampfbummelzüge für Eisenbahnfreunde und Enthusiasten zu etablieren. Höchst erfolgreich, denn die Züge wurden schon bald zu einer ständigen Einrichtung. 1976 erreichte mit der 93.1378 eine für diese Strecke höchst brauchbare Dampflok die Karawankenbahn und wurde ursprünglich in Klagenfurt remisiert. Als Carrier traten die Kärntner Museumsbahnen auf, die auch die Nostalgiezüge betrieben. Um 1990 gingen aus diesem Verein, der sich fortan um die schmalspurige Gurktalbahn kümmerte, die Nostalgiebahnen in Kärnten hervor und brachten die Rosentaler Dampfzüge wieder neu auf Schiene.

Bis zu vier Mal pro Sonntag in der Hochsaison pendeln die Züge zwischen Weizelsdorf und Ferlach. In Ferlach baute der Verein mit Unterstützung des Landes und weiteren Gönnern ein umfangreiches Fahrzeugmuseum „Das „Historama" auf. Heute sind die Nostalgiezugverkehre längst ausgeweitet und ein Fixpunkt für Eisenbahnromantiker und für den Tourismus in Kärnten. Neben Baudienstfahrzeugen verfügen die Nostalgiebahnen in Kärnten auch über Diesselloks und natürlich zwei betriebsfähige Dampfloks. Ein Besuch lohnt sich in jedem Fall.

KAPITEL | BILDTEIL

© Christoph Posch

DIE KARAWANKENBAHN

© Archiv Posch (3), Gerhard Schabes (2)

Die ausgedehnten Rollbahnanlagen sowohl auf der Nord- als auch auf der Südseite des künftigen Karawankentunnels wurden mit elektrischen Loks betrieben.

Der Bahnhof Rosenbach ist der letzte Bahnhof der Karawankenbahn auf Österreichischem Staatsgebiet. Dementsprechend umfangreich waren bis zum EU-Beitritt Sloweniens seine Aufgaben. Die groß angelegten Gleisanlagen wurden als „Stauraum" für den Güterverkehr in Richtung Balkanländer benötigt.

Historische

Impressionen

HOLLENBURG.
Hollenburg. Der Bergrücken der Sattnitz, auf dem die Hollenburg thront, ist die größte Erhebung im Klagenfurter Becken und erfordert zwei lange Rampenstrecken, je eine von Klagenfurt im Norden und Weizelsdorf im Süden nach Maria Rain. Auf der Hollenburger-Lehne stellt der Arlgraben-Viadukt das bedeutendste Bauwerk in diesem Abschnitt dar.

Die umfangreichen Materialtransporte wurden durch die weitläufigen Rollbahnsysteme erledigt. Die Streckenlängen betrugen mehrere Kilometer auf jeder Seite der Baustelle.

Die zehn vierachsigen elektrischen Thyristorlokomotiven der Reihe 1043 wurden ab 1971 geliefert und leiteten einen Paradigmenwechsel im Lokomotivbau in Österreich ein. Die traditionellen Stufenschaltwerke wurden durch stufenlos regelbare Motoren abgelöst. Zugkraftsprünge, die die Fahrdynamik negativ beeinflussten, gehörten damit der Vergangenheit an. Diese Technologie ist in ihren Grundzügen heute in jeder modernen Lokomotive zu finden.

STAHLFACHWERKBRÜCKE. Der große Suchagraben-Viadukt war das Photomotiv am Abend des 26.5.2009, den gerade ein umgeleiteter Optima-Express-Autoreisezug mit der 2016.047 überquert.

Vom Lindwurm zu den Karawanken

Klagenfurt – Rosenbach

© Christoph Posch (4)

In Weizelsdorf ist der Ausgangspunkt der Stichbahn nach Ferlach, die heute im Besitz der Nostalgiebahnen in Kärnten steht. Im Sommer 1993 konnten an vier Samstagen Doppelausfahrten von zwei Dampfzügen beobachtet werden. Links fährt die 91.107 nach Ferlach, während sich rechts die 52.3816 auf den Weg in Richtung Klagenfurt macht.

Der 5047.034 überquert im März 1993 die 224 m lange Draubrücke bei Weizelsdorf.

ROSENBACH-VIADUKT. Der 239 m lange Rosenbach-Viadukt ist das größte Bauwerk der Karawankenbahn. Die über 100 Jahre alten Stahltragwerke wurden Im Sommer 2008 saniert. Am Abend eines schönen Sommertages im August 1996 ist die 2043.012 mit ihrem Regionalzug auf der eindrucksvollen, 51 m hohen Brücke zusehen.

BAHNHOF ROSENBACH. Noch im Bahnhof Rosenbach beginnt die Strecke in Richtung Karawankentunnel wieder anzusteigen. Hier leistet die 1245.520 der 1020.028 Vorspannhilfe vor einem Güterzug nach Slowenien.

Vom Knotenpunkt Villach in den Süden Kärntens

Villach – Rosenbach

Hinter der slowenischen 03.002 verbirgt sich eine altösterreichische Lokomotive, die 109.38 der ehemaligen k.k.priv. Südbahn Gesellschaft. Nach dem Ersten Weltkrieg wurden die Fuhrparks geteilt und diese Lok wurde Jugoslawien zugesprochen. Noch bis Mitte der 1990er Jahre zählte die 03.002 zum betriebsfähigen Fahrzeugbestand des Laibacher Eisenbahnmuseums.

Die blaue DB 110.304, eine so genannte „Bügelfalten"-Lok dieser deutschen Baureihe, war im August 1992 mit einem Autoreisezug bis nach Jesenice gekommen, dem südlichsten Einsatzort dieser deutschen Fahrzeuge. Die Loks der Reihen 110 und später auch die 111 waren auf der Tauernachse vor vielen Urlauberzügen aus München gespannt und kamen so täglich bis nach Jugoslawien.

Während der oft langen Wartezeiten auf ihre Retourleistungen wurden die DB-Loks auch gerne für Güterzugsleistungen zwischen Villach und Jesenice herangezogen, wie die 111.018 im Sommer 1988 vor einem langen Autozug, welcher im Bahnhof Rosenbach auf die Weiterfahrt wartete.

In ihrer letzten Einsatzperiode wurden die Thyristorloks der Reihe 1043 intensiv im „kleinen Grenzverkehr" zwischen Villach und Jesenice bzw. Tarvisio Centrale eingesetzt. Im November 2001 wurden alle neun noch verbliebenen Loks nach Schweden verkauft.

LOKOMOTIV-ATHLETEN. Seit der Elektrifizierung der Karawankenbahn am 3.5.1955 sind die schweren Elektroloks der ÖBB-Reihe 1020 auf dieser Strecke heimisch, die sie bis zu ihrem Ausscheiden 1995 auch planmäßig befuhren. Die hohen Zugsgewichte erforderten oft die Doppelbespannung von Zügen wie zum Beispiel bei diesem hier im Februar 1993, den die 1020.023 und 024 in Richtung Rosenbach ziehen.

Von Kärnten zum Nachbarn Slowenien

Rosenbach – Jessenice

Im Grenzbahnhof Jesenice müssen die Wechselstromlokomotiven gegen slowenische Gleichstromloks getauscht werden. Das passiert in der Regel durch ein Triebfahrzeug der Slowenischen Eisenbahnen wie hier zum Beispiel durch die Diesellok 664-116.

Während der Jugoslawien-Krise im Juni und Juli 1991 wurde der Betrieb zwischen Rosenbach und Jesenice ausschließlich mit JZ Dieselloks geführt. Am 4.7.1991 erreichte die 664-117 mit dem damals neuen EC 10 „Mimara" den Bahnhof Rosenbach.

Für den Rückreiseverkehr nach Österreich wurden eigene Sonderzüge eingesetzt. Bis Rosenbach brachte am 4.7.1991 die 661-164 den Rückreisezug D 16291, den ab hier die ÖBB 1020.020 übernahm.

Auch auf der Karawankenbahn zwischen Villach und Jesenice dominieren die Taurus-Hochleistungsloks. Die 1116.245 bespannte am 20.7.2006 den IC 310 auf der Fahrt nach Villach und wurde im Bahnhof Rosenbach vor dem alten Zollgebäude photographiert.

Gorizia - Panorama con il Ponte di Salcano

WOCHEINERBAHN. Die Wocheinerbahn wurde wie die Tauernbahn technisch aufwändig mit vielen Tunnels, Brücken und Viadukten errichtet. Bei Solkan steht das markanteste Bauwerk, der gemauerte Steinbogenviadukt mit der weltweit größten Bogenspannweite von 85 m. Im Hintergrund ist Görz, die „geteilte Stadt", zu sehen.

© Archiv Posch

Die
Wocheiner- & Karstbahn

MITTELGEBIRGSBAHN. Gleich an die Karawankenbahn schließt in Assling – dem heutigen Jesenice – die Wocheinerbahn an. Die Karstbahn selbst ist die Fortsetzung der Wocheinerbahn ab Görz bis in den Triestiner St. Andrea Bahnhof, der späteren Stazione Trieste Campo Marzio und stellt letztlich die zweite Verbindung mit dem Adriahafen Triest her. Assling war zu jener Zeit ein richtiger Eisenbahnknoten. In der Stahlstadt trafen sich die Kronprinz Rudolf-Bahn mit ihrer Linie Tarvis – Laibach und die neue Bahnverbindung nach Triest. Beide Linien wurden von den kkStB betrieben. Nach der Inbetriebnahme des Karawankentunnels nahmen durchgehende Züge die wesentlich kürzere neue Verbindung. Die alte Kronprinz Rudolf-Bahn über Tarvis wurde zur Nebenbahn degradiert. Die Wocheinerbahn könnte man als Mittelgebirgsbahn im Norden und reine Gebirgsbahn im südlichen Abschnitt bis kurz vor Görz charakterisieren.

Die Wocheinerbahn kann mit etlichen Spitzenwerten aufwarten: 46 Tunnel, 61 Brücken und mit 85 Meter die weitest gespannte Steinbogenbrücke der Welt.

SAN ANDREA BAHNHOF. Der Görzer Staatsbahnhof erhielt ob seiner Bedeutung ein prunkvolles Bahnhofsgebäude. Hier befindet sich auch der Betriebsmittelpunkt der Wocheiner- und Karstbahn. Die ursprünglich weitläufigen Heizhaus- und Werkstättenanlagen wurden durch moderne Zweckbauten ersetzt und 2009 abgerissen.

Dabei mussten 46 Tunnel und Steinschlaggalerien errichtet werden. Nicht weniger als 61 Brücken und Viadukte über einer lichten Weite von 10 m waren notwendig, um der Bahn eine moderne Trasse zu geben. Der längste Tunnel, der Wocheinertunnel mit 6.339 m Länge verbindet das Wocheinertal mit dem Isonzo- oder Socatal im Süden. Die imposanteste Brücke hingegen wurde bei Solkan (*Salcano*) errichtet.

Es handelt sich dabei um die weitest gespannte Steinbogenbrücke der Welt mit einer Bogenspannweite von nicht weniger als 85 m. Die Brücke misst insgesamt inklusive Vorlandbrücken 219,70 m. Mit im Bauprojekt enthalten war auch die umfassende Erweiterung der Bahnhofsanlagen in Assling, ausgerichtet auf das zu erwartende Verkehrsaufkommen. Gleich hinter dem Bahnhof Assling wird die Wurzener Save mit einer Stahlfachwerkbrücke überquert. Nach einer langen Rampe wird die Rotweinschlucht mit einer gemauerten Steinbogenbrücke überquert und die Bahn gelangt nach der Durchfahrt durch den 1.181,29 m langen Rotweintunnel in den Großraum Veldes, dem heutigen Bled. Auch hier wurde die „Zauberformel" des Massenausgleichs höchst erfolgreich angewendet. Die Abtragskubaturen aus Einschnitten und Tunnelbauwerken fanden als Dammschüttungen wieder Verwendung. Übrigens wurde die Kilometrierung der Wocheinerbahn von St. Veit an der Glan ausgehend über Klagenfurt, Weizelsdorf und Rosenbach und weiter in Richtung Süden bis nach Triest gemessen. Demnach war die Bahnverbindung 205,5 km lang. Später, nach dem Zerfall der Monarchie wurde von den Nachfolgebahnen im neuen Vielvölkerstaat Jugoslawien eine neue Kilometrierung von Belgrad ausgehend eingeführt. So findet man heute im Karawankentunnel einen „Kilometerbruch" von km 53,635 auf Österreichischer Seite zu km 637,265 auf Slowenischer Seite.

Bei Kilometer 88,6 wird der Bahnhof Wocheiner Feistritz erreicht. Hier beginnt die 7,3 km lange, ursprünglich zweigleisige Scheitelstrecke durch den Wocheinertunnel. Dieser wurde als dritter großer Alpentunnel nach der bewährten Österreichischen Tunnelbaumethode und der ausgeklügelten Materiallogistik mit Rollbahnen errichtet.

Beim auszubrechenden Gestein aber gab es wesentliche Unterschiede zum Tauerntunnel. Es wurde großteils weicher, zerklüfteter Kalkstein des Karstes ausgebrochen, welcher die Baumannschaften vor immer größere Probleme stellte. Wassereinbrüche standen ja bei den Tunnelarbeitern auf der Tagesordnung aber bedingt durch den zerklüfteten Karstfelsen, suchte sich das Gebirgswasser seine eigenen Wege. So kam es, dass am 13.10.1903 beim Sprengabschlag in Tunnelkilometer 2,620 ein gigantischer Wassereinbruch von 400 Sekundenliter die Tunnelbaustelle überflutete und die Bauarbeiter sich nur mit Glück ins Freie retten konnten. Nach Sanierungs- und Ableitungsmaßnahmen wurden die Bauarbeiten nach mehreren Wochen wieder aufgenommen. Die Wassereinbrüche in Summe stellten die Techniker vor derart große Herausforderungen, dass spezielle Wasserhaltungsmaßnahmen erforderlich wurden.

Das Südportal des Wocheinertunnels liegt bei Tunnelkilometer 6,339 nahe der Station Podbrdo. Hier beginnt die wildromantische Fahrt durch das Baca- und Idria-Tal in Richtung Isonzo- oder auch heute Socatal genannt. Der Isonzo (*Soca*), ein Fluss, welcher im Predilgebiet entspringt, erlangte im Ersten Weltkrieg mit den insgesamt 12 blutigen Schlachten traurige Berühmtheit. Der Durchbruch bei Flitsch-Tolmein im Herbst 1917 stellte an die Bahn besondere logistische Herausforderungen. Die Wocheinerbahn war durch den italienischen Artilleriebeschuss unterbrochen. Der Hauptfokus lag dabei auf den nördlichen Zulaufstrecken via Tauern- und Karawankenbahn. Ursprünglich wollten die Bahnexperten die zweite Bahnverbindung nach Triest von Tarvis ausgehend über den Predil ins Isonzotal führen. Bei den führenden Militärs erzeugte diese Variante einhellige Ablehnung wegen der Grenznähe zu Italien. Denn im Kriegsfalle mit Italien wäre die Bahn nicht als Transportmittel nutzbar. Letztlich war das auch die Wocheinerbahn nicht, denn bald nach der Kriegserklärung Italiens an Österreich im Mai 1915 war die Wocheinerbahn in weiten Bereichen nicht mehr nutzbar. Doch zurück zum Bahnbau und zur Linienführung. Durch die kühne Trassierung und durch die vielen geologischen Schwierigkeiten wurden die prognostizierten Baukosten mehr als nur überschritten. Die östlichen Landesteile der Monarchie kritisierten dies derart massiv, dass Dr. Ing. Carl Wurmb als Baudirektor der Staatsbahn zurücktrat und sich 1906 vergrämt ins Privatleben zurückzog. Bei St. Lucia – Tolmein dem heutigen Most na Soci erreicht die Wocheinerbahn den Isonzo (*Soca*). In dessen Oberlauf findet man heute wieder die Urforelle, die so genannte Marmorata oder „Soca -Forelle“. Lange Zeit war sie nahezu ausgestorben. Im letzten Jahrzehnt gelang es, diesen ganz besonderen Fisch wieder anzusiedeln. Die Urforelle steht natürlich unter strengstem Naturschutz.

Bei Kanal wurde mit der Wocheinerbahn 1906 ein schöner gemauerter Steinbogenviadukt mit mehreren Viaduktbögen errichtet.

Weltgrößte Steinbogenbrücke

Die Wocheinerbahn verlässt das Isonzotal nicht mehr bis hinunter in die friulanische Ebene kurz vor Görz. Mehrmals wird die Talseite mit zum Teil monumentalen Bauwerken gewechselt, bis die Bahn bei Solkan die 219,7 m lange, gleichnamige Steinbogenbrücke erreicht.

Im Ersten Weltkrieg, im Zuge der 6. Isonzoschlacht, wurde diese weltgrößte Steinbogenbrücke von der k.u.k. Armee am 8.8.1916 unter schwerem italienischem Artilleriebeschuss gesprengt. Nach der erfolgreichen 12. Isonzoschlacht mussten die nachhaltig zerstörten Bahnanlagen der Wocheinerbahn eilends wieder instandgesetzt werden. Noch im November 1917 wurde mit der Instandsetzung der Brücke begonnen. Bereits am 1.5.1918 konnte der Bahnbetrieb wieder aufgenommen werden, allerdings über eine Hilfsbrücke. Die Stahl-Fachwerkbrücke nach dem System Roth-Waagner war 189 m lang und überdauerte den Zerfall der Monarchie. Nachdem die Italienischen Staatsbahnen den Betrieb auf der Wocheinerbahn bis Podbrdo übernahmen, wurde der markante Viadukt wieder in seiner ursprünglichen Form aufgebaut. Eigentlich nur fast in seiner ursprünglichen Form, denn früher wurden jeweils fünf Stützgewölbe auf jeder Bogenseite ausgeführt, ganz im Gegensatz zum Wiederaufbau mit nur vier Stützgewölben. Bei den kriegerischen Auseinandersetzungen wurde der Viadukt von Solkan nachhaltig beschädigt, später wieder in seiner Form der 1920er Jahre aufgebaut. Selbst 1991, während dem Slowenischen Freiheitskampf gegen die Serbischen Streitmächte sollte der Viadukt geopfert werden. Dies hätte wohl nur der Optik und der Demoralisierung gedient. Letztlich unterblieb dieses Vorhaben und so zählt der Solkan-Viadukt heute noch zu den beeindruckendsten Eisenbahnbauwerken der Welt.

Der Bahnhof Assling wurde seinem Zweck entsprechend bis 1906 umfassend erweitert

Görz – die geteilte Stadt

Görz war der betriebliche Mittelpunkt der Wocheinerbahn. Es bestand auch eine Verbindung zum Südbahnhof in Görz, welcher heute in Italien liegt. Nach dem Ersten Weltkrieg wurde das ganze Gebiet von Istrien bis hinauf zum Südportal des Wocheinertunnels dem Königreich Italien zugesprochen. Aus Görz wurde Gorizia. Die gesamten Bahnanlagen in Görz wurden übrigens kurz vor Kriegsende wieder völlig hergestellt. Später, nach dem Zweiten Weltkrieg wurde Görz zwischen Italien und Jugoslawien geteilt. Aus dem gesamten östlichen Stadtteil wurde Nova Gorica. Die Grenze selbst verlief am Platz vor dem Wocheiner-Bahnhof. Erst Mitte der 1990er Jahre wurde der Platz für beide Seiten wieder geöffnet. Mit dem EU Beitritts Slowenienszur EU und dem Schengener Abkommen, wurde über 60 Jahre nach Teilung der Stadt die alte freie Mobilität wieder geschaffen.

Die Karstbahn

Sie beginnt gleich in Görz und steigt nach 15 km ebener Fahrt um bis zu 25 Promille steil an, bis das Hochplateau des Istrianer Karstes auf über 300 Höhenmetern erreicht wird. In Optschina wurde zusätzlich zum Südbahnhof ein neuer Bahnhof der Staatsbahn errichtet. Beide Stationen wurden später mit Verbindungsschleifen ausgestattet. Nach dem Zweiten Weltkrieg verblieb Optschina (*Villa Opicina*) bei Italien und die Jugoslawischen Bahnen errichteten 1948 ab Krepelje ein neues Verbindungsgleis nach Sezana. Seitdem herrscht auf dem alten Gleis der Karstbahn gähnende Leere. In Optschina - Villa Opicina beginnt dann auch der Abstieg bis nach Triest. Auch hier sind mehrere Steinbogenviadukte notwendig. Triest die wichtigste k.u.k. Hafenstadt an der Adria wird im Osten umfahren, bis der Rangierbahnhof Triest erreicht wird (*Trieste Campo Marzio Smistamento*). Im Streckenkilometer 205,5 endet die Fahrt im monumentalen St. Andrea Bahnhof. Er war als einziger der neuen Alpenbahnen mit einer Bahnhofshalle ausgestattet und verfügte über vier Bahnsteiggleise. Vor dem Bahnhof selbst hatte die Schmalspurbahn nach Parenzo (*Porec*) ihren Ausgang. Nach der Einstellung des Personenverkehrs von Villa Opicina nach Trieste Campo Marzio im Jahre 1947 wurde der St. Andrea Bahnhof mehr oder weniger arbeitslos und nur mehr zum Hinterstellen von nicht mehr benötigten Fahrzeugen benutzt. Heute hat hier das Triestiner Eisenbahnmuseum sein Domizil und erhält besondere Fahrzeuge der Nachwelt. Noch vor wenigen Jahren wollten die Stadtväter Triests das Gelände profitabel verkaufen und dem Erdboden gleich machen. Die Zukunft dieses Museums erscheint aber im Moment gesichert. Abschließend ist noch zu erwähnen, dass der italienische Streckenabschnitt mit dem hier gebräuchlichen Stromsystem von 3.000 Volt Gleichstrom elektrifiziert wurde. Die Hauptlinien Istriens wurden mit diesem Stromsystem in den 1930er Jahren ausgestattet. Lediglich die Wocheinerbahn und Teile der Karstbahn blieben von diesem Vorhaben ausgeklammert. Ein klares Indiz für die damals schon sinkende Bedeutung der einstigen Hauptverbindung.

Der Tunnelfluss

Wie zuvor beschrieben sprengten sich die Baumannschaften den Weg durch den Wocheinertunnel. Bis ihr Vorhaben am 13.10.1903 mit einem gewaltigen Wassereinbruch im Kilometer 2,6 von über 400 Sekundenlitern gestoppt wurde; vorerst. Wie kommt es eigentlich dazu, dass sich während Tunnelausbruchsarbeiten solch gigantische Wassermengen über die Bauarbeiter ergießen konnten? Die Antwort ist komplex und doch sehr einfach: Das Gestein ist durch die ständige tektonische Platenverschiebung eigentlich immer in Bewegung. Dadurch bilden sich Verwerfungen, Risse und Spalten, in denen sich Gebirgs- und einsickerndes Niederschlagswasser sammelt und unterirdische Wasserwege bilden. Und genau dieses Wasser sucht sich den einfachsten Weg. Zur damaligen Zeit waren Bodenerkundungen wie wir sie heute kennen rein technisch gar nicht möglich. Aufschluss über wasserführenden Boden erlangte man eigentlich erst immer dann wann es zu spät war. Der im Wocheinertunnel vorhandene Karststein, ein relativ weicher, stark zerklüfteter Kalkstein, war die ideale Basis für unterirdische Wasserwege, die durch Niederschlagswässer ständig gespeist wurden.

Kurz vor der Inbetriebnahme der Wocheinerbahn versammelten sich 1906 die leitenden Ingenieure und Bauarbeiter im Bahnhof Vintgar.

Die Tunnelbauer hatten natürlich schon im Vorfeld mit Wassereinbrüchen gerechnet, aber mit solchen wie im werdenden Wocheinertunnel war man schier überfordert. Lösungen mussten her, die rasch zu Erfolgen führen sollten. Eilends wurde in fertigen Tunnelabschnitten ein zweiter, größerer Sohlkanal eingebaut. Doch auch dieser konnte die Wassermassen, die speziell nach Unwettern auftraten,

Kunstvoll gestaltet wurde das Lehrgerüst für den Steinbogenviadukt über die Rotweinschlucht bei Vintgar.

nur mehr sehr schwer bewältigen. Eigentlich hätten die Techniker ob des Namens des Berges „Crna Gora“ (*Schwarzer Berg*) gewarnt sein sollen. Hinter den Tunnelausmauerungen musste ein zusätzliches System an Wasserfassungen und Kanalisierungen eingebaut werden; mit sehr bescheidenem Erfolg. Es bildete sich nach bestimmten niederschlagsreichen Wettersituationen der „Fluss im Wocheinertunnel“. Ein Phänomen, das in der Natur im Karst öfter vorkommt aber in einem künstlich angelegten Objekt, das war neu. Weitere Kanalisierungen in jüngerer Zeit umfassten die geordnete Ableitung von Oberflächenwässern am Crna Gora. Auch diese Maßnahmen fruchteten nicht. Die Verbesserung des Abflussquerschnitts durch die Demontage eines Gleises war nicht von Erfolg gekrönt.

So war und ist man oft mit der grotesken Situation konfrontiert, dass das anstehende Wasser sich seinen Weg im Tunnel selbst zum Abfluss suchte. Das bedeutet Probleme für den Bahnbetrieb: Dampfloks waren eigentlich resistent gegen das Hochwasser. In der „Neuzeit“ eingesetzte Dieselloks und Triebwagen hatten natürlich ihre Probleme ab einer gewissen Wasserhöhe. Apropos Wasserhöhe, der absolute Spitzenwert der Wasserhöhe des Tunnelflusses lag am 10.10.2004 bei sagenhaften 77 cm! Dieselelektrische Loks dürfen ab einer wassertiefe von 7,5 cm und Dieseltriebwagen ab 25 cm nicht mehr durch den Wocheinertunnel fahren. Der Tunnelfluss entwässert übrigens in Richtung Norden zur Wocheiner Save.

Der Wocheinertunnel stellt nicht nur eine regionale Wasserscheide dar sondern er markiert auch eine klimatische Grenze zwischen kontinentalem und mediterranem Klima. Erkennbar ist diese Grenze auch am Bewuchs. Ein weiteres Spezifikum ist die ständige Nord-Süd Luftströmung im Tunnel, die in der kalten Jahreszeit bis zum Tunnelkilometer 4 massive Eisbildung hervorruft. In Verbindung mit dem Tunnelfluss ist das Eis im Tunnel nicht mehr beherrschbar. Daher wurden schon früh Holztore am Nordportal eingebaut, die diese Luftströmung unterbinden sollten. Auch heute gibt es noch dieses Tor, allerdings in neuzeitlicher Konstruktion aus Stahl.

Der Bahnbetrieb auf der Wocheinerbahn

Heizhäuser gab es in Triest, Görz und Assling, die die Dampflokomotiven für die neue Bahnachse bereitstellten. In Ermangelung einer passenden Lokomotivbeschaffung aus budgetären Gründen wurden hier alle kkStB Typen dieses Bereiches eingesetzt. Die schweren Fünfkuppler der Reihe 380 waren hier allgegenwärtig und in den Heizhäusern Villach und Görz stationiert. Auch der einzige Sechskuppler der kkStB die 100.01 wurde von Görz aus „ins Rennen" geschickt. Diese einzigartige Lok verblieb nach dem Ersten Weltkrieg in Österreich. Durch die Ziehung der neuen Staatsgrenzen wurde der durchgehende Bahnbetrieb nachhaltig beeinflusst. Waren früher Lokdurchläufe gang und gäbe, mussten diese jetzt an den Staatsgrenzen in Jesenice und Podbrdo gewechselt werden. Anfangs wurden auch hier noch die ursprünglich verwendeten Typen eingesetzt, bis diese durch jugoslawische und italienische Baureihen ergänzt oder ersetzt wurden. Nach dem Zweiten Weltkrieg kam auf der Wocheinerbahn ein bunter Reigen an Lokomotiven zum Einsatz. Die interessantesten Baureihen sollen hier eine kurze Erwähnung finden: Der größte eingesetzte Loktyp war die Württenbergische K, die JZ Reihe 147, deren sechs Exemplare bis in die 1950er Jahre aktiv waren. Die dreizylindrige Preußische G 12, in Jugoslawien als Reihe 36 bezeichnet, die insgesamt mit 49 Fahrzeugen großteils im westlichsten Teil Jugoslawien im Einsatz stand. Den Regionalverkehr besorgte bis zum Ende der Dampftraktion in Slowenien die Reihe 17, welche ehemals der MAV Reihe 342 angehörten. Trotzdem war der Dampfbetrieb in Slowenien beherrscht von altösterreichischen Dampfloks verschiedenster Typen. Mit der Verdieselung gelangten „Gerneral Motors"-Loks amerikanischen Ursprungs auf die Wocheinerbahn. Nicht weniger als 379 sechsachsige dieselelektrische Loks beschafften die Jugoslawischen Staatsbahnen bis 1985 entweder direkt aus Nordamerika oder als Lizenzbau von den „Đuro Đakovic Werken" aus Slavonski Brod. Auch vierachsige Verschubloks von Brissenault ed Lotz, wo die BB 63.000 Pate stand, wurden in großen Stückzahlen von den Jugoslawischen Eisenbahnen beschafft und auch im Wocheinertal eingesetzt. Ganz ausgestorben ist die Dampftraktion im mittlerweile ehemaligen Jugoslawien noch immer nicht. Einige Industriebetriebe können auf die robusten Maschinen noch immer nicht verzichten.

Bei Grahovo überquert die Wocheinerbahn die Baca.

Ein besonderer „Regionalzug" in der geteilten Stadt Görz

Unter der Teilung der Stadt Görz nach dem Zweiten Weltkrieg litt vor allem die Bevölkerung. Nachbarschafts- oder Verwandtenbesuche wurden ziemlich erschwert. Daher setzten die Italienischen Staatsbahnen F.S. zwischen den Bahnhöfen von Gorizia Centrale (*ehemals Südbahnhof*) und Nova Gorica (*ehemals Wocheinerbahnhof*) eine ganz besondere Form des Personenverkehrs ein: den nicht öffentlichen Personenwagen innerhalb der geteilten Stadt. Dieser Personenwagen wurde mehrmals am Tag an die Güterzüge, die

© Archiv ÖBB/Theissl

Auch auf der Wocheinerbahn wurden vor der Inbetriebnahme sämtliche Brücken- und Viadukte einer Belastungsprobe unterzogen, wie hier die Save-Brücke in Assling.

zwischen den beiden Stadthälften verkehrten, angehängt. Da die F.S. (*italienische Staatsbahnen*) den Betrieb auf der Verbindungsschleife führen, stammte auch der Waggon aus Italien. Zuerst war dies ein zwei- oder Dreiachser, bis er Anfang der 1970er durch einen moderneren Vierachser ersetzt wurde. Diese Verbindung war in keinem Kursbuch verzeichnet. Die Zöllner staunten nicht schlecht, wenn sich internationales Reisepublikum im Zug befand. Dementsprechend streng waren dann die Kontrollen. Mit Öffnung der Grenzen nach dem Beitritt Sloweniens zum Schengen-Raum wurde diese Betriebsform durch eine eigene Buslinie ersetzt.

Die Autoschleuse zwischen Bohinjska Bistrica und Podbrdo

Rund 30 Jahre nach der Autoschleuse Tauernbahn etablierten 1971 die Jugoslawischen Staatsbahnen einen ähnlichen Schleusenbetrieb durch den Wocheinertunnel. Die bestehende Straße über die Hochebene von Soriska ist eng und nur unter schwierigen Bedingungen befahrbar. Eine Lok der JZ Reihe 17 zog den aus mehreren zweiachsigen Reisezugswagen und zweiachsigen Flachwagen bestehenden Zug. Nur 24 Jahre nach der Jungfernfahrt war schon wieder Schluss, nicht wegen mangelnder Auslastung, sondern wegen der Traktionsumstellung auf Dieselloks. Jedoch auf vielfachen Wunsch und mit finanzieller Unterstützung der Regionen war der Avto Vlak am 6.12.1999 wieder auf Schiene und verbindet seither wieder das Wocheiner- mit dem Bacatal. 2002 wurde übrigens untersucht, ob der Wocheinertunnel auch bedingt mit Straßenfahrzeugen befahrbar sei. Es sollte ein Streckengleis komplett geopfert und durch eine Fahrbahn ersetzt werden. Ampelregelungen und Ausweichen wären ebenso notwendig. Das Projekt scheiterte aber bislang an den hohen Kosten und am Wasser im Tunnel. Werfen wir noch einen kurzen Blick auf den Reisezugsverkehr. Schon bald waren die internationalen Schnellzüge nach Triest Geschichte. Und auch sonst spielte die Wocheinerbahn im hochwertigen Bahnverkehr eine eher untergeordnete Rolle. Bis Anfang der 1970er Jahre verblieb noch ein Flügel zum „Dalmatia Express". Seither fahren nur mehr Regionalzüge mit Fiat Dieseltriebwagen der Reihe 813/814, seltener mit DUEWAG Fahrzeugen der Reihen 713/715. Bis zur Jahrtausendwende existierte noch eine Reserve-Zweiachsergarnitur.

Die Transalpina

Unter diesem Markennamen starteten italienische Reiseveranstalter und Enthusiasten Ende der 1980er Jahre eine neue Ära der Wocheinerbahn. Nach der (*Wieder-*)Inbetriebnahme von zwei Dampfloks, der 03-002 der ehemaligen Südbahn 109.38 und der 17-006 kamen noch die 06-018, 33-037, eine ehemalige DRB 52 und die 25-026, die ursprünglich als BBÖ 270.164 abgeliefert wurde, hinzu. Mittlerweile ist die 03-002 leider außer Betrieb aber die restlichen vier Dampfloks sind regelmäßig im Wocheinertal zu Nostalgiefahrten im Einsatz. Besonders bei den italienischen Eisenbahnfreunden ist diese wunderschöne Bahnlinie beliebt und erfreut sich einem regelrechten Passagieransturm.

KAPITEL | BILDTEIL

© Archiv Haslebner

DIE WOCHEINERBAHN UND DIE KARSTBAHN

NOSTALGIEZUG.
Die slowenischen Museumsloks 25-026 und 33-037 bespannten am 18.10.2008 einen Nostalgiesonderzug von Jesenice bis nach Nova Gorica. Peter Lütters photographierte das Gespann auf der Steinbogenbrücke über die Soca bei Solkan.

In Stanjel erreicht die Karstbahn das Hochplateau des istrianischen Karstes. Etwas weiter südlich in Krepelje zweigt die Bahn in Richtung Optschina, dem heutigen Villa Opicina in Italien, ab. Die Jugoslawischen Staatsbahnen errichteten nach dem Zweiten Weltkrieg eine neue Verbindungsbahn nach Sezana.

Aus dem Südportal des 6.327 m langen Wocheinertunnels führen noch immer zwei Streckengleise. Das im Bild sichtbare linke Gleis wird aber nicht mehr befahren und ist ab dem Tunnelkilometer 2,7 abgebaut. Am 29.4.2006 hat der FIAT Triebwagen 813/814-106 gerade den Tunnel hinter sich gelassen um in wenigen hundert Metern in Podbrdo stehen zu bleiben.

Die Wocheinerbahn wird heute sowohl im Personen- als auch im Güterverkehr nur mehr sehr wenig genutzt. Drei Mal pro Woche befährt nur ein Güterzugspaar die Strecke von Nova Gorica nach Jesenice und zurück, das in der Regel von einer GM-Lok der Reihe 664 bespannt wird.

Im Endpunkt der Wocheiner- und Karstbahn, im Bahnhof Trieste Campo Marzio, herrscht heute schon lange kein Personenverkehr mehr. Der alte Bahnhof, der früher sogar eine Bahnhofshalle besaß, dient heute als Quartier des Triestiner Eisenbahnmuseums.

Ein weiteres monumentales Bauwerk ist der Idrija-Viadukt bei Most na Soci, den die 33-037 mit einem Sonderzug gerade überquert.

Der fertige Steinbogenviadukt über die Rotweinschlucht bei Vintgar.

Der Steinbogenviadukt bei Solkan ist das beeindruckendste Bauwerk der Wocheinerbahn. Sein gemauerter Viaduktbogen mit einer Spannweite von 85 m ist bis heute unübertroffen. Im Ersten Weltkrieg wurde er aber von den zurückweichenden Österreichischen Truppen gesprengt um nach der 12. Isonzoschlacht 1917 wieder aufgebaut zu werden, allerdings in Form einer Roth-Waagner Behelfsbrücke. Erst in der Zwischenkriegszeit wurde der Viadukt fast in seiner ursprünglichen Form von den Italienern wieder aufgebaut. Die Karsthalbinsel und das Isonzo- und Bacatal gehörten bis zum Ende des Zweiten Weltkrieges zu Italien.

Bis Ende der 1990er Jahre hielten die Slowenischen Eisenbahnen noch eine komplette Garnitur aus zweiachsigen Personenzugswaggons als Reserve vor. Gelegentlich kam dieser Zug auch auf der Wocheinerstrecke zum Einsatz.

Am 15.7.2006 feierten die Slowenischen Eisenbahnen den hundertsten Geburtstag der Wocheinerbahn. Dazu wurde ein eigener Jubiläums-Dampfsonderzug mit der 06-018 und 25-026 geführt. Mittags begann die Fahrt im Bahnhof Jesenice. In Bled Jezero, Bohijnska Bistrica, Podbrdo, Most na Soci und Kanal wurden kleinere Feiern abgehalten, das große Jubiläumsfest fand in Nova Gorica statt. Ein zweiter Sonderzug fuhr von Trieste Campo Marzio nach Nova Gorica.

In Bohijnska Bistrica ist der nördliche Endpunkt der Autoschleuse durch den Wocheinertunnel. Die offenen Waggons werden in der Regel von einer dieselelektrischen Lok der Reihe 642, 644 oder 664 durch den Tunnel im Pendelverkehr geführt.

Nachdem ein großer Teil des zweiten Betriebsgleises durch den Wocheinertunnel abgebaut wurde, bekam das verbliebene Gleisstück im Norden eine neue Aufgabe: Für Wintersportler wurde ein neuer Bahnsteig samt Treppenaufgang zu den Liften des Kobla-Schigebietes gebaut. Ausschließlich Schifahrersonderzüge nutzen diese Haltestelle direkt am Nordportal des Wocheinertunnels.

In Stanjel ist die 33-110, die ehemalige Denkmallok des mittlerweile abgerissenen Heizhauses von Nova Gorica museal abgestellt.

Die ÖBB 2016.081 ist die einzige Hercules-Diesellok, die auf dem Slowenischen Streckennetz zugelassen ist. Dementsprechend oft ist sie auch im Wocheinertal zu sehen, wie hier bei Hudajuzna mit einem Sonderzug.

Bis Ende der 1990er Jahre hielten die Slowenischen Eisenbahnen noch eine komplette Garnitur aus zweiachsigen Personenzugswaggons als Reserve vor. Gelegentlich kam dieser Zug auch auf der Wocheinerstrecke zum Einsatz.

Die zweiteiligen Dieseltriebwagen der Reihe 711 rollten bereits Anfang der 1970er Jahre in den Direktionsbereich von Ljubljana. Hier übernahmen diese komfortablen und mit einer Miniküche ausgestatteten Fahrzeuge hochwertige Reisezüge nach Maribor, Zagreb und Beograd. Auf die Wocheinerbahn kamen die Fahrzeuge jedoch nur sehr selten und das nur zu besonderen Anlässen.

Im Bahnhof Most na Soci (*eh. Santa Lucia Tolmino*), wartet am 21.5.2009 der ehemalige ÖBB-Blaue Blitz auf die Weiterfahrt in Richtung Görz.

BLAUER BLITZ.
Bei Branik ist der Blaue Blitz am 21.Mai 2009 unterwegs in Richtung Nova Gorica.

Die Einzigartigkeit des

Wocheiner Tunnelfluss

TUNNELFLUSS. In km 2,6 wurde bei den Bauarbeiten am Wocheinertunnel eine Wasserader getroffen. Ein Wassereinbruch von über 400 Sekundenlitern war die Folge. Auch heute noch kämpft man gegen den Tunnelfluss, der nach starken Regenfällen sogar das Betriebsgleis des Wocheinertunnels überflutet. Das zweite Streckengleis wurde in Teilabschnitten bereits abgebaut um den Abflussquerschnitt zu verbessern.

© Milan Hribar

Eines der größten Mysterien der neuen Alpenbahnen überhaupt ist der Tunnelfluss im Wocheinertunnel. Als die Bauarbeiter im Tunnelkilometer 2,6 eine Wasserader mit gigantischer Schüttung von fast 400 Sekundenlitern anbohrten, ahnten sie nicht, welch weit reichende Folgen auftreten werden.

Mehrere Wochen mussten die Tunnelvortriebsarbeiten gestoppt und die Wassereinbruchsstelle saniert werden. Zusätzliche Gerinne und ein Sohlkanal wurden angelegt.

Später wurden die Oberflächenwässer hoch oben am Berg abgeleitet. Die Probleme, die das Wasser im Tunnel verursachte, waren nicht in den Griff zu bekommen. So ist heute der Fluss im Wocheinertunnel eines der nach wie vor nicht gelösten Geheimnisse der neuen Alpenbahnen.

© Ervin Sorc (8)

KAPITEL 9

Die Ansichtskarte im Schatten

der Tauernbahn

Die Ansichtskarte im Schatten **der Tauernbahn**

Schon bald nach der Erfindung der Ansichtskarte wurden Zeichnungen und Fotografien von der Errichtung und des Betriebs der Tauernbahn zu heiß begehrten Motiven.

GESCHWINDIGKEIT. Heute leben wir in einer von umfangreichen Kommunikationsmöglichkeiten geprägten Zeit. Allgegenwärtig sind heute elektronische Formen wie Fernsehen, Radio, Internet und E-Mail; auch die „klassischen" Printmedien wie Zeitungen, Magazine oder Bücher versorgen uns mit einem wahren Fluss von Informationen, die heute unser Leben permanent begleiten und beeinflussen. Die Geschwindigkeit ist dabei entscheidend. Darum ist es auch nicht verwunderlich, dass Briefe, Post- und Ansichtskarten zum Austausch persönlicher Nachrichten immer mehr an Bedeutung verlieren. Drehen wir jetzt das Rad um 140 Jahre zurück, zur Geburtsstunde der persönlichen Nachrichtenübermittlung, zur Postkarte, die untrennbar mit der Bahn und dem Bahnbau verbunden ist: Es war ein Österreicher, der am 1.10.1869 erstmals die Postkarte für die Öffentlichkeit zugänglich

DRAUBLICK VILLACH. Die Villacher Draubrücke wurde 1910 neu errichtet und an die künftigen Herausforderungen der Tauernbahn ausgelegt. Sowohl die neue als auch die alte Draubrücke der Kronprinz Rudolf Bahn waren oft Hauptmotiv in zeitgenössischen Ansichten.

SANTA LUCIA TOLMIN. Der „Tunnelblick“ bei Santa Lucia Tolmin war zur Zeit der Eröffnung der Wocheinerbahn Motiv eines Ansichtskartenverlages.

machte: der gebürtige Klagenfurter Professor Dr. Emanuel Hermann entwarf die erste Postkarte, die ab diesem Tag von der k.u.k. österreichisch-ungarischen Post um nur zwei Kreuzer verkauft wurde. Die so genannten „Correspondenzkarten“ wiesen das Format 8,5x12,2 cm auf und verfügten sogar schon über ein aufgedrucktes Postwertzeichen. Bereits im ersten Monat ihres Erscheinens wurde die „Correspondenzkarte“ über 1,4 Millionen Mal verkauft. Mit der Entwicklung neuer Drucktechnologien entstand Ende 1884 schließlich die Ansichtskarte. Die Ansichtskarte hat den Vorteil, dass sich der Absender auf das Schreiben von persönlichen Botschaften beschränken kann und den wertvollen Platz nicht für Ortsbeschreibungen und dergleichen verschwenden muss.

Ebenso wie die Postkarte wurden bereits kurz nach dem Erscheinen der ersten Ansichtskarten eine Vielzahl derer verkauft. Im Unterschied zur Postkarte, die von der (*staatlichen*) Postverwaltung mit einem Wertzeichenaufdruck verkauft wurde, entstanden die Ansichtskarten nahezu durchwegs von privaten Verlagen und wurden auch über deren Vertriebskanäle verkauft. Die Ansichtskarte war damals eine äußerst günstige Möglichkeit, Photographien für den Eigengebrauch zu erstehen. Denn das Anfertigen von Photographien war nahezu ausschließlich gewerbsmäßigen Photographen, Wohlhabenden, Adeligen und dem Militär vorbehalten. Außerdem bestand der Vorteil darin, Verwandten und Bekannten einfach über die jeweiligen Aufenthaltsorte der Absender zu informieren.

Wurden die jeweiligen Postsendungen im Postkutschennetz der staatlichen Postverwaltungen befördert, so entstanden mit der Schaffung der neuen Schienenwege ab der ersten Hälfte des 19. Jahrhunderts neue, schnellere Möglichkeiten die einzelnen Postsendungen zu befördern – die so genannte „Bahnpost“ ermöglichte dies. Diese Aufgaben wuchsen besonders nach der Erfindung der Ansichtskarte. Rund fünf Jahre später startete das letzte große Bahnbauvorhaben der k.u.k. Monarchie, nämlich der Bau der „neuen Alpenbahnen“. Bis zu 70.000 Bauarbeiter aus allen Teilen der Monarchie waren von 1901 bis 1909 damit beschäftigt, die Wechsel-, Pyhrn-, Karst-, Wocheiner-,

Karawanken- und schließlich auch die Tauernbahn zu errichten. Gerade bei diesem weit reichenden Projekt war die Ansichtskarte nicht nur bei den Bauarbeitern besonders gefragt, zumal sie ja nur wenige Male im Jahr (*wenn überhaupt*) in ihre Heimat fahren konnten. Eine Reise war damals aus diesen Gegenden oft nur mit Pferdefuhrwerken oder Postkutschen möglich. Kraftfahrzeuge gab es noch keine und die Bahn als Massenverkehrsmittel wurde erst von den Bahnbauern selbst gebaut. Daher war die Ansichtskarte nahezu die einzige Kommunikationsmöglichkeit nach Hause zu ihren Familien. So ist es nicht verwunderlich, dass wöchentlich neue Ansichtskartenmotive rund um den Bau der neuen Alpenbahnen erschienen sind.

Viele Motive ergaben sich auch daraus, wo die einzelnen Arbeiter beschäftigt waren und so den Angehörigen mitunter eine ganz persönliche Bildbotschaft senden konnten. Für sich persönliche Photographien und Bilder anfertigen zu lassen konnte sich fast niemand leisten, geschweige denn, den Luxus eines eigenen Photoapparates. Freilich ist diese Zeit in der Gegenwart, unter dem Einfluss der digitalen Photographie mit allen ihren technischen Möglichkeiten schwer vorstellbar. Besonders beliebt unter den Photographen waren die Errichtung der zahlreichen Tunnels und Viadukte und spezielle Ansichten, wo besonders viele Bauarbeiter zu sehen waren. Aber auch die einzelnen Bauphasen bei den einzelnen Hochbauten wurden zeitgenössisch abgelichtet.

Herausragende Bilddokumente vom Bau der Tauernbahn Nordrampe schuf der Gasteiner Photograph Franz Fuchs, der hier stellvertretend für die vielen Photographen während der Bauzeit genannt wird. Heute fast unvorstellbar war auch die Technik, wie die Photographien entstanden. Mit großformatigen Photoapparaten, bestückt mit belichtbaren Glasplatten entstanden damals die einzigartigen Bilddokumente, die heute unter Sammlern heiß begehrt sind. Damals freilich nur für die Übermittlung von einfachen Botschaften gedacht, sind diese heute photographische Kunstwerke wichtige Bilddokumente aus einer längst vergangenen Zeit.

© Archiv Posch

KAPONIG-VIADUKT. Den Kaponiggraben-Viadukt hat sich der Zeichner dieser Künstlerpostkarte als Objekt seiner Begierde auserkoren. Leider ist dann ein Fehler bei der Beschriftung passiert – der Viadukt wurde als Laskitzer-Viadukt bezeichnet.

▲ DÖSSENBACH-VIADUKT.
Besonders beliebt waren Bilddarstellungen in kolorierter Form. Einerseits wurden Tagelöhner engagiert die händisch gedruckte Ansichtskarten nachkolorierten und anderseits enstanden sogennnate Photochromiekarten die aufwendig farbig gedruckt wurden, wie die abgebildete Ansichtskarte vom Dössenbach-Viadukt.

So kompliziert und teuer die Herstellung der Photos auch war, so schwierig war auch die Auswahl der Motive. Vor allem dann, wenn als Motiv eine Großbaustelle mit vielen Arbeitern ausgewählt wurde. Die langen Belichtungszeiten erforderten von allen Beteiligten größte Konzentration und die nötige Ausdauer. Ein Bild war schnell entwertet, wenn sich die Menschen im Motivbereich zu schnell und unkoordiniert bewegten. Wie „zur Salzsäule erstarrt" standen die Bauarbeiter, streng nach ihrer Rangfolge minutenlang Spalier. Und das im größtenteils unwegsamen Gelände. Auch Aufnahmen von typischen Bahnhofsszenen sind reihenweise zu finden. Nach der Vollendung der neuen Alpenbahnen war die Flut von Postkarten dieser Strecken keineswegs zu Ende. Es galt ja nun alle möglichen Betriebssituationen bildlich festzuhalten, denn mit der Bahn begann auch ein neues Zeitalter für die Regionen, der Fremdenverkehr. Sorgten früher Bauarbeiter für den nötigen Umsatz, sind es nun Touristen. Und so mussten die Postkarten so schön wie möglich sein. Schon während dem Bau der Alpenbahnen tauchten die ersten colorierten Postkarten auf. Entweder wurden diese aufwändig in mehreren Arbeitschritten gedruckt oder per Hand coloriert. So wurden damals von den diversen Postkartenverlagen reihenweise Tagelöhner engagiert, um mehr Farbe ins Bild zu bekommen. Erwähnenswert war auch die Produktion der Echtphoto-Postkarten. Gleich der heutigen Entwicklung von Papierbildern wurden damals die Bildplattennegative zu Papierbildern umgewandelt. Um sich einen Druckvorgang zu ersparen, wurde die Rückseite der Kartons gleich als Postkarte (ohne Markenaufdruck) gehalten. So konnten die Photokartons in rauen Mengen vorproduziert werden und der Preis blieb konkurrenzlos günstig. Diese Photopapiere hielten sich noch bis in die 1970er Jahre! In den 1920er Jahren fasste auch die private Photographie immer mehr Fuß und es entstanden viele wunderbare Glasplattenaufnahmen vom damaligen Bahnbetrieb. Die Faszination der Tauernbahn hielt sich bis in unsere Tage und die Photographie in dieser Region ist so beliebt wie eh und je, wenn auch mit einer anders lautenden Motivation.

© Archiv Posch (3), Archiv Glantschnig (1)

Die Brücke über die Angerschlucht war schon seit je her ein viel photographiertes Motiv. Hier ist eine Postkarte dieser schönen Brücke mit einer Regionalzugsgarnitur, die von einer kkStB Lok der Reihe 178 gezogen wird, abgebildet.

Der 149 m lange Pfaffenberg-Zwenberg-Viadukt war ob seiner Lage sehr schwierig zu errichten. Fast ebenso schwierig gestaltete sich dadurch das Anfertigen eines Photos, welches später für Correspondenzkarten verwendet werden konnte.

Photochromiekarten entwickelten sich oft zu richtigen Kunstwerken. Das fotografische Basismaterial wurde oft händisch retouchiert bis vom eigentlichen Foto nichts mehr erkannbar war. Abgebildete Lokomotiven wurden fast neu gezeichnet. Besonders schön ist diese Technik beim Südportal des Tauerntunnels ersichtlich.

Diese Postkarte aus den 1920er Jahren entstammt einer Serie von verschiedenen weiteren Ansichten rund um das Südportal des Tauerntunnels und zeigt die Ankogel Gruppe und das Lüfterhaus in Mallnitz Hintertal.

Was Paparazzis neben dem Bahngleis suchen

Auf dem Weg zum perfekten Eisenbahnphoto

Eines gleich vorweg: Wer das perfekte Eisenbahnphoto sucht wird immer danach auf der Suche bleiben, denn die Photographie ist kreativer Ausdruck eines jeden einzelnen Photographen und wichtiger Teil unserer Kunstgeschichte. Die Photographie wurde erstmals am 25.2.1839 vom Astronomen Johann Heinrich Maedler erwähnt, also fast eineinhalb Jahre nach der Eröffnung der ersten Österreichischen Eisenbahn. Bis dahin waren Lithographien oder Stiche weit verbreitet. Anfang der 1840er Jahre entstanden bereits die ersten Eisenbahnphotographien wobei die Photographie selbst im 19. und in der ersten Hälfte des 20. Jahrhunderts keine Selbstverständlichkeit war. Heute, im Zeitalter der Digitalphotographie, steht das Photomotiv Bahn noch immer faszinierend im Fokus der Menschen, von denen sich einige nahezu ausschließlich diesem Thema widmen. Dabei ist keine Reise zu weit, keine Kamera zu teuer oder kein Aufwand zu groß, um das für sich persönliche, ultimative Eisenbahnphoto zu ergattern. Heute wie damals sind Technik, Motivwahl, Lichtverhältnisse und das Auge des Photographen wesentliche Kriterien und entscheidend für das gewünschte Ergebnis. Jeder hat sie schon gesehen, die Eisenbahnphotographen, die sich in oft unwegsamstem Gelände stundenlang aufhalten, um Züge zu photographieren. Ein Hobby, das bei vielen Menschen eher auf Unverständnis stößt. Aber die dabei entstandenen Bilder sind einzigartige Kunstwerke; einige davon finden Sie übrigens in diesem Buch.

© IG Tauernbahn

Ganz der betriebsfähigen Erhaltung der ehemaligen ÖBB-Lok 1020.018 hat sich die Interessensgemeinschaft Tauernbahn verschrieben. Aber nicht nur, denn zu den Statuten gehört auch alles was um die Erhaltung und Aufarbeitung der Geschichte rund um die Tauernbahn zählt. Selbst eine eigene Homepage wurde eingerichtet.

Das größte Projekt war zweifellos die Wiederinbetriebnahme der 1020.018 der Lienzer Eisenbahnfreunde. Die 118 Tonnen schwere Lok haben die aktiven Mitglieder der IG Tauernbahn in mühevoller Kleinarbeit in ihrer Freizeit wieder auf Hochglanz gebracht. Obmann und ÖBB-Lokführer Gerfried Moll arbeitete nicht nur an der Lok selbst sondern auch an einem prächtigen Bildband, der im europmedia-Verlag erschienen und im gut sortierten Buchhandel und direkt bei der IG Tauernbahn erhältlich ist.

Das nächste Projekt steht auch schon vor der Tür: die IG Tauernbahn wird ab 2010 als eigener Verein auftreten und sich partnerschaftlich mit den Lienzer Eisenbahnfreunden aktiv um die Eisenbahngeschichte kümmern. Derzeit besteht die IG Tauernbahn aus über 30 Mitgliedern, von denen sich rund ein Dutzend aktiv um die 1020.018 kümmern. Moll: „Wir freuen uns über jeden Interessierten, der mit uns gemeinsam die Eisenbahngeschichte hoch halten möchte.“

Enthusiasten gründeten 2007 die Interessensgemeinschaft Tauernbahn

Die Wiedergeburt der 1020.018

www.tauernbahn.at
http://bahnbilder.warumdenn.net

Kontakt:
Gerfried Moll
Tel.: +43 664 968 54 34
e-Mail: ig@tauernbahn.at

Bildernachweis & Genehmigungen

Die Photos in diesem Buch stammen von:

Robert Fischer
Mag. Johannes Gfrerer
Peter Haslebner
Milan Hribar
Gerald Kowarik
Mag. Hans Kutil
Detlef Löffler
Peter Lütters
Erich Nährer
Mag. Josef Maier
Gerfried Moll
Ing. Christoph Posch
Bernd Regatschnig
Ing. Gerald Sattlegger
Gerhard Schabes
Georg Simetzberger
Ervin Sorc
Kajetan Steiner
Richard Stütz
Wolfgang Unterdünhofen
Harald Walkner
Rolf Wiemann
Alfred Zausnig

Die historischen Aufnahmen und Postkarten entstammen aus folgenden Archiven:

Archiv für historische Ansichtskarten
Atzwanger/Völkermarkt
Sammlung Thomas Daxbeck
Privatarchiv Mag. Erich Glantschnig/Mallnitz
Privatarchiv Peter Haslebner/Zeltweg
Sammlung Gerald Kowarik/Rothenthurn
Sammlung Museum Tauernbahn/Schwarzach-St. Veit
Privatarchiv Ing. Christoph Posch/Villach
Privatarchiv Mario Wiesner/Klagenfurt
Archiv ÖBB-Infrastruktur Bau AG
Privatarchiv Ervin Sorc/Branik (*Slo*)
Privatarchiv Schuschnig
Titelseite Fabian Cerjak
Archiv Kladic Jez
Archiv ÖBB / Theiss

Quellennachweis:

Verkehrswissenschaftliche Rundschau, *Jg. 1934*
75 Jahre Tauernbahn, Josef Dultinger, *1984*
75 Jahre Tauernbahn, Tausche *1984*
Die Tauernbahn, Verlag Pospischil *1981*

Festschrift 75 Jahre Tauernbahn,
ÖBB-Direktion Villach *1984*

Tauernbahn, Österreichs moderne Alpenbahn,
Eckert, Moll, Kowarik *2009*
ÖBB-Handbuch 1987-1995, Horn
Die Lokomotiven der Republik Österreich,
Slezak *1983*
Dampfbetrieb in Alt-Österreich, Stokklausner,
Slezak *1983*
Die Tauernbahn, Bahn Profil 17, *2000*
Die Geheimnisse des Wocheinertunnels,
Evin Sorc, *2006*

Diverse Ausgaben von Monatszeitschriften:
Schienenverkehr aktuell, Verlag Pospischil
Eisenbahn Österreich, Bohmann Verlag
Lok Report

Diverse Presseaussendungen des ÖBB-Konzerns
& hauptsächlich viele private Aufzeichnungen
über die Geschichte und den Betriebsalltag auf
der Tauernbahn.

Danksagung

ÖBB

An die ÖBB-Infrastruktur Bau AG,
insbesondere an Herrn Projektleiter Ing. Karl Hohenberger, der von Anfang an das Projekt zum hundertsten Geburtstag der Tauernbahn, das große Jubiläumsfest am 5.7.2009 und dieses Buch, ermöglichte.

An die ÖBB-Holding AG,
insbesondere an meine Chefs Mag. Michael Wimmer und Alfred Ruhaltinger, die im März 2009 die Signale für dieses Projekt auf grün stellten.

An meine Frau Ulrike und meine beiden Söhne Alexander und Florian, für das riesengroße Verständnis, das sie mir entgegen brachten.

An meine Kollegen Dr. Verena Radlingmayr und Ing. Gerald Sturm sowie bei meiner Frau Ulrike für das Korrekturlesen des Manuskriptes.

An meine lieben Photokollegen
Gerfried Moll, Gerald Kowarik, Peter Lütters und Peter Haslebner, die mich mit Material für weit mehr als zehn Bücher versorgten.

An die „Photofeuerwehr" Georg Simetsberger, Bernd Regatschnig, Alfred Zausnig, Milan Hribar und Robert Fischer.

An das Museum Tauernbahn,
an Robert Reinhard Atzwanger, Mario Wiesner und Thomas Daxbeck für den Einblick in ihre historischen Archive.

An Ervin Sorc, der mir wenige Stunden vor dem Andruck die lang ersehnten Photos vom Wocheiner Tunnelfluss zur Verfügung stellte.